Das erste Ma[h]l

Viel Spaß beim Lesen
und vielleicht Nachkochen de-
romantischen Gerichte

Steffie + ...

BECKER
JOEST
VOLK
VERLAG

Das erste Ma[h]l

Texte Stephanie Bräuer

Fotos Michael Schinharl

„Ach, Ihr Mann ist Koch, das ist doch bestimmt toll, wenn man den eigenen Koch zu Hause hat!" Oder auch: „Wieso sind Sie eigentlich so schlank (in meinem Fall mal so, mal so), bei DER Küche Ihres Mannes?" Vor allem aber: „Was kocht Ihr Mann eigentlich zu Hause?" Diese Fragen hört jede Partnerin eines Spitzenkochs etwa zwei Minuten, nachdem sie den Beruf des Partners verraten hat. Und natürlich: „Hatten Sie nicht schreckliche Angst, als Sie das erste Ma(h)l für ihn kochen mussten?" Irgendwann habe ich einmal im Scherz gesagt, man müsste ein Buch daraus machen, um nicht immer wieder das Gleiche erzählen zu müssen. Jetzt ist eines daraus geworden und Sie halten es in Händen. Dank meines Mannes, der drei Jahre lang immer wieder gesagt hat: „Du musst dieses Buch schreiben." Dank Regula Wolf, die mir genau den richtigen Verlag vorgestellt hat. Dank eben dieses Verlags, der sich für meine Idee begeistern konnte und mich in allem grandios unterstützt hat. Dank Michael Schinharl, der meine Ideen in tolle Bilder umgesetzt hat. Und vor allem dank der Paare, die mir vertrauensvoll so viele Einblicke in ihr Privatleben gewährt haben. Es ist ein Buch geworden, das – mitunter auch mit viel Augenzwinkern – eine Mischung aus Liebesgeschichten und Kochbuch ist, ganz nach dem Motto „Liebe geht durch den Magen, oder?".

Jahrhundertkoch Eckart Witzigmann hat einmal in einem Interview gesagt: „Wenn einer wirklich Koch werden will, dann braucht er dazu den absoluten Willen und einen belastbaren Partner." Das wusste ich allerdings noch nicht, als ich meinen Mann vor 14 Jahren kennenlernte. Damals hatte ich mit Gastronomie nicht mehr zu tun, als dass ich sehr gerne essen ging. Und dass ich mit Veronique Witzigmann, der Tochter vom erwähnten Eckart Witzigmann, befreundet war. Diese Freundschaft allerdings sollte zu meinem privaten gastronomischen „Verhängnis" werden. Denn über sie lernte ich meinen späteren Mann kennen.

Auch wenn das, wie gesagt, erst 14 Jahre her ist: Damals waren Köche noch nicht so im Gespräch wie heute. Ich kann mich noch erinnern, dass meine damaligen Arbeitskollegen – ich war im Medienbereich tätig – beim ersten Zusammentreffen mit Bobby ganz erstaunt sagten: „Aber der sieht ja gar nicht aus wie ein Koch!" Was hatten die sich denn vorgestellt? Einen dicken Mann mit Schnauzer, Kochmütze und Löffel in der Hand (so wie in Filmen alle Witzfiguren von Köchen bis heute aussehen)? Das würde heute keiner mehr sagen. Wenn ich jetzt neue Leute kennenlerne und erwähne, dass mein Mann Koch ist, sind alle sofort begeistert: „Oh, wie toll – da bekommst du ja immer super zu essen!" Na ja, wenn man mit einem Menschen dieses Berufs zusammenlebt, lernt man relativ schnell, dass diese Vorstellung nicht wirklich den Tatsachen entspricht. Denn dieser Beruf erfordert es, dass man sich zumindest mit einer Tatsache abfindet: An den Tagen, an denen die Küche geöffnet ist, gibt es keine gemeinsamen Abende, egal, ob nun ein Familiengeburtstag (oder der eigene) ansteht, die Hochzeit der engsten Freunde oder eine Theateraufführung, für die man monatelang vorher Karten besorgen musste. Ist das Restaurant geöffnet, dann muss man alleine ausgehen – immer.

„Nur gibt es eben privat keine Fünf-Gänge-Menüs mit ausgeklügelten Gerichten."

Und das beantwortet schon einmal die Frage, warum man mit einem Koch nicht automatisch zunimmt. Er ist einfach selten zu Hause. Und wenn er dann etwa um Mitternacht nach Hause kommt, schläft man entweder schon oder hat definitiv keinen Hunger mehr. Und früher als Mitternacht wird es selten. Wann gehen Leute schließlich essen? Natürlich gibt es auch freie Tage. Viele Leute haben mich also gefragt, ob mein Mann dann überhaupt noch Lust hat zu kochen oder nicht vielmehr vom Herd die Nase voll. Dazu muss ich sagen: Wer auf diesem Niveau seit Jahren kocht, der liebt, was er tut. Sonst wäre er nicht da, wo er ist. Kaum einer meiner Interviewpartner kocht überhaupt nicht zu Hause. Nur gibt es eben privat keine Fünf-Gänge-Menüs mit ausgeklügelten Gerichten. Schließlich steht da auch nicht eine ganze Mannschaft. Denn die Gerichte im Restaurant sind immer auch eine Teamleistung, die zu Hause nur mit sehr viel Aufwand zu schaffen wäre. Und diesen Aufwand betreibt ein Profi privat in der Tat sehr selten. Es bleibt einfach keine Zeit dazu.

Zeit ist ohnehin eines der wichtigsten Güter für Spitzenköche. Vielleicht liegt es auch daran, dass ich bei den Interviews erfahren habe: In Liebesdingen sind Köche äußerst zeiteffektiv. Wie bei uns selbst auch kam die große Liebe bei einigen Paaren sehr schnell – und hat trotzdem gehalten. „Wenn man liebt, dann weiß man das doch gleich", habe ich nicht nur einmal gehört. Das scheint so wie mit den richtigen Zutaten zu sein. Natürlich muss man ein bisschen probieren, aber wenn dann der perfekte Geschmack gefunden ist, ist man sich ganz sicher. Und der perfekte Geschmack, das ist bei allen „meinen" Paaren vor allem das große gegenseitige Vertrauen und das Verständnis für eine Branche, die eben so ihre Eigenheiten hat.

Alle Köche in diesem Buch gehören zur Spitze ihrer Branche. Einige gehören zu den Besten der Welt, alle zu den Besten aus Deutschland, Österreich und der Schweiz. Aber natürlich war für all diese Gespräche ein großer Vertrauensvorschuss notwendig. Angefangen habe ich also mit Paaren, die ich zumindest kannte. Abgesehen von denjenigen, die ich schon vorher als gute Freunde bezeichnen konnte, hatte ich allerdings zuerst ein wenig Bedenken, wie es wäre, ihnen plötzlich in der Rolle der Interviewerin gegenüberzusitzen. Wer lässt sich denn schon freiwillig ins Herz – und in den Kühlschrank – schauen? Aber ich wurde positiv überrascht. Den ersten Interviewten verdanke ich, dass auch die zunächst Zögernden schließlich gern mitgemacht haben. Daher wagte ich mich irgendwann auch an Paare, die mir von anderen empfohlen wurden und denen ich zum ersten Mal mit einem Aufnahmegerät in der Hand begegnete. Es waren wirklich tolle, offene Gespräche, in denen wir auch sehr viel gelacht haben. Natürlich kann man im endgültigen Interview nicht jedes Detail erzählen – manches bleibt eben auch privat. Aber obwohl Sie viele große Namen der Gastronomieszene kennenlernen werden, zeigen sich die Kochstars in meinen Interviews sehr persönlich und Sie erleben sie so, wie sie wirklich sind.

„Wer lässt sich schon freiwillig ins Herz – und in den Kühlschrank – schauen?"

Und noch ein Wort zum Thema „Köche und Köchinnen": Ja, ich spreche oft von Köchen und ihren Frauen und weniger von den Köchinnen und ihren Männern. Und ja, es gibt nur zwei Interviews mit Frauen und ihren Partnern. Dieser Beruf macht es eben Frauen noch schwerer als Männern, ihn erfolgreich mit der Familie zu verbinden. Deshalb gibt es weniger Topköchinnen als Topköche, das ist (zumindest noch) eine Tatsache. Und persönlich kannte ich keine der derzeitigen Spitzenköchinnen mit Restaurant. Umso dankbarer bin ich den beiden weiblichen Topprofis in diesem Buch, auch wenn beide nicht klassisch im Restaurant stehen. Su Vössing ist heute eine grandiose Beraterin, Buchautorin und Catering-Chefin und Andrea Schirmaier-Huber nicht nur Konditorenweltmeisterin, sondern vielen auch aus der SAT.1-Show „Das große Backen" und aktuell aus dem ZDF an der Seite von Johann Lafer bekannt. Vielen Dank meinen beiden „Quotenfrauen" (die mich für diese Bezeichnung steinigen werden).

Beim ersten Durchblättern dieses Buches mag der eine oder andere sich wundern, was ein ganz normales Thaicurry und Spaghetti bolognese mit Spitzenküche zu tun haben. Ganz einfach: Es sind die Gerichte, die es bei Spitzenköchen zu Hause wirklich gibt. Soweit sich die Paare noch erinnern konnten, geht es da auch um das erste Ma(h)l, das der eine für den anderen gekocht hat. Aber oft handelt es sich einfach um das Gericht, mit dem man sich vom Partner am liebsten verwöhnen lässt. Lecker (das große Unwort, aber ich mag es trotzdem) sind die Gerichte alle – und ich spreche aus Erfahrung. Denn ich habe sie alle probiert – beim Food-Shooting. Um dem Fotografen Michael Schinharl zu ermöglichen, die Rezeptbilder alle in einem Stil zu fotografieren, hat mein Mann die Zubereitung aller Gerichte übernommen (nach genauen Vorgaben der Kollegen natürlich!). Wir ließen uns privates Geschirr und Tischwäsche schicken oder eine Beschreibung der privaten Esstischplatte, um ein bisschen Zu-Hause-Atmosphäre zu zaubern. Und da es hier nicht um ein Food-Shooting mit künstlichen Glanzmitteln oder Stabilisatoren ging, waren die Gerichte natürlich auch essbar und wir durften sie alle probieren.

Einer der männlichen Köche in diesem Buch sagte im Interview: „Wir Küchenchefs sind ja schon eigene Gewächse." Und da kann ich ihm nicht widersprechen. Aber alle, die wir unseren Koch oder unsere Köchin lieben, haben gelernt, mit diesen, unseren besonderen Gewächsen mit viel eigenem Selbstbewusstsein, Humor und großem Respekt vor dem, was die Partner jeden Tag leisten, umzugehen. Denn wir haben alle Menschen an unserer Seite, die zu großer Leidenschaft fähig sind – und ganz sicher keine Langweiler. Ab und zu gibt's dann tatsächlich noch ein kulinarisches Verwöhnprogramm – und in diesem Moment geht ein Teil der Liebe eben doch auch durch den Magen!

Liebesrezepte und private Herdgeschichten – ich wünsche viel Spaß beim Lesen und Nachkochen.

Inhalt

Ein eingespieltes Team
wirft sich die ... Zitronen zu

Nicola Schnelldorfer und Eckart Witzigmann

Wenn sie nur besser *zuhören* würde

Eckart Witzigmann ist Koch des Jahrhunderts, war der erste Drei-Sterne-Koch Deutschlands, ist Namenspatron des internationalen Eckart-Witzigmann-Preises „Eckart" und wirkt noch immer als Berater internationaler Gastronomie-Unternehmen. Sein eigenes Lokal, das legendäre „Aubergine" in München, wurde zur Keimzelle des deutschen Küchenwunders. Seine Schüler nennen ihn „Mutter aller Köche". Neben einem solchen Mann zu leben, kann nicht immer ganz einfach sein. Nicola (Niki) Schnelldorfer ist seit 2006 die Frau an seiner Seite. Sie weiß genau, wie sie ihn zu nehmen hat, tut ihm sichtlich gut. Seit einigen Jahren hat sie auch sein Büro übernommen und managt mit großer Ruhe seinen noch immer stressigen Terminplan. Wäre Niki für Eckart ein Gericht, dann wäre sie also natürlich (!) eine Melanzane (Aubergine). „Das Schönste an der Melanzane: diese Vielseitigkeit! Man kann mit ihr alles mögliche Wunderbare machen. Und sie ist wunderschön in der Formgebung", lächelt Eckart Witzigmann verschmitzt.

Niki, wie habt ihr euch eigentlich kennengelernt?

Niki Das erste Mal habe ich ihn im Nymphenburger Zelt auf dem Viktualienmarkt gesehen, aber gefunkt hat es dann erst später. Eckart sagt ja im Hippodrom, aber ich bin mir da nicht sicher. Auf alle Fälle scheint es ein Zelt gewesen zu sein - und ganz sicher war es in München.

Hattest du vorher schon mit dem Thema „Gastronomie" zu tun?

Niki Beruflich nicht. Ich hatte eine gute Freundin, die Geschäftsführerin im „Andechser" war, und habe dadurch viele Hintergründe mitbekommen. Aber selbst habe ich nie in der Gastronomie gearbeitet. Allerdings war ich immer gerne Gast.

Nun kocht Eckart ja heute nicht mehr in einem Restaurant. Das heißt, er ist tatsächlich auch einmal zu Hause. Wer kocht?

Niki „Auch einmal zu Hause" trifft es ganz gut. So oft kommt das noch immer nicht vor. Eckart hat so viele Termine, dass gemütliche Abende zu Hause selten sind. Aber wenn er zu Hause ist, will er auch kochen. Ich bin dann fürs Mise en Place und Kräuterzupfen zuständig. Und für die Vinaigrette, nachdem er mir erklärt hat, wie die geht. Es kommt nur ganz selten vor, dass er tatsächlich mal gar keine Lust hat, dann darf auch ich kochen.

Eckart Mein Beruf ist auch mein Hobby, deshalb habe ich auch schon immer zu Hause gekocht. Ich probiere eigentlich ständig etwas aus. Und was die Vinaigrette von Niki angeht, die macht sie inzwischen besser als ich.

Niki Was natürlich völliger Unsinn ist!

Was gibt es denn, wenn du selbst kochst, Eckart?

Eckart Prinzipiell immer etwas Frisches, das gerade Saison hat. Essen, nur damit ich was im Magen habe, das gibt's bei mir nicht. Genauso wenig, wie man nebenbei kochen kann – das geht nicht mal mit Spaghetti. Das Brathuhn, das ich für heute ausgesucht habe, bekommt meinen ganzen Respekt und meine ungeteilte

„Essen, nur damit ich was im Magen habe, das gibt's bei mir nicht."

Eckart Witzigmann

Aufmerksamkeit. Gemüse wird à la minute gekocht, der Salat in letzter Minute mariniert. Die Teller müssen heiß sein und der passende Wein sollte natürlich auch auf dem Tisch stehen, wohltemperiert, versteht sich.

Das sind erwartungsgemäß hohe Ansprüche. Wie war das dann für dich, als du das erste Ma(h)l für ihn gekocht hast, Niki?

Niki Ich war gar nicht so nervös, wie man vielleicht glauben möchte. Es gab Spaghetti alla carbonara und ich musste ihn aus der Küche schmeißen, weil ich selbst mal kochen und zeigen wollte, dass ich auch alleine klarkomme. Er kam aber immer rein und wollte helfen. Das hat mich irgendwann so genervt, dass ich die Küchentür zugesperrt habe. Mein größtes Problem war übrigens, dass ich eine riesige Portion gemacht habe, weil ich nicht wusste, wie ich das Rezept so halbiere, dass es garantiert noch so schmeckt, wie ich es haben wollte. Aber er hat es gut gefunden, oder?

Eckart Natürlich, Niki kann ja auch prinzipiell gut kochen.

Was heißt denn „prinzipiell gut kochen können"?

Eckart Sie kann schon, wenn sie mehr Lust dazu hätte. Und sie könnte viel mehr von mir lernen, wenn sie denn mehr zuhören würde. Aber du machst ja gerne fünf Sachen

gleichzeitig und das funktioniert eben nicht. Und eigentlich macht dir ja auch der süße Bereich mehr Spaß.

Niki Das stimmt. Kochen ist für mich eher Pflichtübung, damit ich etwas zum Essen habe. Aber ich backe gerne und mache auch gerne Desserts. Da ergänzen wir uns ganz gut.

Würdest du, Eckart, ihr denn gerne mehr beibringen?

Eckart Ach, das muss nicht sein – dafür macht sie ja ihre Arbeiten, wenn wir zusammen kochen. Sie könnte sicherlich ihr Repertoire ausweiten. Aber sie will gar nicht immer unbedingt wissen, wie und warum ich etwas gemacht habe. Und sie hat auch nicht den Drang zu sagen: „Das nächste Mal koche ich dann." Und das muss ja auch nicht sein.

Ist es wichtig für dich, dass deine Partnerin gerne isst?

Eckart Ich finde, zu einer Partnerschaft gehören einfach gemeinsame Interessen, und bei mir gehört dazu eben auf alle Fälle, gut zu essen. Eine gewisse Begeisterung fürs Essen ist also schon wichtig. Ob sie nun selbst gut kocht, ist dabei nicht so wichtig. Denn ehrlich gesagt, ich koche ja selbst sehr gerne. Aber es ist schön, wenn man alles, was zum Kochen dazugehört, zu zweit genießen kann. Es gibt doch nichts Schöneres, als gemeinsam einzukaufen, sich Gedanken zu machen, was man heute kocht, alles vorzubereiten und dann gemeinsam zu kochen. Das ist nicht nur mein Beruf, das ist auch meine Liebe. Und wenn der Partner die teilt, ist es schon erleichternd.

Gemeinsam kochen funktioniert bei euch gut?

Eckart Ich genieße es, wenn wir beim Kochen zu zweit sind. Da hat man die Ruhe, auch mal Dinge zu besprechen, für die man sonst keine Zeit hat. Wenn man wie wir Büro und Wohnung in einem hat, muss man eben auch eine strikte Trennung machen und irgendwann sagen: „Jetzt ist mal Ruhe, jetzt ist es privat."

Niki (lacht) Ah ja, drum schimpfst du immer, wenn ich das Telefon auf leise stelle … Ruhe ist bei uns eigentlich eher ein seltenes Gut. Aber es stimmt, beim Kochen können wir entspannen.

Wenn du, Niki, fürs Süße zuständig bist, was wünscht sich Eckart denn da von dir?

Niki Ganz klar, an Weihnachten möchte er seine Plätzchen. Und auch wenn er wenig Kaffee trinkt, wenn es dann mal einen gibt, will er schon was Süßes dazu, kleine Kekse zum Beispiel. Und die mache ich dann. Vor Kurzem habe ich auch etwas Neues ausprobiert: Elsässer Mandelberge. Das sind Mürbeteigringe aufeinandergesetzt, aus

Mandeln, Zucker, Butter und Eiweiß. Da haben wir beide uns gedacht, dass man die doch auch mal in Keksform backen könnte – und das mache ich jetzt ab und zu. Ich glaube zwar, dass die Mandelberge oder Mandelbari im Elsass eher ein Weihnachtsgebäck sind, aber egal, sie passen super zum Kaffee. Ach ja, und er mag meine Käsekuchen und meinen Aargauer Rüeblikuchen.

Vermisst du, Eckart, es eigentlich, jeden Tag im Restaurant am Herd zu stehen?

Eckart Nein, ich stehe ja auch so jeden Tag am Herd. Nur anders. Ich möchte heute nicht mehr diesen Druck haben, der früher unser größter Feind war. Und außerdem gibt es so viele herausragende, talentierte junge Leute, da muss man auch mal das Zepter abgeben können. Aber ich werde nie aufhören, mich mit dem Kochen oder dem gesamten kulinarischen Bereich zu beschäftigen. Ich bin immer hochaktuell informiert – wahrscheinlich gibt es wenige, die so gut über die ganze Branche Bescheid wissen wie ich. Aber wenn ich heute koche, muss ich nicht mehr ständig auf die Uhr schauen. Wenn das Huhn zehn Minuten länger dauert, ist es auch wurscht. Und dann kann ich jedes Produkt auch so behandeln, dass es optimal zur Geltung kommt. Und das hat übrigens nichts mit Luxusprodukten zu tun. Es kann auch ein Blumenkohl mit Butterbrösel sein.

„Wenn er zu Hause ist,
dann will er auch kochen."

Niki Schnelldorfer

Eckart, du hast in einem Interview mal gesagt: „Ein Koch, der ein guter Koch werden will, braucht zwei Dinge: den unbedingten Willen und einen belastbaren Partner." Warum?

Eckart Ich kann da nur aus eigener Erfahrung berichten, dass es ungeheuer schwer ist, in diesem Geschäft erfolgreich zu sein und zugleich ein erfülltes Familienleben zu haben. Wer ernsthaft diesen Beruf ergreift, muss sich bewusst sein, dass man wenig Freizeit hat.

Würdest du also, wärest du eine Frau, eine Partnerschaft mit einem Koch eingehen?

Eckart Abgesehen von der wenigen Zeit, die man gemeinsam verbringen kann, warum nicht? Es gibt ja nicht nur die Liebe auf den ersten Blick. Vielmehr geht es ums Umwerben und Umgarnen. Wenn eine Frau gerne isst, hat man als Koch doch beispielsweise hervorragende Möglichkeiten, sie für sich zu gewinnen. Schließlich sagt ja schon der Volksmund: „Liebe geht durch den Magen." Eines kann ich uneingeschränkt versichern: Ein heimeliges Diner in richtiger Atmosphäre hat häufig eine stärkere Wirkung als Blumensträuße, Parfüms oder Lyrikbändchen. Das perfekte Gericht ist der kürzeste Weg zum Herzen, auch wenn das bekanntlich seitlich links, leicht über dem oft so strapazierten Magen liegt.

Rüeblikuchen

nach Aargauer Art

Diesen Kuchen gab es immer bei Niki zu Hause, aber ihre Mutter und sie haben nie was abbekommen, weil die Männer der Familie alles weggeschnappt haben. Heute liebt Eckart Witzigmann zu seinem Espresso statt Zucker etwas Süßes. Also macht Niki ihm gerne ihren Favoriten – und hat dann selbst auch etwas davon.

Für eine Springform mit 25 cm Durchmesser

1 EL weiche Butter für die Form
150 g Semmelbrösel für die Form
150 g Karotten (Rüebli)
150 g gemahlene Mandeln
50 g gemahlene Haselnüsse
1 EL abgeriebene Schale von 1 Biozitrone
1 TL frisch geriebener Ingwer
½ TL gemahlene Muskatblüte
½ TL Zimt
5 Eier
250 g Puderzucker und etwas zum Bestäuben
1 TL Backpulver
4 EL Kirschwasser
1 Prise Salz

Zubereitungszeit: etwa 25 Minuten plus 50 Minuten Backzeit

Den Backofen auf 175 °C Ober-/Unterhitze vorheizen. Die Springform mit der **Butter** einfetten und mit den **Semmelbröseln** ausstreuen. Die **Karotten** waschen, schälen und sehr fein reiben. Karotten, **Mandeln, Haselnüsse,** abgeriebene **Zitronenschale, Ingwer, Muskatblüte** und **Zimt** gründlich vermengen.

Die **Eier** trennen und die Eigelbe mit einem Mixer auf höchster Stufe knapp 1 Minute verquirlen. Langsam den **Puderzucker** dazusieben und 3–4 Minuten weiterschlagen, bis die Masse sehr dick ist. Dann das **Backpulver** hineinsieben, das **Kirschwasser** unterziehen und schließlich die Karotten-Nuss-Mischung nach und nach unterrühren.

Die Eiweiße mit dem **Salz** so lange steif schlagen, bis sich steife Spitzen bilden.

Ein Drittel des Eischnees kräftig unter den Teig rühren, damit er locker wird, dann den restlichen Eischnee behutsam, aber gründlich unterheben. Nicht zu lange bearbeiten.

Den Teig in der Kuchenform verteilen und auf der mittleren Schiene etwa 50 Minuten backen.

Auf Zimmertemperatur abkühlen lassen und mit **Puderzucker** bestäuben.

Das Geheimnis

des besten Schweinebratens

Für etwa 6 Personen
Für den Schweinebraten

2,5 kg durchwachsener Jungschweinebauch mit Schwarte (oder Hals bzw. Schulter)
Salz
frisch gemahlener schwarzer Pfeffer
1 EL fein gehackter Kümmel
250 g Sellerieknolle
200 g Karotten
250 g Zwiebeln
500 g–1 kg Schweineknochen mit Schwanzerl
1 EL Schweineschmalz
2 ungeschälte Knoblauchzehen
etwas Bier oder Wasser zum Übergießen
1 kleine Laugenbrezen
500 ml dunkles Weißbier
1–2 Majoranzweige

Für den Krautsalat

1 Kopf Spitzkraut (Spitzkohl)
Salz
50 g Speck
1 Zwiebel
Zucker
etwas gehackter Kümmel
frisch gemahlener schwarzer Pfeffer
Obstessig
Pflanzenöl
Schnittlauch zum Bestreuen

Zubereitungszeit: etwa 3 Stunden plus evtl. Marinieren des Bratens am Vortag, siehe Tipp

Die Schwarte des **Jungschweinebauchs** vom Metzger einschneiden lassen und kräftig mit **Salz, Pfeffer** und **Kümmel** einreiben. Den Backofen auf 180 °C Ober-/Unterhitze vorheizen.

Die **Sellerieknolle** waschen, schälen und in etwa 2 cm große Stücke schneiden, die **Karotten** waschen, schälen und in Würfel schneiden. Die **Zwiebeln** schälen und vierteln. Die **Schweineknochen** klein hacken. Das **Schweineschmalz** in einer ofenfesten Pfanne erhitzen, die klein gehackten Schweineknochen sowie das grob geschnittene Gemüse und den **Knoblauch** darin verteilen. Den Schweinebauch mit der Schwarte nach unten in die Pfanne legen. Für etwa 1 Stunde in den Ofen stellen. In dieser Zeit ab und zu mit etwas **Bier** und Wasser übergießen.

Dann den Braten umdrehen, sodass die Schwarte nach oben zeigt, 1 weitere Stunde im Ofen braten und von Zeit zu Zeit – wenn notwendig – mit Wasser und **Bier** beträufeln.

Dann den Braten in eine andere Pfanne setzen und knusprig fertig braten. In der Zwischenzeit für den Krautsalat das **Spitzkraut** waschen, vierteln und den Strunk herausschneiden. Das Kraut in feine Streifen schneiden und kräftig **salzen.** Etwa 10 Minuten stehen lassen und anschließend sehr gut ausdrücken.

Den **Speck** fein würfeln und in einer Pfanne glasig werden lassen. Die **Zwiebel** schälen und fein hacken, zum Speck geben und anschwitzen. Mit **Salz, Zucker,** gehacktem **Kümmel, Pfeffer, Essig** und **Öl** pikant abschmecken und noch warm über das Kraut gießen. 1 Stunde ziehen lassen, nochmals abschmecken und nach Belieben etwas nachwürzen. Den **Schnittlauch** in Röllchen schneiden, über den Krautsalat streuen. In der ersten Pfanne die Sauce zubereiten. Dazu das Gemüse aus der Pfanne nehmen, das Fett abschöpfen und die klein gezupfte **Brezen** hineingeben. Diesen Bratenfond völlig einkochen lassen. Nach und nach mit dunklem **Weißbier** ablöschen und dann mit etwa 500 ml Wasser auffüllen. 30 Minuten köcheln lassen, dabei gelegentlich abfetten. Kurz vor Ende der Kochzeit **Majoranblättchen** fein hacken, einstreuen und dann die Sauce durch ein Sieb passieren. Vor dem Servieren mit **Salz** und frisch gemahlenem **Pfeffer** abschmecken.

Das Bratgemüse nach Belieben zum Schweinebraten anrichten.

Tipp Wer möchte, kann den Schweinebraten vor der Zubereitung mit geschältem und fein gehacktem **Knoblauch** einreiben und ihn über Nacht marinieren.

Da Niki ja eindeutig die Zubereitung süßer Köstlichkeiten bevorzugt, macht sie so ein richtig bayerisches Traditionsgericht von ihrem persönlichen Jahrhundertkoch glücklich.

Küche oder TV – vergessen, wenn's um die Familie geht

Sabrina und Frank Oehler, „Speisemeisterei", Stuttgart

Blitzliebe

zwischen Grünkohl
und zehn Litern Suppe

Frank Oehler verstellt sich nie und sagt deshalb gern genau das, was er denkt. In seiner Karriere als Sterne- und Fernsehkoch hat ihm das sicher auch mal Steine in den Weg gelegt, mehr aber genützt. Wo Frank Oehler draufsteht, ist eben auch Frank Oehler drin. Aber vor allem hat er mit genau dieser direkten, offenen Art seine große Liebe Sabrina im Sturm erobert. Gesehen hatten sich die beiden zum ersten Mal beim Oldenburg-Festival 2010, dann aber aus den Augen verloren. Doch zwei Jahre später fanden sie sich zufällig auf Facebook wieder, „befreundeten" sich und Franks erster Satz war: „Ich möchte dich heiraten." Ihre Antwort: „Du hast ganz recht, mich müsste man eigentlich heiraten." Vier Wochen später haben sich die beiden in Köln getroffen. Und noch einmal vier Wochen später zog die Wirtschaftswissenschaftlerin und Zahnärztin mit zwei Pferden und zwei Hunden 700 Kilometer in den Süden nach Stuttgart. Wieder vier Wochen später waren die beiden verheiratet. 2013 kam dann noch Söhnchen Luis dazu, die perfekte Kombination aus seinen Eltern.

Sabrina, da Frank ja Chef und Pächter der „Speisemeisterei" in Stuttgart ist, war es logisch, dass du nach Stuttgart gezogen bist. War das so einfach?

Sabrina Nein, ganz und gar nicht. Ich habe meinen Job aufgegeben, meine Familie, meine Freunde und bin zu einem Mann gezogen, den ich eigentlich gar nicht kannte. Ich gebe zu, nochmal würde ich das alles nicht so schnell machen – aber der Mann ist und bleibt toll und für unseren Sohn Luis hat sich das alles sowieso gelohnt.

Frank Natürlich war das schnell, aber auf was soll man denn warten? Was wird vom Warten besser? Liebe braucht keine Zeit, sie hat für mich einfach eine andere Dimension. Wenn du eine Frau heiraten willst, dann darfst du keine Angst haben. Das ist eine reine Herzensangelegenheit.

Eine Herzensangelegenheit, die aber auch mit ganz praktischen Dingen verbunden ist. Man muss ja auch zwei Haushalte zusammenschmeißen. War Franks Küche beispielsweise nicht schon ausreichend ausgestattet?

Sabrina Na ja, wenn man genau einen Teller, zwei Gabeln, ein Messer, einen Löffel und eine Pfanne als ausreichend bezeichnet …

Frank Genau, alles, was man für ein Steak braucht. Und Bier im Kühlschrank. Ich habe wirklich nie zu Hause gekocht. Für sich alleine kocht doch kein Mensch, oder?

Aber jetzt kocht Frank zu Hause?

Sabrina Inzwischen genießt er es richtig, auch mal zu Hause zu essen, und meint, das sei doch viel schöner, als immer auf der Flucht zu sein und essen zu gehen. Meistens

„Für sich alleine kocht doch kein Mensch, oder?"

Frank Oehler

macht er dann Gerichte, die ich nicht so kann, wie einen richtig guten Braten oder Ente oder ein perfektes Steak. Allerdings gehen wir trotzdem noch relativ oft essen. Wie bei jedem anderen hat das auch bei Frank viel mit spontaner Lust oder Nichtlust zu tun. Aber ehrlich gesagt, das größte Problem bei ihm ist: Er kocht in Mengen. Ich habe mir zum Beispiel einmal seine tolle Tom-Kha-Gai-Suppe gewünscht – und bekommen. Zehn Liter davon!

Zehn Liter Suppe für zu Hause?

Frank Ja, stimmt. Ich bin es nicht gewohnt, für nur zwei Personen abzuschmecken. Normalerweise sind meine Portionen für zwölf Leute aufwärts konzipiert. Und dann ist es ganz schnell mal doch ein bisschen zu viel Salz für den kleinen Topf – überhaupt, diese kleinen Töpfe nerven doch total!

Gut, dann also Suppe für die nächsten Monate, wenn du kochst. Was hat denn Sabrina für dich gekocht beim ersten Ma(h)l?

Sabrina Oldenburger Grünkohl mit Pinkel, Kasseler und Kartoffeln. Das kannte Frank nicht und das war mein Vorteil. Es hat ihm sogar richtig gut geschmeckt.
Frank Geschmeckt hat es wirklich. Aber die Optik! Eigentlich müsste das ja Graukohl mit Braunwurst heißen – farblich wie Camouflage beim Military-Einsatz. Und dann 250 Gramm Schweineschmalz – und das wird dann noch eingedickt mit Haferflocken. Nach so einem Gericht kannst du richtig Party machen – da hat der Alkohol gegen das Fett keine Chance. Aber nochmal, geschmeckt hat es wirklich super.

Wenn dir also die Optik nicht gefällt, könntest du ja Änderungswünsche äußern?

Frank Nein, nie. Denn Sabrina kocht ja Klassiker und die darfst du nicht verschieben. Grünkohl mit Pinkel ist Grünkohl mit Pinkel – und das muss auch durch die Hände einer norddeutschen Frau laufen. Da kann man nur die Klappe halten.

Und fragt sie dich denn auch mal etwas?
Frank Ja, schon: „Hat's wirklich geschmeckt?"

Ich meinte eigentlich eher, ob sie dich auch mal um Kochtipps bittet?

Frank Nein, und das muss auch nicht sein. Sie kocht ihr Ding und ich meines. Es geht ja schließlich darum, dass wir gemeinsam essen, und nicht darum, wer besser kocht oder kreativer ist. Essen daheim ist völlig unkompliziert. Da darf es übrigens auch mal ein einfaches Dressing für den Salat geben, Olivenöl, Salz, Pfeffer, Zitrone und vielleicht ein bisschen Joghurt, fertig. Zu Hause geht es uns um andere Prioritäten.

Zu Hause also Grünkohl und zehn Liter Suppe. Aber in der „Speisemeisterei" kochst du natürlich auf höchstem Niveau. War das für dich vertrautes Gebiet, Sabrina?

Sabrina Ich war natürlich schon mal in dem einen oder anderen Sternerestaurant, konnte damit aber nie so viel anfangen und bin lieber zum Griechen oder Italiener gegangen.

„Ich bin lieber zum Griechen oder Italiener gegangen."

Sabrina Oehler

Frank Aber das ändert sich gerade ganz zart. Sabrina liebt ja auch billige griechische Weine. Also ehrlich, die sind doch zum Gurgeln. Aber langsam kommt sie dahinter. Ein Côte du Rhône ist vielleicht zu kompliziert, aber wenn es ein lieblicher Weißwein ist – da baut sie schon auf. Und beim Essen fängt sie jetzt auch schon an, mit verschiedenen Garzeiten zu experimentieren.

Apropos experimentieren. Probiert Frank zu Hause auch mal Rezepte aus – oder scheitert er an den Kapazitäten eurer privaten Küche?

Sabrina Unsere eigene Küche wäre wahrscheinlich wirklich ein bisschen klein für seine Produktionsmengen. Aber Frank kocht sowieso nie nach Rezepten – von Weihnachtsplätzchen vielleicht mal abgesehen. Allerdings träumt er davon. Als wir zum Beispiel im Thailand-Urlaub waren, hat er von warmem Hechtwurstsalat geträumt und ist dann morgens schnell aufgestanden, um sich alles aufzuschreiben. Das Gericht ist dann auch wirklich auf der Karte der „Speisemeisterei" gelandet.

Wieso träumt man in Thailand von Hechtwurstsalat, Frank?

Frank Keine Ahnung. Das entsteht ja in der Psyche. Dort bin ich Koch und zwar ganz egal, ob ich nun in Thailand, Grönland oder Afrika bin. Der Koch in mir träumt eben auch vom Kochen und dann mache ich mir schon mal Spickzettel. Aber richtige Rezepte hatte ich sowieso noch nie. Meiner Meinung nach fängt Kochen da an, wo das Rezept aufhört. Ich habe eher Bilder im Kopf.

Wenn ihr auswärts essen geht, könnt ihr dann wirklich entspannen?

Frank Das kommt darauf an. Wenn ich bei Kollegen zum Gourmetessen gehe, esse ich zu pathologisch. Dann kann ich nicht aus dem Koch raus, der alles zerpflückt und zerlegt und ständig überlegt, wie der andere das und das gemacht hat. Das nimmt mir leider die Freude am Essen. Aber wenn es zum Beispiel um die schwäbische Küche geht, die ich leidenschaftlich liebe, kann ich entspannen. Bei Linsen mit Seidewürschtle (also hochdeutsch Saitenwürste), da kannst du dich einfach reinsetzen. Dazu ein Bier und alles ist wunderbar.

Essen macht eben wirklich glücklich, aber könnte dich, Sabrina, Frank auch mit einem Essen versöhnen, wenn du sauer auf ihn wärst?

Sabrina Ich würde die Geste, dass er mir extra etwas macht, schon sehr rührend finden. Denn ich weiß, wie wertvoll allein seine Zeit ist. Und es geht eigentlich immer um die Geste. Beispielsweise ist – zumindest vor unserem kleinen Luis – Frank immer vor mir aufgestanden und hat mir jeden Tag einen Becher Tee ans Bett gebracht, jeden Morgen. Das finde ich total süß. Jetzt stehe ich oft früher auf – aber manchmal bekomme ich meinen Tee trotzdem noch.

Frank, du hast gesagt, du hast beim Kochen Bilder im Kopf. Male doch mal ein Bild von deiner Frau. Wenn Sabrina ein Gericht wäre, was wäre sie dann?

Frank Eine Schnitte. Eine getunte Schwarzwälder Kirschtorte. Sabrina ist eine Bombe, sie ist einfach süß. Obwohl, scharf ist sie natürlich auch. Aber überhaupt nicht bitter. Für mich ist Sabrina einfach definitiv eine Süßigkeit.

Grünkohl

mit Pinkel

Wenn eine Oldenburgerin zum ersten Ma(h)l für einen Allgäuer kocht, muss es natürlich Grünkohl mit Pinkel sein. Das sieht nicht immer so gut aus wie auf unseren Bildern, weil Kohl eben schnell seine Farbe verliert, aber es schmeckt so richtig nach bester Hausmannskost. Das hat Frank auch schnell gemerkt.

Für 4 Personen
Für die Pinkel
(man kann Pinkel auch beim Metzger bestellen, sogar in Süddeutschland)
250 g Zwiebeln
etwas Pflanzenöl zum Braten
500 g Mett
200 g Hafergrütze (aus dem Bioladen)
1 Ei
Salz
frisch gemahlener schwarzer Pfeffer
1 TL Pimentkörner

Für den Grünkohl
300 g durchwachsener Speck
1 kg Grünkohl
Salz
400 g Zwiebeln
50 g Butterschmalz
40 g Haferflocken
frisch gemahlener schwarzer Pfeffer
2 EL Zucker
4 Mettenden
500 ml Rinderfond
700 g kleine festkochende Kartoffeln
2 EL Pflanzenöl zum Braten

Zubereitungszeit: etwa 1 ½–2 Stunden inkl. Kochzeit der Pinkelwurst

Für die Pinkel die **Zwiebeln** schälen, würfeln, in **Öl** glasig dünsten und abkühlen lassen.

Mit **Mett, Hafergrütze** und **Ei** mischen, leicht mit **Salz** und **Pfeffer** würzen. Den **Piment** in einem Mörser fein zerstoßen und ebenfalls mit der Masse mischen. Zu einer Wurst formen, fest in ein feuchtes Tuch rollen und kühl stellen.

Den **Speck** für den Grünkohl in Wasser etwa 30 Minuten leicht kochen lassen, dann herausnehmen und beiseitestellen.

Den **Grünkohl** waschen und putzen, dabei den Strunk von den Blättern entfernen. Die Blätter anschließend in kochendem **Salzwasser** 2 Minuten blanchieren, mit einem Sieb aus dem Wasser ziehen, mit kaltem Wasser abschrecken und gut abtropfen lassen.

Die Pinkel aus dem Tuch nehmen, mit etwas Grünkohl bedecken und im geschlossenen Topf bei milder Hitze 1 Stunde und 20–30 Minuten garen.

Die **Zwiebeln** schälen und würfeln. Das **Butterschmalz** in einem Topf erhitzen, die Zwiebeln und die **Haferflocken** darin etwa 3 Minuten glasig dünsten. Dann die Grünkohlblätter dazugeben, mit **Salz, Pfeffer** und **Zucker** abschmecken und weitere 3 Minuten dünsten. Die **Mettenden** leicht einstechen und dazugeben. Das Ganze mit dem **Rinderfond** auffüllen und zugedeckt kurz aufkochen lassen. Dann die Mettenden herausnehmen, in Stücke schneiden und wieder dazugeben. Den gekochten Speck ebenfalls klein schneiden und dazugeben.

In der Zwischenzeit die **Kartoffeln** gründlich unter fließendem Wasser abbürsten und in **Salzwasser** garen. Anschließend pellen und vierteln. Das **Öl** in einer Pfanne erhitzen und die Kartoffeln darin bei schwacher Hitze 4–5 Minuten goldbraun braten.

Die Pinkel aus dem Küchentuch rollen und zum Servieren in einem Stück zum Grünkohl geben. Die Kartoffeln extra dazu servieren.

Einfach mal ein Steak in die Pfanne hauen wie als Junggeselle, das geht natürlich jetzt nicht mehr. Also wird es bei Frank für Sabrina schon die feinere Steakversion.

Rinderfilet, Rosmarinkartoffeln

und Speckbohnen

Für 4 Personen

Für die Jus

2 Zwiebeln
1 Karotte
¼ Sellerieknolle
½ Lauchstange
50 ml Rapsöl zum Braten
1 TL Tomatenmark
200 ml Portwein
1 l Kalbsfond
1 Thymianzweig
1 Rosmarinzweig
1 Lorbeerblatt
3 Wacholderbeeren
30 g Butter

Für die Speckbohnen

500 g feine Brechbohnen
1 Zwiebel
50 g Speck
3 Bohnenkrautstängel
Salz
frisch gemahlener schwarzer Pfeffer
Zucker

Für die Rosmarinkartoffeln

800 g sehr kleine festkochende Kartoffeln
Salz
4 Rosmarinzweige
Olivenöl zum Braten
Meersalz
2 Knoblauchzehen
frisch gemahlener schwarzer Pfeffer

Für das Rinderfilet

4 Rinderfilet-Medaillons (à 120 g; 3–4 cm dick)
Salz
Zucker
Olivenöl zum Braten
3–4 Rosmarinzweige
2–3 Knoblauchzehen

Zubereitungszeit: etwa 2 ½ Stunden

Für die Jus **Zwiebeln, Karotte** und **Sellerie** schälen, den **Lauch** putzen und waschen. Das ganze Gemüse grob schneiden und in **Rapsöl** anschwitzen. Anschließend das **Tomatenmark** dazugeben und ebenfalls unter Rühren anschwitzen. Dreimal mit insgesamt 500 ml Wasser ablöschen, sodass ein schöner Glanz entsteht, dann mit **Portwein** ablöschen. **Kalbsfond, Thymian-** und **Rosmarinzweig, das Lorbeerblatt** und die **Wacholderbeeren** zugeben und etwa 2 Stunden köcheln lassen. Die Jus durch ein feines Sieb passieren. Dann auf 100 ml einkochen und zuletzt mit der **Butter** montieren, also unter Kochen einrühren und aufschlagen.

In der Zwischenzeit die **Bohnen** putzen, waschen, in kochendem Wasser bissfest garen und mit kaltem Wasser abschrecken. Die **Zwiebel** schälen und würfeln, den **Speck** ebenfalls würfeln. Zusammen in einer Pfanne anschwitzen. Anschließend die gegarten Bohnen hinzugeben, das **Bohnenkraut** hacken und die Bohnen mit Bohnenkraut, **Salz, Pfeffer** und **Zucker** würzen. Beim Salz aufpassen, da auch der Speck schon salzig ist. Bohnen zur Seite stellen.

Die **Kartoffeln** waschen und in reichlich **Salzwasser** mit 2 **Rosmarinzweigen** etwa 15 Minuten nicht ganz gar kochen, auskühlen lassen und schälen. Den Backofen auf 220 °C Oberhitze vorheizen.

Die **Rinderfilets** mit **Salz** und **Zucker** würzen und von allen Seiten etwa 1 Minute in **Olivenöl** anbraten. Dann die Filets mit den **Rosmarinzweigen** und den geschälten und angedrückten **Knoblauchzehen** in einer flachen, feuerfesten Form für etwa 8 Minuten in den Ofen stellen (Kerntemperatur 54 °C). Danach das Fleisch abgedeckt kurz ruhen lassen.

Sobald die Filets im Ofen sind, die Kartoffeln mit **Olivenöl, Meersalz,** geschältem und zerdrücktem **Knoblauch** und **Pfeffer** in einer Pfanne goldbraun braten. Den restlichen **Rosmarin** fein hacken und zum Schluss zum Garnieren verwenden.

Während das Fleisch ruht, die Bohnen und (falls nötig) die Kartoffeln noch einmal kurz in der Pfanne erhitzen. Dann alles zusammen anrichten.

Zwischendurch mal Luft holen – am liebsten am Wasser und bei jedem Wetter

Silke Jaworski und Sven Elverfeld, Restaurant „Aqua", Wolfsburg

Drei Sterne, zwei Kinder und *Kochen* auf dem Boot

Wenn Sven Elverfeld auf Kreta ist, dann ist er nicht mehr der berühmte Drei-Sterne-Koch, dann fährt er mit seiner Frau Silke Jaworski und den griechischen Freunden einfach mit einem Boot aufs Meer – und kocht dort; direkt auf dem Schiff und mit Fischen, Muscheln oder auch mal einem kleinen Oktopus, alles fangfrisch von einem Freund mitgebracht. Dazu gibt es Dakos, eine Art griechische Bruschetta (nein, natürlich ganz anders, aber das steht unten noch genauer). Dann wird jedem auf dem Schiff ein Teller hingestellt, der Salat wird verteilt – und man isst einfach zusammen. Sven Elverfeld strahlt, wenn er davon erzählt. Kein Wunder, dass diese Dakos auch das erste Gericht waren, das er seiner Silke „kochte", nachdem sich die beiden auf einer Grillparty bei Freunden kennengelernt haben. An diesem Abend stellten sie schnell fest, dass sie nicht nur am selben Datum Geburtstag haben, sondern auch sonst ziemlich gut zusammenpassen könnten.

Sven, Silke hat dich auf diesem Fest sogar von deiner Aufgabe am Grill abgelenkt …
Sven Ja, tatsächlich, wir beide haben uns – obwohl wir uns gerade kennengelernt hatten – so lange unterhalten, bis meine Freunde nach dem Fleisch gefragt haben, das ich eigentlich grillen sollte. Und das war auf einer Seite schwarz und auf einer noch roh. Und wenn so was mir passiert …

Und dann hat Sven dich zwei Tage später zu sich nach Hause eingeladen. Du warst ja schon, bevor du ihn kanntest, mit deinen Eltern bei Sven im „Aqua" essen? Aber das erste Ma(h)l bei ihm fiel ganz anders aus …
Silke Es war Sommer, wir saßen auf seiner Terrasse und Sven hat mir Dakos zubereitet. Das ist ein griechischer Zwieback mit gehackten Tomaten, Schafskäse, frischen Kräutern und Olivenöl. Im Grunde etwas ganz Einfaches, das aber ganz toll geschmeckt hat. Nach Sommer, nach Terrasse, nach Urlaub.

Dabei hast du, Sven, die Dakos gar nicht im Urlaub kennengelernt. Du hast 1992 und nochmal 1995 auf Kreta gearbeitet. Was macht diese Brote denn so besonders, dass du Silke damit bei eurem ersten Treffen „verführt" hast?
Sven Dakos sind eine Tradition, die noch wirklich gelebt wird. Und das liebe ich. Der spezielle Dakos-Zwieback diente den Fischern früher als Reiseproviant. Da er sehr lange haltbar ist, konnten sie ihn gut aufheben, und wenn sie hungrig waren, wurde er einfach kurz ins Meerwasser

getaucht. So war er dann erstens feucht und zweitens salzig. Auch die Backweise der Dakos ist noch ganz traditionell. Die Eltern eines Freundes von mir, der heute selbst Hotelmanager auf Kreta ist, stellen die Dakos auch noch selbst her. Das Dakos-Brot wird in den Ofen geschoben und bleibt viele, viele Stunden darin, während der Ofen langsam erkaltet und das Brot ganz trocken wird. Die Dakos sind für mich typisch Kreta und auf Kreta habe ich immer noch viele Freunde, das ist ein bisschen ein Teil von mir. Und den wollte ich Silke wahrscheinlich auch gleich zeigen.

Kannst du dich auch noch erinnern, was du als Erstes für ihn gekocht hast?
Silke Ich habe Pasta gemacht, es waren Ravioli, glaube ich. Ich bin zwar nicht restlos überzeugt von meinen Kochkünsten, aber Angst, vor ihm zu kochen, hatte ich nicht. Von zu Hause habe ich mitbekommen, dass es wichtig ist, immer frische Produkte zu verwenden. Und ich koche hauptsächlich nach Geschmack, weniger nach Rezept.
Sven Also, ich wäre mir jetzt gar nicht mehr sicher gewesen, ob Silke mir beim ersten Mal die Tom-Kha-Gai-Suppe oder Pasta gemacht hat, aber auf alle Fälle hat es geschmeckt. Silke kann sehr gut kochen. Aber sie mag es gerne scharf. Sie kocht definitiv schärfer als ich.

Kocht Silke denn auch viel zu Hause?
Sven Früher viel. Gerade in den Zeiten, als wir uns kennengelernt haben und ich zwischen hier und ihrer Wohnung gependelt bin. Da stand immer noch eine Portion

„Hier gab es auf einmal Gerätschaften, die ich noch nie gesehen hatte."

Silke Jaworski

da, wenn ich nach der Arbeit zu ihr kam. Das war eigentlich ganz schön. Im Moment teilen wir es uns natürlich ein bisschen auf und richtig üppig wird es selten. Denn durch die beiden Kleinen muss es oft einfach schnell gehen.

Silke Wenn wir beide früher zusammen frei hatten, mochte ich es schon sehr, wenn er ausgiebig gekocht hat. Ich habe ihm dann gerne assistiert oder relaxt an der Bar gesessen und ihm zugeschaut – wir haben eine offene Küche. Heute bespaße ich dabei unsere beiden Kinder, so passt das auch. So ist Kochen und Essen immer eine gemeinsame Sache.

Du warst am Anfang aber schon ein bisschen von Svens Küche – oder besser deren Ausstattung – beeindruckt, Silke?

Silke Na ja, hier gab es auf einmal Gerätschaften, die ich vorher noch nie gesehen hatte. Ob das jetzt ein Thermomix war oder so ein Wasserbad, in dem man eingeschweißte Steaks gart …

Sven … den Julabo-Küchenchef.

Silke Eben den. Wir benutzen die zwar nicht häufig, aber jetzt weiß ich wenigstens, wie sie funktionieren.

Sven Und du musst zugeben, der Thermomix hat sich dann doch ganz gut eingelebt, als die ersten Pürees für Lili gekocht werden mussten.

Und wer hat die Pürees dann gemacht? Der Profi?

Sven Hab' ich auch mal 'nen Babybrei gemacht, oder nur du?

Silke Na ja, am Anfang haben wir das zwei-, dreimal zusammen gemacht, weil ich das Ding ja nicht kannte. Aber dann schon eher ich.

Aber prinzipiell magst du auch in der privaten Küche Profigeräte, Sven?

Sven Also ein paar nützliche Dinge gibt es doch schon, aber neben den beiden Geräten eher handwerkliche, die eben auch für den Privathaushalt passen, eine gescheite Käse- oder eine Microplane-Reibe. Unsere Knoblauchpresse benutzt aber beispielsweise nur Silke. Ich schneide den lieber in Scheiben, streue ein bisschen Meersalz drauf und zerdrücke das Ganze. Da kann ich besser dosieren.

Drei Sterne, dazu gehört jede Menge Kreativität. Probierst du, Sven, denn auch zu Hause neue Gerichte aus?

Silke Ich denke, nicht bewusst. Aber er steht oft vor dem Kühlschrank, stellt fest, was wir noch haben, und probiert dann etwas aus, von dem ich vorher gedacht hätte: Das passt nie zusammen! Und im Endeffekt ist es dann superlecker.

Sven Gerade vor dem Kühlschrank muss man schnell umschalten und überlegen, was einem fehlt, was man wozu kombinieren kann. Und dann entstehen auch mal Kombinationen, die ich als Grundgedanken mit in die „Aqua"-Küche nehme. Ich habe hier zum Beispiel auch relativ viele Gewürze. Und so ist einmal eine Gewürzmischung entstanden, die jetzt fester Bestandteil eines Gerichts im „Aqua" ist. Sie besteht aus getrockneten Zwiebeln, getrocknetem Knoblauch, Thymian, Espelette und vielen anderen Zutaten, die man normalerweise nicht zusammen nimmt. Ich habe es eben einfach mal probiert und es hat gut geschmeckt. Bewusst mache ich das zu Hause aber nie.

Oft glaubt man ja, bei Köchen zu Hause gibt es nur die erlesensten Zutaten. Haben sich deine Essgewohnheiten denn geändert, seitdem du mit Sven zusammen bist?

Silke (lacht) Eigentlich mehr, seitdem wir zwei Kinder haben. Das ist wie bei vielen Eltern beziehungsweise Müttern, die ich kenne. Meistens muss es schnell gehen und ich esse jetzt auch oft Babybrei. Nein, im Ernst. Grundsätzlich habe ich schon immer ganz gesund gegessen. Meine Mutter hat immer frische Zutaten verwendet, es gab nie Dosen- oder Fertigfutter. So lernt man ganz automatisch, selbst auf bestimmte Sachen mehr Wert zu legen. Aber es gibt auch Dinge, auf die ich mehr achte, seitdem ich Sven kenne. Gerade was zum Beispiel Geschmacksverstärker angeht, schaue ich einfach mehr auf den Inhalt. Scampi würde ich heute nicht mehr ohne Weiteres kaufen. Wenn ich daran denke, die kommen aus einem Tümpel in Vietnam, wo dank Antibiotika und Chemikalien an der Stelle hinterher nichts mehr gedeiht – nein danke! Aber was den Alltag angeht, gibt es bei uns genau die gleichen Sachen wie bei anderen auch. Nur wenn Sven kocht, ist es eben immer perfekt zubereitet. Er macht zum Beispiel ein Risotto, das total klasse ist, oder ein Kartoffel-Pot-au-feu – einfach lecker.

Ihr habt jetzt zwei kleine Kinder. Dein Beruf gibt dir nicht gerade viel Freizeit, Sven. Lange Tage sind ganz normal. Wie gut kannst du das mit der Familie vereinbaren beziehungsweise wie viel musstest du ändern?

Sven Ich glaube, das ist ein Prozess, der nach wie vor läuft. Ganz klar, es ist nicht einfach. Man muss sich zeitlich sehr genau einteilen können, was mir manchmal auch schwerfällt, und es gibt Tage, an denen ich mich bei der Arbeit nicht losreißen kann. Morgens, bevor und kurz nachdem ich Lili in die Krippe bringe, erledige ich noch notwendige Botengänge, wie die Post oder kleinere Einkäufe. Getränkekisten sind ohnehin mein Metier. Für Silke ist das Einkaufen mit zwei kleinen Kindern eben immer ein enormer Aufwand. Und meistens versuche ich auch, wenn wir am Nachmittag mit dem Mise en Place (Vorbereitung für das Abendgeschäft) fertig sind, kurz nach Hause zu fahren. Praktischerweise wohnen wir mit dem Auto nur vier Minuten vom Restaurant entfernt. Dann kann ich wenigstens – und wenn es nur 15 bis 20 Minuten sind – mit den Kindern ein bisschen spielen und lachen. Das gibt mir tatsächlich auch viel Energie für den Abendservice. Und wenn ich spätabends – oder besser mitten in der Nacht – nach Hause komme, wickle ich eines von beiden schon mal, bevor ich mich selbst hinlege. Und wenn sie zwischendurch mal wach werden, werde ich eben auch wach, das gehört dazu – mitgegangen, mitgefangen. Was ich allerdings deutlich heruntergefahren habe, sind Sonderveranstaltungen an den Wochenenden. Vorher war ich an etwa 17 Wochenenden im Jahr unterwegs – oft konnte Silke auch mal mitkommen. Heute wäge ich das ganz genau ab – denn da wartet meine Familie zu Hause.

Damit bleibt trotzdem mehr als der übliche Großteil der Arbeit bei Silke. Du warst selbst sehr engagiert in deinem Beruf als Bankkauffrau und Coach. Warst du darauf gefasst, praktisch alleinerziehend zu sein?

Silke Ganz so dramatisch ist es ja nicht. Aber ich musste mich schon erst an die Umstellung gewöhnen. Auch als ich noch gearbeitet habe, hatte Sven diese Arbeitszeiten, wir also wenig gemeinsame Zeit. Dafür hatte ich persönlich viele Freiheiten, das kennst du ja. Jetzt ist es natürlich anders. Und: So sehr ich die beiden hier liebe, ich freue mich auch schon auf die Zeit, in der ich wieder anfangen kann, zumindest teilweise zu arbeiten. Denn dann habe ich auch wieder ein bisschen eine Welt, die nur mir gehört. Aber ich glaube, so anders als in anderen Familien ist das auch nicht. Und Sven liebt Lili und Max, wie du ja siehst, wenn er die beiden anschaut. Das ist doch das Wichtigste.

Das stimmt, der Papa ist verliebt! Du verzeihst mir also, wenn ich Sven ausnahmsweise nicht frage, was für ein Gericht du für ihn wärst, sondern an welches Gericht er bei Lili denkt? (Max ist dafür noch ein bisschen klein, beim Gespräch ist er gerade ein paar Wochen alt.)

Sven Hm, das ist jetzt aber schwierig. Also wenn ich an ihre Tausend Facetten denke, würde ich sagen: eine Zitronenpfeffer-Crème-brûlée. Zitronenpfeffer, weil sie ein Temperament wie Pfeffer hat – und die Zitrone dabei für einen fröhlichen, lachenden Menschen steht. Und die Crème brûlée, weil ich jetzt schon dahinschmelze, wenn ich sie sehe. Ich glaube, das wird mal sehr schwierig werden, ihr irgendwas abzuschlagen.

„Mit den Kindern zu spielen gibt mir Energie für den Abendservice."

Sven Elverfeld

Silkes Tom Kha Gai

Für 4 Personen oder 2 sehr, sehr hungrige

500 g Hähncheninnenfilets
5 frische Korianderstängel
2 Zitronengrasstängel
2 Frühlingszwiebeln
1 daumengroßes Stück Ingwer
200 g Shiitake-Pilze
1 daumengroßes Stück Galgant
50 g grüne Currypaste (nach gewünschter
Schärfe einsetzen)
Sesamöl zum Braten
700 ml kräftiger Geflügelfond
900 ml Kokosmilch
5–10 Kaffirlimettenblätter
1 Thai-Basilikumstängel
Saft und abgeriebene Schale von 1 Biolimette
2 EL Palmzucker
3 EL Fischsauce

Zubereitungszeit: etwa 1 Stunde

Die **Hähncheninnenfilets** in 2 cm lange Stücke schneiden. Die **Korianderblättchen** abzupfen, waschen, trocken schütteln und in Streifen schneiden. Die Stiele nicht wegwerfen. Das **Zitronengras** waschen und ein Drittel klein schneiden. Die **Frühlingszwiebeln** putzen, waschen und klein schneiden. Den **Ingwer** schälen und in feine Scheiben schneiden. Die **Shiitake-Pilze** putzen und in feine Streifen schneiden. Alle vorbereiteten Zutaten beiseitestellen.

Den **Galgant** schälen, in Streifen schneiden und zusammen mit den Korianderstielen, dem nicht zerkleinerten Zitronengras, einigen Frühlingszwiebelstücken und der **Currypaste** in einem Wok oder in einem breiten Topf kurz in **Sesamöl** anbraten. Mit dem **Geflügelfond** und der **Kokosmilch** ablöschen und etwa auf die Hälfte reduzieren. **Kaffirlimettenblätter** und **Thai-Basilikum** waschen und trocken schütteln, dann die Kaffirlimettenblätter und die Hälfte der Thai-Basilikumblätter sowie den **Limettensaft** zur Suppe geben. 20 Minuten leicht köcheln lassen. Mit dem **Palmzucker** und der **Fischsauce** abschmecken und durch ein Sieb passieren.

Die Suppe aufkochen. Vorbereitetes Hähnchenfleisch, Korianderblätter, Zitronengras, Frühlingszwiebeln, Ingwer, Shiitake-Pilze und abgeriebene **Limettenschale** dazugeben. 5–10 Minuten ziehen lassen. Kurz vor dem Anrichten die restlichen **Thai-Basilikumblätter** dazugeben.

*Sven meint zwar, dass Silke ihre Tom Kha Gai
manchmal fast zu scharf macht – aber trotzdem
stellt er sich gerne der Gefahr.*

Dakos

mit Tomate, Feta, Olivenöl und Berg-Oregano

*Eine traditionelle kretische Vorspeise oder Zwischenmahlzeit
aus Paximadi (siehe Tipp) mit Tomate und Olivenöl – das war
Svens erstes Ma(h)l für Silke.*

Für 4 Personen

4 dicke Scheiben Dakos (Paximadi)
Salzwasser (etwas Fleur de Sel
in warmem Wasser aufgelöst)
4 EL von der Feta-Lake
12 EL natives kretisches Olivenöl
4 reife Tomaten
Meersalz
200 g Schafsfeta aus der Lake oder
frischer Ziegenkäse
2–4 TL gerebelter wilder kretischer
Berg-Oregano
kretische Oliven nach Belieben

Zubereitungszeit: etwa 20 Minuten inkl. Ziehzeit

Je einen **Dako** auf einen Teller legen und mit etwas **Salzwasser,** etwas
Feta-Lake und je 2 EL **Olivenöl** beträufeln. Die **Tomaten** waschen
und auf einer groben Reibe reiben oder in sehr feine Würfel schneiden.
Auf den Dakos verteilen und leicht **salzen.**
Den **Feta** grob zerbröseln und über die Tomaten auf den Dakos verteilen.
Mit **Oregano** bestreuen und mit dem restlichen **Olivenöl** beträufeln.
Das Ganze schmeckt am besten, wenn es einige Minuten durchziehen
kann. Die Dakos saugen sich mit dem Tomatensaft und dem Olivenöl voll
und nehmen die Aromen perfekt auf.
Wer es mag, kann auch noch **Oliven** dazu servieren – natürlich kretische!

Tipp Paximadi erhält man in vielen griechischen Geschäften oder
auch online direkt aus Griechenland, wenn man nach „Paximadi" sucht.
Dakos oder Paximadi ist ein doppelt gebackenes Gersten-Vollkornbrot.
Es ist ein lange haltbares Brot. Dieses Gericht war früher sehr oft für die
Fischer auf See eine gute und schnell zubereitete kleine Mahlzeit. Das
Brot wurde kurz in Meerwasser getaucht und mit den restlichen Zutaten
mehr oder weniger fertiggestellt.

Kommunikation
ohne Worte – Team Raue

Marie und Tim Raue, Restaurant „Tim Raue", Berlin

Du bist für mich ein schönes

rotes Curry

Als Tim Raue seine Marie kennenlernte, war er 19 Jahre alt, im zweiten Lehrjahr – und sie stand kurz vor dem Abitur. Das war 1993. Seitdem sind die beiden ein Paar, arbeiten seit 1999 auch zusammen. Und das, obwohl sie beide auf den ersten Blick kaum unterschiedlicher sein könnten: Er hatte bekanntermaßen nicht gerade eine glückliche Kindheit in Kreuzberg. Marie wuchs in gutbürgerlichen Verhältnissen auf. Er ist für seine große Klappe bekannt, die ihn oft auf den ersten Blick arrogant wirken lässt. Marie ist sanfter, diplomatischer. Aber das ist wahrscheinlich auch ihr Ehe-Erfolgsrezept. Sie ergänzen sich, wie sie auch im Interview betonen. Bei diesem Gespräch fand viel Kommunikation über Gesten und Mimik statt. Ich habe versucht, dies mit Kommentaren in Klammern zu vermitteln. In viele der verbalen Schlagabtausche zwischen den beiden habe ich mich außerdem einfach nicht eingemischt. Ich hoffe, damit gelingt es mir, ein Paar zu zeigen, dass wirklich aufeinander eingespielt ist.

Tim, als du Marie kennengelernt hast, ging es ganz schnell zwischen euch.

Tim Ja, letztendlich schon. Aber zunächst sah es gar nicht danach aus. Ich war am 12. Juni 1993 mit meinen Kumpels in einer Disco südlich von Berlin. Marie war dort mit einer Gruppe von Austauschschülern aus Istanbul. Beide haben wir in unseren Gruppen getanzt, aber ich bin plötzlich stehen geblieben, weil ich am anderen Ende der Tanzfläche eine junge Frau erblickte, die von einem Lichtstrahl illuminiert wurde. Ich hörte die Musik nicht mehr, nahm nichts anderes mehr wahr als sie. Also bin ich sofort zu ihr hingegangen und habe „Hallo" gesagt. Das hat sie allerdings freundlich ignoriert. Und auch als ich noch 'ne Runde um sie rumgetanzt bin, hat sie nicht auf mich reagiert. Da habe ich mich erst mal zurückgezogen. Als ich später mit

meinen Jungs außerhalb der Disco stand, kam sie dann aber doch zu mir und gab mir ihre Telefonnummer. Am nächsten Morgen habe ich sie angerufen, abends haben wir uns getroffen und vier Tage später ist sie zu mir in die Wohnung gezogen. Seitdem leben wir zusammen.

Marie stand kurz vor dem Abitur – heute arbeitet ihr zusammen. Hast du sie in die Gastronomie „gezogen"?

Tim Jein. Eigentlich wollte sie schon studieren. Aber sie hat sich nicht rechtzeitig angemeldet und hätte ein Jahr warten müssen. Da habe ich ihr vorgeschlagen, eine Ausbildung in den Restaurants von Franz Raneburger zu machen, im „Bamberger" und auf „Schloss Glienicke", wo ich zu der Zeit auch arbeitete. Und da hat sie dann

„Sag' doch einfach: ‚Ich finde jetzt schon, dass es ein bisschen salzig ist.'"

Tim Raue

in weniger als zwei Jahren ihre Ausbildung geschafft, ist dann in rasender Geschwindigkeit aufgestiegen und war schon mit 22 Jahren Restaurantleiterin. Unser Weg ging kontinuierlich erfolgreich weiter – und sie hat sich auch keine Gedanken mehr gemacht, einen alternativen Beruf zu wählen oder zu studieren.

Marie Na ja, eigentlich sage ich mir jeden Tag: „Nie wieder Gastronomie!" (strahlt Tim aber an)

Hättest du, Tim, dir vorstellen können, eine Partnerin außerhalb der Gastronomie zu haben?

Tim Wir sind jetzt seit über 20 Jahren zusammen und mussten nie darüber nachdenken. Wir haben eben den ganz großen Vorteil, dass wir uns ergänzen. Wenn einer etwas nicht so gut kann, kann es der andere. Ich fahre nicht Auto, Marie kann das sehr gut. Dafür habe ich andere Fähigkeiten, die sie nicht hat. Ich bin zum Beispiel viel ordentlicher. Aber wie gesagt: Wir ergänzen uns – und das haben wir nie infrage gestellt.

Marie, als du Tim kennengelernt hast, war er ja noch lange nicht der bekannte Koch. Gab es bei euch trotzdem ein erstes Ma(h)l, an das ihr euch noch erinnern könnt?

Tim Ich weiß noch ganz genau, was Marie zum ersten Mal für mich gekocht hat. Oder haben wir zusammen gekocht?

Marie Was haben wir denn gekocht?

Tim Die Torte – und Lammkotelett!

Marie Mit Gnocchi, oder? Das war doch an deinem Geburtstag, in der schrecklichen Wohnung, in der wir damals waren?

Tim Stimmt. Da gab es auf jeden Fall eine Torte.

Marie Ja, die habe ich für dich gemacht.

Tim Genau. Und dann haben wir Lammkarree mit Gnocchi gegessen.

Marie Die hatte ich mir gewünscht.

Ich bin etwas verwirrt. Wer hat jetzt gekocht?

Tim Wir haben das zusammen gemacht.

Marie Ja, und wir haben uns dabei nicht gestritten.

Tim Das ist heute anders!

Heute streitet ihr euch beim Kochen?

Tim Marie muss halt lernen, dass ich der Chef in der Küche bin. Das mag sie nicht so. (beide lachen) Und dazu kommt, dass wir eine unterschiedliche Auffassung von Würzung haben. Sie kocht wirklich sehr gut, ist aber eher feinsinnig, während ich immer Vollgas gebe. Und ich räume beim Kochen eben immer gleich alles auf. Marie nicht.

Marie Klar, ich lasse immer einfach alles fallen und da bleibt es erst mal liegen, oder was?

Tim Und dann trittst du auch mal drauf.

Marie Nein!

Tim Doch!

Dann kocht also eher Tim zu Hause?

Tim Eigentlich schon lange nicht mehr. Irgendwie geht das zu Hause auch nicht gut. Ich habe es einmal versucht, als wir Freunde eingeladen hatten, und das Ergebnis war das Mieseste, was ich je gekocht habe. Irgendwie hatte ich an dem Tag, warum auch immer, überhaupt keinen Bock. Eigentlich wollte ich ein Tim-und-Marie-Familienrezept, ein Zitronenhuhn, machen. Aber es hat wirklich sch... geschmeckt. Ich habe auch echt alles falsch gemacht. Statt normalen Hühnerkeulen habe ich Perlhuhnkeulen genommen, die ohnehin etwas zäher sind. Die habe ich nicht vorgegart, sondern einfach so in den Ofen geworfen, Klappe zu. Na ja, und so reihten sich die Fehler wie Perlen an einer Kette, einer laaangen Perlenkette ...

Marie Ja, die armen Freunde! Wir haben alle bezweifelt, dass du jemals eine Kochlehre gemacht hast.

„Wir haben alle bezweifelt,
dass du jemals eine Kochlehre
gemacht hast.“

Marie Raue

Übernimmt also Marie zu Hause den Herd?

Tim Was Marie wirklich einzigartig gut macht, das sind Salate. Wenn sie kocht, dann packt sie all ihre Liebe und Leidenschaft in das jeweilige Gericht, das ist großartig. Sie macht auch eine perfekte Lasagne, mit einer Schichtung, die ist so kompakt und einzigartig! Aber irgendwie hat sie die schon seit Ewigkeiten nicht mehr gemacht. Uns fehlt auch einfach oft die Zeit.

Marie Aber: Ich koche für den Hund! Möhrchen und Enten!

Tim Ja, Shirley liebt Möhrchen, Ente, Lamm, Kalbsbäckchen. Filet ist nicht so ihres, wenn, dann muss es durchgebraten sein. Für uns zwei kochen wir tatsächlich nur zwei-, dreimal im Jahr. Und es kann auch mal ein Jahr gar nicht sein.

Aber ihr esst auch mal zu Hause?

Marie Ja, Lieferservice ist super! Hier in Berlin haben wir doch alles, tolle Lieferservices und tolle Restaurants, bei denen du Essen mitnehmen kannst. Das ist bei unserem Zeitplan einfach bequemer. Nichts vergammelt im Kühlschrank und wir können immer essen, worauf wir gerade Lust haben.

Gibt es trotzdem etwas, was ihr immer im Kühlschrank habt?

Beide gleichzeitig Ja, Champagner!

Tim Champagner, Schokolade, laktosefreie Milch.

Marie … und Avocados. Ich habe immer Avocados da für mein glutenfreies Brot. Wir haben einen wunderbaren kleinen Bioladen an der Ecke, dort gibt es ein saftiges Dinkelbrot.

Wenn ihr schon nicht kocht, wie sieht es denn bei deiner Mutter aus, Marie? Kocht sie gerne für Tim?

Marie Ich glaube, meine Mutter hat eine ganz gesunde Einstellung dazu. Sie schenkt meinem Mann jedes Jahr zu Weihnachten ein neues Kochbuch. (Marie lacht sich kaputt.)

Tim (milde lächelnd) Tja, das kulinarische Verhältnis zu Maries Familie hat sich deutlich entspannt, seit ich da nicht mehr zum Essen hingehe.

Ich sehe schon, Themenwechsel. Tim gilt ja nicht gerade als Diplomat. Darfst du ihn denn kritisieren?

Marie Sagen wir es einmal so: Kritik ist für sensitive und kreative Menschen wie Tim schwierig. Er nimmt sie sehr persönlich. Von daher versuche ich, sie ihm schonend mitzuteilen. Ich habe meine eigene Meinung – und die tue ich auch kund. Inzwischen ist es ja nicht mehr wie am

Anfang … (Tims Augenbrauen gehen ganz weit nach oben. Marie fährt grinsend fort:) … dass ich dann 24 Stunden strafend angeguckt werde. Inzwischen haben wir ein ähnliches Geschmacksurteil und Tim weiß, dass ich nicht deshalb etwas sage, weil ich böse bin.

(Und wieder gehen Tims Augenbrauen ganz nach oben. Als sie wieder unten sind):

Tim Nein, im Ernst. Marie ist ähnlich wie unser Restaurantmanager und Sommelier ein Regulativ. Sie haben den Blick von außen. Aber wenn mir etwas am Herzen liegt und ich lange daran gebastelt habe – und dann bekomme ich einen blöden Spruch …

Marie Aber du bekommst doch keinen blöden Spruch!

Tim … dann „bestrafe" ich sie tatsächlich mit Ignoranz.

Marie Ja, und darum muss ich natürlich erst mal einen Eiertanz machen und so tun, als ob ich es toll finde …

Tim Nur, wenn du etwas probierst und dann den Mund nicht aufmachst und auf meine Nachfrage nur sagst: „Ich will ja jetzt nichts Falsches sagen." Dann weiß ich sowieso schon, was los ist. Sag doch einfach: „Ich finde jetzt schon, dass es ein bisschen salzig ist." Dann weiß ich: Genau so soll's sein! Denn Marie würzt ja sehr vorsichtig. Und wenn sie „Jetzt ist es wirklich zu flau." sagt, dann müssen wir etwas machen.

Tim, meine letzte Frage: Wenn Marie ein Gericht für dich wäre, was wäre sie dann?

Tim (wie aus der Pistole geschossen) Ein Glas Champagner! Weil sie unberechenbar ist, das Leben mit ihr ist prickelnd. Bei uns definiert ein Glas Champagner ja ein Glas Krug, und das hat eine große Komplexität, hat eine Geschichte, eine Zukunft, ist im Hier und Jetzt, hat alles. Es ist für mich eigentlich die Perfektion im Sinne von „damit wird es nie langweilig". Man kann es morgens haben, mittags, abends. Es begeistert jederzeit.

Marie Du bist für mich ein Curry. (Genussvoll sinnierend ergänzt sie:) Ein schönes rotes Curry. Das mag ich am liebsten. Und Tim hat Scharfes und Würziges und man kann nicht aufhören, davon zu essen. Also ich kann nicht aufhören, davon zu essen.

Tim (breit grinsend): Mit viel Ananas? Mit Ped oder mit Gai? Mit Ente oder mit Huhn?

Marie Mit Ente!

Warum mit Ente?

Tim Quak? (Und das mit einem wirklich sehr liebevollen Blick zu seiner Frau. Ich frage nicht mehr weiter …).

Maries Lasagne

Tim Raue zu diesem Rezept von Marie: „Sie macht auch eine perfekte Lasagne, mit einer Schichtung, die ist so kompakt und einzigartig!"

Für 4 Personen
Für das Hackfleisch
300 g Kalbshackfleisch
100 g rote Zwiebeln
4 Knoblauchzehen
4 EL Pflanzenöl zum Braten
4 EL Tomatenmark
Fleur de Sel
2 EL fein gehackte Rosmarinnadeln
2 EL fein gehackte Thymianblättchen

Für die Creme
1 Knoblauchzehe
200 ml Milch
200 g Sahne
Fleur de Sel
frisch geriebene Muskatnuss
Speisestärke
200 g Gouda

Außerdem
1 Pck. Lasagneplatten (500 g)
2 Zucchini
2 rote Paprikaschoten
50 g Parmesan

Zubereitungszeit: etwa 1 ½ Stunden

Das **Hackfleisch** in einer beschichteten Pfanne ohne Fett scharf anbraten. Herausnehmen und beiseitestellen. Die **Zwiebeln** und den **Knoblauch** schälen und fein würfeln. Beides in **Öl** 3 Minuten anschwitzen. Dann das **Tomatenmark** dazugeben und nochmals 3 Minuten rösten. Anschließend das Hackfleisch zugeben und alles gut vermengen. Mit **Fleur de Sel** abschmecken und mit **Rosmarin** und **Thymian** würzen.

Für die Creme die **Knoblauchzehe** schälen. In einem Topf mit **Milch** und **Sahne** aufkochen. Mit **Fleur de Sel** und **Muskat** abschmecken. Mit der **Speisestärke** zu einer puddingartigen Konsistenz binden und mixen. Den **Gouda** fein reiben und einrühren.

Die **Lasagneplatten** nach Packungsanleitung zubereiten. Die **Zucchini** waschen und in Streifen schneiden, die **Paprikaschoten** waschen, von Samen und Scheidewänden befreien und ebenfalls in Streifen schneiden. Zucchini und Paprika von beiden Seiten grillen.

Nun den Backofen auf 180 °C Ober-/Unterhitze vorheizen und die Lasagne in einer Auflaufform schichten. Dafür zunächst die Paprika und die Hälfte der Hackfleischmasse in die Form geben, dann eine Schicht Lasagneplatten darauflegen, darauf eine Hälfte der Creme verteilen. Dann eine Schicht aus den Zucchinischeiben, wieder eine Schicht Lasagneplatten, die zweite Hälfte der Hackfleischmasse, erneut eine Schicht Lasagneplatten und die zweite Hälfte der Creme folgen lassen. Zuletzt den **Parmesan** reiben und darüberstreuen. Die Lasagne im Ofen 25–30 Minuten backen.

Zitronenhuhn

Für 4 Personen

1 Maishuhn
3 sizilianische Biozitronen
6 EL Honig
1 TL grob gemörserter Pfeffer
Fleur de Sel
100 g gesalzene Butter
1 Topf Basilikum

Zubereitungszeit: etwa 1 ½ Stunden

Dem **Huhn** mit Luftdruck die Haut vom Fleisch lösen. Dazu eine Luftpumpe mit möglichst schmalem Aufsatz verwenden, damit unter die Haut stechen und Luft zwischen Haut und Fleisch pumpen. Nach Bedarf an verschiedenen Stellen wiederholen, bis sich die Haut komplett aufgebläht hat. Den Backofen auf 140 °C Ober-/Unterhitze vorheizen.

Nun die **Zitronen** auspressen und die Schale abreiben, Saft und abgeriebene Schale beiseitestellen. Den Rest der Zitronen in Stücke schneiden, das Huhn damit füllen und anschließend mit kochendem Wasser überbrühen. **Honig, Pfeffer** und abgeriebene Zitronenschale vermengen. Die Haut des Huhns mit der Hälfte dieser Mischung bestreichen, die andere Hälfte für die Sauce beiseitestellen.

Das Huhn in einen Tontopf geben und im Ofen etwa 40 Minuten garen. Dann aus dem Tontopf nehmen und unter dem Backofengrill solange weitergaren, bis die Haut knusprig ist. Mit **Fleur de Sel** bestreuen und auf einer Platte servieren.

Die **Butter** in einem Topf zerlassen, dabei aber nicht wärmer als 60 °C werden lassen. Das **Basilikum** waschen, trocken schütteln und die Blättchen abzupfen. Butter mit Basilikum, dem Zitronensaft und der restlichen Zitronenmarinade mixen und lauwarm servieren.

Das Huhn wird nach chinesischer Art zerhackt und am Knochen serviert. Jeder Gast bekommt eine Schale mit der Sauce dazu serviert, in die man die Hühnerstücke dippt, bevor man sie vom Knochen nagt. Dazu serviert man Fingerschalen mit Zitronenwasser für die Hände und am besten eine Flasche meines Lieblingschampagners.

Inzwischen ist das Zitronenhuhn bei Raues „eigentlich unser Familiengericht" – obwohl es Tim auch schon mal so misslungen ist, dass Marie und seine Freunde ernsthaft an seinen Fähigkeiten gezweifelt haben.

„Gemeinsame Projekte machen am meisten Spaß!"

Su und Burkhard Vössing

Perfektes **Team** mit Temperament

Weiße Entenbolognese

Für 4 Personen

800 g Entenfleisch aus der Keule,
ohne Knochen und mit wenig Fett
300 g Schalotten
½ Bund Beifuß
½ Bund Rosmarin
½ Bund Thymian
Salz
frisch gemahlener schwarzer Pfeffer
100 ml weißer Portwein
Pflanzenöl zum Braten
3 EL Mehl
250 g Sahne
600 g Spaghetti oder Linguine

**Zubereitungszeit: etwa 20 Minuten plus mindestens
1–2 Stunden Marinierzeit und gut 1 Stunde Kochzeit**

Das **Entenfleisch** in kleine Ragoutstücke schneiden. Die **Schalotten**
schälen und in Würfel schneiden, die **Kräuterblättchen** bzw. **-nadeln**
von den Stängeln zupfen, waschen und trocken schütteln. Das Entenfleisch mit den Kräutern, **Salz, Pfeffer** und dem **Portwein** mindestens
1–2 Stunden marinieren. Am liebsten habe ich es allerdings, wenn ich
die Marinade schon am Vortag angesetzt habe, das Fleisch ist dann
noch geschmackvoller.

Das Fleisch durch die grobe Scheibe des Fleischwolfs drehen. Das **Öl** in
einem großen Topf erhitzen und das Fleisch leicht anschwitzen, es soll
aber keine Farbe annehmen. Mit dem **Mehl** bestäuben und mit 500 ml
Wasser aufgießen. Aufkochen und gut durchrühren. Gut 1 Stunde leicht
köcheln lassen, bei Bedarf etwas Wasser nachgießen und regelmäßig
rühren, denn das Mehl brennt leicht an.

Mit **Salz** und **Pfeffer** gut würzen. Zum Schluss die **Sahne** zugeben und
weitere 2–3 Minuten köcheln lassen. Die **Spaghetti** oder **Linguine**
nach Packungsanweisung in **Salzwasser** kochen und zusammen mit
der Entenbolognese servieren.

Dazu passt ein frischer Kräutersalat, der mit etwas Olivenöl und
Meersalz mariniert wird.

*Su genießt es zwar sehr, bekocht zu werden, aber genauso
gerne steht sie selbst am Herd. Und dann liebt sie es, ganz
„normale" Gerichte für Bui auch mal ganz anders zu zaubern.
Und bei DEM Gericht hatten seine Geschmacksnerven noch
nie etwas auszusetzen.*

Damals Miniküche, heute Eleganz – geblieben ist das Bügel-(Nudel-)Brett

Susanne und Thomas Kellermann, „Burg Wernberg", Wernberg-Köblitz

Menü für die

große Liebe

Eigentlich hatte die Berlinerin Susanne am Tag der Deutschen Einheit, am 3. Oktober 2002, gar keine Lust auszugehen, ließ sich dann aber doch von Freunden überreden, in die „Trompete", die Bar von Ben Becker am Lützowplatz, zu gehen. Die schicksalhaften Folgen heute: eine sehr liebevolle Ehe mit Zwei-Sterne-Koch Thomas Kellermann und die beiden Kinder Valentin und Josefine – in Weiden in der Oberpfalz (Bayern). Für beide war es die große Liebe, die kein bisschen weniger geworden ist, wenn man Thomas heute nach seinem ersten Eindruck von Susanne fragt: „Sie hatte eine absolut natürliche Frische, die ich so gerne mag, und ist einfach bezaubernd. Das klingt vielleicht komisch, aber ich möchte neben einer Frau aufwachen, bei der ich mich jeden Tag freue, dass sie an meiner Seite ist. Ich wusste, dass das bei Susanne so sein würde – und es ist noch immer so." Es ist sicher auch diese fröhliche Art, die es der großstadtgewohnten Susanne möglich gemacht hat, sich in der eher beschaulichen Oberpfalz einzuleben. Und in der vielen Zeit, die Susanne auf Thomas verzichten muss, hat sie mit den beiden Kindern, ihrer Arbeit als Finanzwirtin, neuen und alten Freunden oder Besuch der Verwandtschaft aus Berlin genug zu tun. Ihre gemeinsame Zeit nutzen die beiden dann eben umso intensiver. „Andere sitzen gelangweilt nebeneinander auf der Couch vor der Glotze und schweigen sich nach ein paar Wochen an. Wir hatten und haben uns immer etwas zu sagen." Dabei hatte Susanne nach ein paar Wochen mit Thomas schon befürchtet: „Der will nicht mehr", als er ihr sonntagmorgens um halb zehn erklärte, er müsse jetzt sofort heimfahren, denn er wolle ja am Abend für sie kochen.

Warum hast du da an Thomas gezweifelt?

Susanne Na ja, wenn man so kurz zusammen ist und dein Freund springt am Sonntagmorgen um halb zehn aus dem Bett? Ich konnte mir wirklich nicht vorstellen, dass man von 10 Uhr morgens bis abends um acht vorbereiten muss, wenn man für mich kocht.

Wann hast du es verstanden?

Susanne Also zunächst mal bin ich dann abends zu ihm gefahren – immerhin hatte er nicht abgesagt – und kam in eine absolut makellose Küche! Da lag kein Topf herum, keine Pfanne, kein Löffel, nichts. Und mir war klar: „Siehst du, das war nur eine Ausrede, der wollte einfach seine

Ruhe haben." Aber dann hat er ein Menü mit zig Gängen vorgezaubert. Alles vorbereitet auf Platten, Tellern, vakuumiert und im Kühlschrank verstaut. Das hat er dann so nach und nach herausgezaubert, fertig gemacht – und ich war hin und weg. Das war mein erstes Erlebnis mit dieser Art von Gastronomie. Ich war einfach geplättet.

Thomas, das habe ich wirklich bei keinem anderen gehört, dass er so für seine neue Liebe aufgekocht hat.

Thomas Das war für mich irgendwie selbstverständlich. Ich koche gerne für Gäste – natürlich nicht immer gleich sieben oder acht Gänge, aber mindestens drei müssen

„Ich war zu diesem Zeitpunkt noch Vegetarierin. Das war für ihn schrecklich."

Susanne Kellermann

es schon sein. Und dass ich dann für Susanne kochen durfte, war umso besser. Es ging mir dabei nicht so sehr darum, ihr zu zeigen, was ich kann. Ich wollte uns einfach einen wirklich schönen Abend machen.

Susanne Das ist ihm voll gelungen. Und dabei hatte er ja noch einige Schwierigkeiten zu bewältigen, denn ich war zu diesem Zeitpunkt noch Vegetarierin, die zwar Fisch, aber kein Fleisch gegessen hat. Das war für ihn schrecklich.

Heute bist du keine Vegetarierin mehr?

Susanne Diese „Krankheit" hat er mir schnell abgewöhnt. Einfach mit dem, was er kocht. Denn ich wollte schon bald nicht mehr auf das verzichten, was er da alles zubereitet – und habe sehr schnell auch alles gegessen. Aber man muss natürlich sagen, dass wir – auch zu Hause – sehr darauf achten, welches Fleisch wir essen. Und wir essen es beileibe auch nicht jeden Tag. Und Thomas ist auch ein genialer Gemüsekoch.

Wenn Thomas dich so verwöhnt hat, kam ja sicher auch der Moment, als du das erste Ma(h)l für ihn kochen musstest?

Susanne Ja, das war schrecklich. Meine Nerven lagen blank. Ich habe Kochbücher gewälzt und mir Ratschläge vom Mann meiner Mutter, einem sehr guten Hobbykoch, geholt, und hatte mich dann letztendlich dazu entschlossen: Vorweg gibt es Rucolasalat mit Birne. Hätte ich gewusst, dass mein Mann am liebsten Nudeln mit Bolognesesauce oder Thaicurry isst, hätte ich mir keinen Kopf machen müssen. Als Hauptgang hatte ich Fisch geplant. Ich bin also in den Supermarkt und habe irgendeinen Zander gekauft. Zu Hause habe ich den angesehen und gedacht: „Also, nee, so irgendein Fisch geht gar nicht." Also bin ich ins KaDeWe – in die beste Fischabteilung der

Stadt – marschiert und habe nach einem schönen Fisch für ein Essen zu zweit gefragt. Der Verkäufer meinte, er hätte halt Steinbutt da. Ich war einverstanden und er holte ihn extra von hinten, mit der Erklärung, das sei Angelware und läge daher nicht in der Auslage. Das klang gut. Ich hatte immerhin 50 Euro in der Hand und meinte, es könne auch ein bisschen mehr sein. Er hat alles filetiert und eingepackt, mir gereicht und gesagt: „120 Euro bitte." Da sind mir doch meine Gesichtszüge ein wenig entglitten. Das war damals gerade nach meinem Studium und der Ausbildung. Ich hatte doch noch nie so viel Geld für Essen ausgegeben. Gesagt habe ich nur: „Ich zahl' dann mal mit Karte", bin nach Hause – und es wurde ein wunderschöner Abend.

Thomas Wir haben so über diese Geschichte gelacht. Es war sowieso so skurril. Ich weiß noch, wie wir damals in Susannes Miniküche saßen. Der Tisch war so schmal wie ein Katzentisch, dass gerade mal zwei Teller darauf und zwei Stühle daran gepasst haben – und wir essen da unglaublich teuren Steinbutt und sind einfach die glücklichsten Menschen der Welt. In der kleinen winzigen Küche haben wir uns gefühlt wie in einem Palast.

Eine so kleine Küche, damit kann man einen Koch auf Dauer aber nicht glücklich machen?

Thomas Das würde ich so nicht sagen. Wir hatten in dieser Wohnung so viel Spaß. Für mich war sehr schnell klar, dass Susanne die Frau meines Lebens ist, und ich wollte eigentlich auch gleich, dass sie bei mir einzieht. Aber aus Anfahrtsgründen war es dann doch sinnvoller, dass ich zu ihr ziehe. Am Tag, als ich bei ihr eingezogen bin, war sie in der Arbeit. Und das Erste, was ich gemacht habe, war, den Kühlschrank von oben bis unten mit Augustiner-Bier zu füllen – und dann bin ich in die Arbeit gegangen.

Susanne Als ich heimkam und den Kühlschrank geöffnet habe, habe ich einfach nur losgelacht.

Thomas Da brauchte es keinen Zettel mehr, damit war klar: Jetzt bin ich da.

Und wie habt ihr das mit dem Kochen gelöst?

Thomas Für uns zwei ging es ja. Und wenn ich für Susanne und unsere Familie und Freunde gekocht habe, dann habe ich immer ein Bügelbrett aufgebaut und darauf die Nudelmaschine befestigt – die hätte sonst gar keinen Platz gehabt. Und so gab es trotz kleiner Küche immer feines Essen.

Wie sieht es denn heute aus? Wer kocht zu Hause mehr?

Thomas Susanne. Nicht nur für die Kinder, sondern auch, wenn ich zu Hause bin. Sie kocht gerne und gut. Und sie ist eine super Gastgeberin. Inzwischen koche ich wieder ein bisschen mehr, aber in der Hauptsache übernimmt sie das. Und alle vier bis sechs Wochen gibt es sowieso Schnitzel, die mache ich. Im Sommer grillen wir gerne, vor allem Lammkarree, weil unser Valentin das so sehr liebt. Aber wenn Gäste kommen, kochen wir richtig.

Susanne Ja, aber dann übernimmst du das komplett. Ich kann nicht für viele Leute kochen, da werde ich hektisch. Aber Thomas liebt das.

Thomas Das habe ich schon von zu Hause mitbekommen. Da hörte die Party auch immer in der Küche auf. Und jetzt sind unsere Kinder schon mal unsere ersten Gäste. Aber bei uns ist eigentlich sowieso immer was los – und das liebe ich. Mit anderen zusammen zu essen, ist einfach schön. So ein Fernsehabend geht einfach vorbei. Aber Erlebnisse und Gespräche beim gemeinsamen Essen und Feiern: Daran erinnerst du dich noch lange.

„Ein Fernsehabend geht vorbei – an ein gemeinsames Essen erinnerst du dich noch lange."

Thomas Kellermann

Kocht ihr auch mal gemeinsam?

Thomas Ähm, also, ehrlich gesagt, eher nicht. Ich mag das auch nicht so. Auch wenn der Valentin mal mitkocht, da bin ich eher schlecht. Ich koche lieber alleine, aber das ganz entspannt. Beim Kochen wird immer irgendein schönes Getränk aufgemacht und dann zelebrieren wir auch das Essen. Deswegen verwenden wir auch gerne schönes Geschirr und tolle Gläser. Kochen für andere ist toll – aber die sollen dann genießen und eher nicht mitkochen.

Und wie sieht es mit Kochen im Urlaub aus?

Susanne Wir fahren öfter mit Thomas' Schwester und deren Familie in ein Ferienhaus nach Frankreich. Und da liebt es Thomas zu kochen. Wir Damen sind dann später zuständig für die Bombe, die in der Zwischenzeit in der Küche geplatzt ist.

Thomas Na ja, aber das ist ja dann auch euer Problem. Wenn ihr was Gutes zum Essen haben wollt, dann müsst ihr eben auch aufräumen. Und überhaupt, was heißt hier Bombe? Die Damen sollen mal nicht so tun. Liegen da schön am Pool, lassen sich die Bräunung geben, trinken was Feines – dann müssen sie eben auch danach mal Gas geben. (grinst breit) Ich hinterlasse jetzt keinen Riesensaustall, aber nach dem letzten Handgriff lass' ich eben auch das Messer fallen.

Susanne Und dann wäre ein Kärcher auch ganz praktisch. Oh, das hab ich nicht gesagt. Also ganz offiziell: Es geht schon.

Thomas Was du nicht erwähnt hast, dass ich zwischendurch auch immer mal wieder kleine Pool-Häppchen und Erfrischungen bringe. Und außerdem koche ich da mittlerweile für acht Personen, das ist ja fast schon eine Massenveranstaltung – und ich werde nicht bezahlt!

Susanne Stimmt, also, das mit dem Kärcher war natürlich gelogen!

Warum hast du dich eigentlich beim Rezept für die Rinderschulter entschieden?

Thomas Die hat irgendwie mein Leben begleitet. Mein Vater hat immer Böfflamott von der Rinderschulter gemacht (er war selbst ein guter Koch und Gastronom). Bei Hans Haas, der mich von seiner gesamten Denk- und Kochweise sehr geprägt hat, gab es die geschmorte Rinderschulter und für meine Gäste gibt es das eben auch sehr oft. Das ist einfach ein Fleischstück, das ich liebe.

Apropos Produkt, das du liebst. Was wäre Susanne denn als Produkt oder Gericht für dich?

Thomas Eigentlich Augustiner Edelstoff, Dachsweizen oder Champagner. Einfach alles, was ich am liebsten mag. Aber ich kann das gar nicht so sagen. Susanne kann ich mir schlecht als Gericht vorstellen. Sie ist mir als „Produkt" Ehefrau so nahe, dass ich mir gar nichts anderes wünsche. Denn es gibt kein Getränk und kein Essen, das an meine Frau herankommt.

Steinbutt mit Pesto,

tomatisiertem Sauerkraut und Petersilienwurzelpüree

Für 2 Personen
Für den Steinbutt mit Pesto
1 Bund Basilikum
100 ml Olivenöl
100 g Pinienkerne
1 Prise Fleur de Sel
4 Walnusskerne
100 g Parmesan plus
1 EL gehobelten Parmesan

Für den Fisch
400 g Steinbuttfilet aus Wildfang
Salz
frisch gemahlener schwarzer Pfeffer

Für das Sauerkraut
2 Schalotten
1 EL Butterschmalz
2 EL Tomatenmark
250 g frisches Sauerkraut aus dem Fass
1 Lorbeerblatt
2 Pimentkörner
2 Wacholderbeeren
2 EL Apfelsaft
2 EL Honig
100 ml Weißwein
Salz
frisch gemahlener schwarzer Pfeffer
5 Kirschtomaten

Für das Petersilienwurzelpüree
4 größere mehligkochende Kartoffeln
4 Petersilienwurzeln
Salz
100 g Sahne
100 g Butter
frisch geriebene Muskatnuss
frisch gemahlener schwarzer Pfeffer

Zubereitungszeit: etwa 1 ½ Stunden

Für den Steinbutt mit Pesto das **Basilikum** waschen, trocken schütteln und die Blättchen von den Stielen zupfen. Die Hälfte des **Olivenöls** zu den Blättchen geben und mit dem Pürierstab fein mixen. Die **Pinienkerne** in einer Pfanne ohne Fett rösten, bis sie zu duften beginnen. Zusammen mit **Fleur de Sel** und den **Walnusskernen** zu dem Basilikum geben und alles klein hacken. Das restliche **Olivenöl** dazugießen und weitermixen, bis das Pesto eine cremige Konsistenz hat. Den **Parmesan** reiben und mit einem Löffel unterheben.

Die **Fischfilets salzen, pfeffern** und mit dem Pesto bestreichen. Je ein paar Flocken **Parmesan** drauflegen und die Filets kühl stellen. Den Backofen auf 180 °C Ober-/Unterhitze vorheizen. Die **Schalotten** schälen und fein würfeln. Das **Butterschmalz** in einem Bräter zerlassen und die Schalotten darin andünsten. Das **Tomatenmark** dazugeben und mit anschwitzen. **Sauerkraut, Lorbeerblatt, Pimentkörner** und **Wacholderbeeren** ebenfalls dazugeben. Dann noch **Apfelsaft** und **Honig** dazugeben und alles andünsten. Mit dem **Weißwein** ablöschen und mit **Salz** und **Pfeffer** abschmecken. Die **Kirschtomaten** waschen, halbieren und dazugeben. Die Steinbuttfilets auf das Sauerkraut setzen und im Ofen 10 Minuten garen.

In der Zwischenzeit die **Kartoffeln** und die **Petersilienwurzeln** waschen, schälen und klein schneiden. Beides in einem Topf in **Salzwasser** weich garen. Überschüssiges Wasser abgießen und Kartoffeln und Petersilienwurzeln mit einem Kartoffelstampfer zu Püree verarbeiten. **Sahne** und **Butter** gründlich unterheben und mit **Muskat** würzen. Mit **Salz** und **Pfeffer** abschmecken.

Steinbutt mit Sauerkraut und Püree servieren.

Hier also das Gericht, das Susanne beim ersten Ma(h)l für Thomas gekocht hat – und das ihr gezeigt hat: Qualität hat ihren Preis.

Geschmorte Rinderschulter

mit Kartoffel-Lauch-Stampf

Für 4–5 Personen

Für die Rinderschulter

2 kg flache Rinderschulter (am Stück)
Salz
frisch gemahlener weißer Pfeffer
1 EL Mehl
3 weiße Zwiebeln
2 mittelgroße Karotten
3 Stangen Staudensellerie
2 Strauchtomaten
1 Knoblauchknolle
2 EL Maiskeimöl zum Braten
3 EL Butter
2 EL Tomatenmark
250 ml Wasser oder Rotwein
3 Lorbeerblätter
3 Thymianzweige
1 EL weiße Pfefferkörner
5 Wacholderbeeren
1 EL Honig
hochwertiger Balsamicoessig

Für den Kartoffel-Lauch-Stampf

60 g Butter
1 TL Fenchelsamen
1 TL Korianderkörner
60 g Lauch
60 g Schalotten
1 Knoblauchzehe
60 g Fenchel
300 g mehligkochende Kartoffeln
500 ml Geflügelfond (oder heller
Gemüsefond bzw. Wasser)
50 g Crème fraîche
Salz
frisch gemahlener schwarzer Pfeffer
frisch geriebene Muskatnuss
60 g Weißbrot
1 EL Maiskeimöl zum Braten

Zubereitungszeit: etwa 3 Stunden 15 Minuten inkl. Schmorzeit

Die **Rinderschulter** entlang der Sehne einritzen. Mit **Salz** und **weißem Pfeffer** rundherum kräftig würzen und von allen Seiten mit **Mehl** bestäuben. **Zwiebeln** und **Karotten** schälen und würfeln, **Staudensellerie** putzen und würfeln, **Tomaten** waschen und vierteln.

Die **Knoblauchzehen** aus der Knolle trennen und andrücken. Das **Maiskeimöl** in einem Bräter erhitzen und das Fleisch darin von allen Seiten anbraten. Aus dem Bräter nehmen, 2 EL **Butter**, die Gemüsewürfel, die Tomatenviertel und den Knoblauch hineingeben und karamellisieren lassen. Mit **Salz** und **Pfeffer** würzen. Sobald das Gemüse Farbe angenommen hat, das **Tomatenmark** dazugeben und mit anbraten. Mit dem Wasser oder dem **Rotwein** ablöschen und vollständig reduzieren lassen. Das Fleisch, die **Lorbeerblätter**, die **Thymianzweige**, die **Pfefferkörner** und die **Wacholderbeeren** zur Reduktion geben und mit kaltem Wasser auffüllen, bis der Braten ganz bedeckt ist. Backpapier auf das Fleisch legen und das Ganze leicht köcheln lassen, dabei das Fleisch ab und zu wenden. Nach etwa 3 Stunden das weiche Fleisch aus dem Bräter nehmen und warm stellen. Die Sauce durch ein feines Sieb passieren und nach Bedarf nochmals etwas einkochen lassen. Die restliche **Butter** in einem kleinen Topf zerlassen und bräunen. Die Sauce mit brauner Butter, **Honig** und etwas **Balsamicoessig** abschmecken. Dann das Fleisch in die Sauce geben und bis zum Anrichten warm halten.

Für den Kartoffel-Lauch-Stampf 2 TL **Butter** in einem Topf zerlassen. **Fenchelsamen** und **Korianderkörner** darin anschwitzen. Den **Lauch** putzen, waschen und das Weiße in Ringe, das Hellgrüne in Würfel schneiden. Die **Schalotten** schälen und fein würfeln, den **Knoblauch** schälen und fein würfeln. Den **Fenchel** waschen, putzen und würfeln. Die **Kartoffeln** schälen und vierteln. Weiße Lauchringe, Schalotten, Fenchel, Knoblauch und Kartoffeln in den Topf mit den Gewürzen geben und mit dem **Geflügelfond** auffüllen. So lange kochen, bis die Flüssigkeit eingekocht ist und die Kartoffeln weich sind. Die Kartoffeln mit einer Gabel zerdrücken. Die restliche **Butter** und die **Crème fraîche** unterrühren. Mit **Salz, Pfeffer** und **Muskat** abschmecken. Das **Weißbrot** fein würfeln und im **Maiskeimöl** kross braten. Zusammen mit den grünen Lauchwürfeln unter den Kartoffel-Lauch-Stampf mischen.

Die Rinderschulter mit dem Kartoffel-Lauch-Stampf servieren.

Der Rinderbraten im Ganzen hat Thomas Kellermann sein ganzes Leben lang begleitet. Und wenn Freunde eingeladen sind, dann ist so ein ganzer Braten einfach wunderbar.

Elisabeths Traum:
der eigene Floh-Traktor

Elisabeth und Josef Floh, „Der Floh", Langenlebarn (A)

Kleine eheliche Ausbrüche aus dem Radius 66

„Der Floh" ist in den Gourmetführern hoch bewertet, doch mit einem üblichen Gourmetrestaurant hat das Gasthaus von Josef und Elisabeth Floh in Langenlebarn nichts zu tun. Und das ist gewollt. Josef Floh, von allen nur „Floh" genannt, der unter anderem bei Mörwald und Winkler gelernt hat, wollte schon immer ein sehr gutes Wirtshaus machen. Und er unterstützt seit Jahren den Trend zur Regionalität. Daher gibt es im „Der Floh" auch das Menü „Radius 66", was nichts anderes bedeutet als: Möglichst alle Zutaten reisen nicht weiter als etwa 66 Kilometer. Aber natürlich geht es dabei nicht nur um die Entfernung, sondern auch die Qualität, die möglichst biologische Zucht, den biologischen Anbau. Dieses Anliegen ist für Josef Floh eine Mission, die er auch selbst vorlebt. So war er seit mindestens zehn Jahren in keinem Supermarkt mehr. Wohlgemerkt: er! Seine Frau Elisabeth hält sich zu Flohs großem Leidwesen nicht immer ganz daran. „Da geht sie einfach in den Supermarkt und kauft sich irgendwelche Kipferl – das geht gar nicht", seufzt er. Aber eigentlich ist diese Eigensinnigkeit kein Wunder. Denn auch wenn die beiden im Wirtshaus natürlich an einem gemeinsamen Strang ziehen, Elisabeth Floh hatte von Anfang an ihren eigenen Kopf.

Wie habt ihr euch kennengelernt?
Floh Meine Frau hat mich kennengelernt.

Was heißt das denn?
Elisabeth Ich wollte schon immer einen Koch heiraten, wirklich. Ich koche selbst nämlich nicht gern, sondern bin eher die Genießerin.

Also hast du gedacht: „Da brauch' ich einen Koch!"
Elisabeth … der mich verwöhnt, genau.

Und warum ausgerechnet ihn?
Elisabeth Irgendwie hat mich der Josef immer inspiriert.

Wie hast du es dann angestellt, dass du ihn bekommen hast?
Elisabeth Durch die Hintertür. Ich habe hier angefangen zu arbeiten, dann sind wir alle miteinander natürlich auch mal in die Disco gegangen und so ist es eben ins Laufen gekommen.

Hat sie in der Disco auch irgendwelche Tricks angewandt?
Floh Nein, mich haben einfach ihre liebenswürdige Art und Weise und ihre Natürlichkeit begeistert. Elisabeth hat ja auch genau gewusst, worauf sie sich mit einem Koch einlässt. Denn sie kam aus der Gastronomie, hat selbst Köchin gelernt. Aber sie kocht eben nicht gerne. Ich glaube ja, am liebsten wäre sie Bäuerin geworden.

„Ich wollte schon immer einen Koch heiraten!"

Elisabeth Floh

Du wolltest Bäuerin werden?

Elisabeth Ja, das auch. Vor Kurzem ist zum Beispiel eine junge Bäuerin mit einem Riesentraktor vorbeigekommen. Da frisst einen doch der Neid! (lacht herzlich)

Floh Aber ein bisschen Bauernhof, zum Beispiel Gemüse und Kräuter selbst anbauen, das machen wir ja jetzt auch. Wir haben sogar einen eigenen kleinen Traktor. Ich versuche also, alles dafür zu tun, dass eine Portion Bauernleben auch dabei ist.

Ein guter Ehemann! Aber nach dieser Einführung muss ich ja nicht fragen, wer zu Hause kocht ...

Floh Stimmt, zu 99 Prozent bin ich das.

Elisabeth Ich weiß schon, dass du dich freuen würdest, wenn ich mehr kochen würde. Aber unsere Tochter und ich, wir lassen uns eben gerne verwöhnen. Obwohl, Luisa kocht schon ganz gerne „selbst". Sie hat ihre eigene Kochschürze, die trägt sie ganz stolz, wenn sie mit Salz und Pfeffer selber würzen darf. Und manchmal geht sie am Samstag in die Wirtshausküche rüber und schält Erdäpfel mit dem Papa. Dann erklärt sie mir: „Wenn ich einmal groß bin, dann helf' ich dir, Mami."

Was gibt es denn bei euch zu Hause?

Floh Eher einfache Sachen. In den meisten Fällen kaufen wir hier im Gasthaus ein. Kurzgebratenes Gemüse, Gemüsesuppen, manchmal ein Stück Fleisch, ein paar Gnocchi. Gerichte, die in fünf Minuten erledigt sind. Genuss ist aber auch möglich, wenn es mal schnell gehen muss.

Mir fällt auf, dass viele Köche zu Hause mehr vegetarisch kochen. Du betonst auch das Gemüse und dass es Fleisch nur manchmal gibt.

Floh Das ist doch logisch. Alle guten Köche setzen sich mit den Produkten und Themen zum gesunden Lebensstil auseinander. Der verstärkte Genuss von Gemüse ist einfach eine logische Schlussfolgerung.

Eines deiner wichtigsten Themen ist auch die Regionalität der Produkte. Ihr kauft eure eigenen Lebensmittel entweder im Gasthaus oder bei regionalen Bauern ein. Nur Elisabeth „sündigt" ab und zu im Supermarkt?

Floh Ja, leider, wie viele andere. Es ist eben einfacher, mal schnell zum Supermarkt zu laufen, als bei jedem Produkt zu schauen, was, woher und wie. Wenn man wenig Zeit hat, geht man natürlich oft den einfacheren Weg. Aber meine Frau hätte ja hier ihre Quelle, da muss ich dann doch immer schimpfen.

Elisabeth Ich gebe zu, ich bin manchmal einfach zu faul, und da ist das Gebäck im Supermarkt einfacher.

Kurz zur Verteidigung von Otto Normalverbraucher: Oft ist es halt im Supermarkt auch günstiger ...

Floh Bedingt. Denn wenn man zum Beispiel immer ein Zehnerpack Semmeln einkauft, weil die in Aktion sind, und dann sieben davon wegschmeißt, dann kaufe ich doch lieber drei ordentliche, da komme ich günstiger.

Da hast du natürlich recht, aber zurück zu euch beiden. Könnt ihr euch noch an euer erstes gemeinsames Ma(h)l erinnern? Wahrscheinlich hat ja Elisabeth nicht für dich gekocht, oder?

Floh Nein, aber das erste Mal, als wir zusammen essen gegangen sind, ist mir sogar sehr markant in Erinnerung. Wir waren im Restaurant „Knoll" im Loibnerhof in der Wachau. Damals mussten wir noch ganz geheim planen, denn irgendwie war ich noch mit einer anderen liiert – aber ich werde diesen Abend nie vergessen. Das war schon ganz besonders prickelnd.

Elisabeth Ich kann mich auch noch erinnern, wie wenn es heut' gewesen wär. Es war einfach schön.

Kohlrabihuhn

mit Flohsamen-Gurken-Vinaigrette

Eigentlich mag Elisabeth von ihrem Floh ja alles – solange sie nur nicht selbst kochen muss. Aber dieses Kohlrabihuhn ist eines ihrer absoluten Lieblingsgerichte.

Für 4 Personen
Für das Huhn

2 Hühnerbrüste
Salz
frisch gemahlener schwarzer Pfeffer
100 g Butter
2 Kohlrabi

Für die Vinaigrette

1 Salatgurke
8 EL Biorapsöl und etwas zum Beträufeln
6 EL hochwertiger Gurkenessig
4 Schalotten
100 g Bioflohsamen
Salz
Zucker
frisch gemahlener schwarzer Pfeffer

Zubereitungszeit: etwa 1 Stunde

Die **Hühnerbrüste** in 0,5 cm dicke Scheiben schneiden, zwischen zwei Frischhaltefolien legen und plattieren. Mit **Salz** und **Pfeffer** würzen. Die **Butter** in einer Pfanne erhitzen und das Hühnerfleisch darin vorsichtig sautieren. Die **Kohlrabi** schälen und in hauchdünne Scheiben schneiden oder hobeln.

Für die Vinaigrette die **Gurke** schälen, der Länge nach vierteln, entkernen und in kleine Würfel schneiden. **Biorapsöl** und **Gurkenessig** mit 2 EL Wasser verrühren. Die **Schalotten** schälen, in feine Würfel schneiden und zusammen mit den Gurken zur Vinaigrette geben.

Die **Bioflohsamen** ohne Fett in einer Pfanne rösten, bis sie zu duften beginnen, und dazugeben, dabei einen kleinen Rest zum Garnieren beiseitestellen. Alles gründlich vermengen und mit **Salz, Zucker** und **Pfeffer** abschmecken.

Etwas Vinaigrette in die Mitte jedes Tellers geben und einige Kohlrabischeiben darauflegen. Nochmals etwas Vinaigrette daraufgeben und die Hühnerbrustscheiben darauf anrichten. Das Ganze wiederholen, sodass ein doppelstöckiger Turm entsteht. Mit etwas **Bioflohsamen** garnieren und mit **Biorapsöl** beträufeln.

Schwarzwald : (Wahl)Bayern – unentschieden!

Nicole und Martin Fauster, Gourmetrestaurant „Königshof", München

Wir Köche sind
totale Egoisten –
wenn auch schwer
verliebt

Wenn der Küchenchef eines Sternerestaurants im Luxushotel sich in eine elf Jahre jüngere Service-Mitarbeiterin im gleichen Haus verliebt, dann ist das nicht ganz einfach. Für Nicole Fauster (damals Rümmele) war Martin Fauster im Münchner „Königshof" zunächst eine absolute Respektsperson – mal ganz abgesehen von einem Größenunterschied von 29 Zentimetern! Das hieß für Nicole, erst mal drei Schritte zurückzutreten und zu sehen, dass man gut zusammenarbeitet. Martin dagegen fiel die neue Mitarbeiterin schnell durch ihre fröhliche Persönlichkeit auf: „Sie war immer gut drauf und hat immer gelächelt", schwärmt er, „und sie wacht noch heute immer mit einem Lachen auf – das ist einfach toll." Die beiden kamen sich also ganz langsam näher – aber da waren ihre unterschiedlichen Positionen in der relativ strikten Hierarchie der Gastronomie. Wie sollte man es den Kollegen beibringen? Nicole und Martin wollten sich ja erst einmal selbst aneinander gewöhnen, bevor man jedes Wort und jede Bewegung den Kollegen zur „Besprechung" aussetzte. Doch Silvester 2007 hatte Martin genug: „Da hat er mir vor allen anderen ein Busserl gegeben. Damit war's offiziell", grinst Nicole. Heute leitet sie als ausgebildete Restaurantfachfrau mit Schwerpunkt Management die Bankett-Abteilung der Geisel-Privathotels und der „Königshof" ist stolz auf das „verkuppelte" Paar.

Martin, könntest du dir vorstellen, mit einer Frau zusammen zu sein, die nicht aus der Gastronomie ist?

Martin Ich schon, aber die Frau wahrscheinlich nicht. Ich glaube, wenn jemand nicht weiß, was wir den ganzen Tag machen, wird es schwer. Und dann sind wir Köche ja auch totale Egoisten. Obwohl man sich, ehrlich gesagt, manchmal schon fragt: „Wie deppert bist du eigentlich, wie viel Zeit und Energie steckst du da rein über die Jahre?" Und dann kommt vielleicht einmal der Punkt, an dem man komplett übersehen hat, was dabei auf der Strecke geblieben ist. Das ist in der Gastronomie ganz besonders schlimm. Wenn du nicht 100 Prozent gibst, kommst du meistens nicht weit.

Das stimmt, als Ehefrau denke ich mir auch manchmal, dass ihr es übertreibt, aber wir machen dann ja auch die andere Erfahrung mit euch mit: Wenn ihr einmal nachlasst, gibt es schnell eine auf den Deckel.

Martin Aber das ist doch genau die Frage: Was heißt „eine auf den Deckel kriegen"? Wenn ich als Chef von morgens bis in die Nacht arbeite und im Jahr soundso viele Gäste glücklich mache, muss ich mich dann über den einen Gast oder Journalisten aufregen, bei dem es nicht so gut angekommen ist?

Musst du nicht, aber du machst es eben oft, das kenne ich auch von Bobby. Irgendwie kann man das auch verstehen, es geht ja auch um etwas, das ihr neben dem enormen zeitlichen und auch körperlichen Einsatz mit viel Herzblut macht. Und wenn man dann als Partnerin sagt: „Aber denk' doch mal an die vielen positiven Reaktionen", nützt das im Moment oft gar nichts. Nicole, wie gehst du damit um?

Nicole Am besten wirkt es, wenn wir diese Hirngespinste mit einem Spaziergang durch die Felder – oder wenn es „eilt", auch einfach um den Block – „entmachten". Dann ein gutes Glas Wein. Und meistens greift dann auch der Realismus wieder, ganz nach dem Motto: „Nichts wird so heiß gegessen, wie es gekocht wird."

Wenden wir uns doch den schönen Seiten einer Kochehe zu. Gab es bei euch eigentlich ein erstes Ma(h)l?

Nicole Es gab vor allem ein erstes Ma(h)l für mich. Da waren wir noch gar nicht richtig zusammen, aber Martin hatte mich gefragt, ob ich einen Film über den „Königshof", der an diesem Abend im Fernsehen gezeigt werden sollte, bei ihm anschauen wolle. Ich weiß noch genau, da gab es ein Rindertatar, das war absolut klassisch und superlecker. Und ich war schon ganz begeistert, dass er sich solche Mühe gegeben hat. Aber damit war es ja noch nicht zu Ende. Martin meinte nur, er habe da noch eine Kleinigkeit vorbereitet. Und dann kamen noch Jakobsmuscheln und dann ein Zander, sehr lecker mit Kartoffelpüree. Er hatte quasi ein Flying Buffet zum Essen im Sitzen vorbereitet. Da hat er sich schon angestrengt!

Was für eine Vorlage! Und dein erstes Ma(h)l für ihn? Warst du nervös?

Nicole Nee, überhaupt nicht. Ich dachte immer, entweder es schmeckt ihm oder nicht. Ich mache das so, wie ich denke. Ich habe eine Lasagne mit österreichischen Karotten drin gemacht. Von der hatte ich ihm vorher schon mal erzählt und sie ihm da eben live vorgeführt.

Martin Ich kann mich auch genau erinnern. Die Lasagne war wirklich so gut, so saftig mit den Karotten. Aber du hast ja auch noch eine Donauwelle gemacht. Das ist eine bekannte deutsche Torte (erklärt der Steirer), die kannte ich nicht. Das war super. Und bei Torte fällt mir auch wieder ein: Es ist eigentlich eine Schande. In den ganzen acht Jahren habe ich es noch nie geschafft, Nicole zum Geburtstag eine Torte zu machen – nie. Und sie macht mir jedes Jahr eine!

Nicole Stimmt eigentlich, da müsste man mal dran arbeiten.

Hast du eine spezielle Lieblingsgeburtstagstorte?

Martin Also, sehr gut ist die Schoko-Kirsch-Torte. Das ist so ein Rührteig mit Kirschen drin. Vor einem Jahr hat sie etwas Neues ausprobiert … (längere Pause) Es war gut … (noch längere Pause) Also, ich war sehr tapfer!

Nicole Aber geschmeckt hat sie doch! Nur die Optik war vielleicht nicht ganz so gelungen. Ich gebe zu, ich hatte mich schon gewundert, dass im Rezept keine Butter aufgeführt war. Aber man weiß ja nie und ich habe mich brav daran gehalten. Das Ergebnis war dann ein ganz klein bisschen fest …

Kann Nicole denn kochen, Martin?

Martin Ja, die Gerichte, die sie kann, macht sie super. Ich sag' ihr nur manchmal: „Nicole, du musst jetzt mal ein bisserl das Repertoire erhöhen!" (lacht) Aber Nicole hat auch einen ehrlichen Geschmack. Es gibt bei uns keine Sauce hollandaise aus der Tüte. Die hat sie vorher vielleicht schon mal benutzt, aber ich habe ihr dann gezeigt, wie man die auch anders machen kann – und sie viel besser schmeckt.

Hm, das war bei uns auch so. Aber ich muss gestehen, genau die fertige Sauce hollandaise schummele ich auch heute noch mal an Bobby vorbei, wenn ich für mich alleine Spargel mache.

Nicole (lacht) Mein schlechtes Gewissen ist diesbezüglich inzwischen so groß, dass ich statt zu Sauce hollandaise aus der Tüte zu Olivenöl pur oder zerlassener Butter greife. Wenn dann doch mal, quasi undercover, eine Tüten-Hollandaise zum Einsatz kommt, handelt es sich um einen äußersten Notfall – und den gibt es maximal einmal pro Spargelsaison.

„Was mich immer fasziniert, ist, wie wenig Töpfe er braucht."

Nicole Fauster

Das beruhigt mich. Bittest du ihn auch mal um Tipps?

Nicole Ja, oft. Manchmal sogar kurz vor dem Service, wenn ich schon zu Hause bin und sehe, dass es noch reicht für zwei, drei Fragen.

Martin Wie meine Schwester! Aber es stimmt schon, sie fragt mich zum Beispiel, wie sie eine schöne Tomatensauce machen soll. Dann sage ich ihr: „Nimm einfach ein paar frische Zwiebeln und geschälte Tomaten aus der Dose." Mal ganz ehrlich. Es gibt auch gute Convenience-Produkte für solche Fälle. Da muss man nicht zu Hause erst Tomatenconcassée herstellen. Denn wenn Nicole das so machen würde wie wir in der Küche, dann wäre sie, so exakt, wie sie es nimmt, um Mitternacht noch nicht fertig. Apropos Mitternacht: Wenn sie zu Hause etwas für sich kocht, lässt sie immer eine kleine Schale für mich übrig – das ist schön.

Aber wenn du zu Hause bist, kochst eher du?

Martin Ja, aber du weißt, wie das ist. Wenn man den ganzen Tag in der Küche steht, hat man in seiner Freizeit keine Lust mehr, zu Hause so aufwendig zu kochen. Wir gehen auch oft mal essen – dann haben wir beide Zeit für uns. Aber vor ein paar Monaten sind wir mal zusammen auf den Viktualienmarkt gegangen und haben dann zu Hause wirklich vier Gänge gekocht (und alles fotografiert). Und das hat auch Spaß gemacht. Aber zu Hause habe ich auch eine andere Kochumgebung. Unsere private Küche ist eigentlich eine Schande, gerade mal, dass wir vier Platten haben. Wenn ich normalerweise etwas zu Hause mache, dann lege ich das Fleisch in die Pfanne, nehm's raus, tu das Gemüse in die Pfanne und schieb das Ganze dann ins Rohr. Fertig.

Nicole Was mich immer fasziniert, ist, wie wenig Töpfe er braucht. Ich möchte fast schon meinen, aus Rücksicht zu mir, weil der Abwasch ja an mir hängen bleibt. Aber ich bin immer ganz begeistert: In Nullkommanichts kocht er da mal was, schüttet hier mal schnell was um – und bis ich geschaut habe, ist er schon fertig. Da schaue ich auch gerne zu, um etwas zu lernen.

Nicole, deine „alten" Freunde kommen nicht aus der Gastronomie und hatten mit Sternegastronomie eher nichts am Hut. Vor- oder Nachteil?

Nicole Definitiv ein Vorteil, weil sie von Anfang an völlig unbefangen waren. Meine engen Freunde kommen ja aus der Umgebung bei mir zu Hause im Schwarzwald. Und ich habe damals schließlich nicht gesagt: „Mein neuer Freund ist Sternekoch." Ich habe nur gesagt, der Küchenchef vom „Königshof". Wir waren also zum Grillen eingeladen und keiner hat sich Sorgen gemacht, ob Martin die Sauce wohl schmecken würde. Vielleicht liegt das aber auch an der Schwarzwälder Mentalität. Wir haben dort so viele gute Sachen, wie zum Beispiel den Schwarzwälder Schinkenspeck. Daher sind wir es eigentlich gewohnt, dass wir Fremden, Gästen und Freunden unsere Sachen nahebringen. Und die schmecken ja auch jedem. Das Thema „Jakobsmuscheln" kommt da gar nicht auf – man genießt einfach gemeinsam.

Martin Das wäre sonst auch ein totaler Schmarrn. Ich freue mich einfach, wenn ich eingeladen bin und es was zu essen gibt. Es ist für mich auch schön, wenn ich zu Nicoles Oma komme. Sie macht ihre Schnittlauchsauce zum gekochten Rindfleisch auf ihre ganz spezielle Art – und die macht sie immer so. Ich werde sie mit ihren 87 Jahren auch nicht ändern – und es schmeckt ja auch toll.

„Ich glaube, wenn jemand nicht weiß, was wir den ganzen Tag machen, wird es schwer."

Martin Fauster

Apropos Oma. Hast du zu Hause schon
gekocht, Martin? Die Steiermark ist ja kulinarisch auch nicht so schlecht aufgestellt.

Martin Gekocht gar nicht so, aber immer sehr gut
gegessen. Und ich denke, es prägt dich schon, wie du
zu Hause gegessen hast. Mein absolutes Lieblings-
essen war das Szegediner Gulasch mit Brot von meiner
Mutter. Allerdings hat meine Mutter immer ein bisschen
gewurschtelt. Zum Beispiel Hefeteig: Das ist halt schon
was, bei dem man immer so ungefähr die gleichen Men-
genverhältnisse nehmen sollte. Und meine Mutter hat ihn
eben nach Gefühl gemacht. Und so war er mal sensationell gut und mal …

Nicole … wie die Zitronen-Geburtstagstorte …

Martin Genau. Aber meistens war er eben super. Und
an die Küche meiner beiden Omas kann ich mich auch
noch ganz genau erinnern. Die Lainsacher Oma hat die
Schnitzel immer ganz flach geklopft (ich habe erst später
verstanden, dass das einfach daran lag, dass es wenig
Fleisch gab und die Schnitzel eben umso größer wurden,
desto dünner man sie geklopft hat) – und ihre Fleisch-
pflanzerl! Oder meine Oma aus der Südsteiermark. Die hat
Backhendl wirklich noch im Rohr im Holzofen gemacht. Es
wurde alles mit einem Ofen beheizt und dann gab es so
einen Wärmeschrank und da ist ganz oben das Backhendl
gestanden – herrlich. Oder Strudel mit Kartoffeln, Äpfeln
und Kraut. Da gab es nie Hummer – aber ab und zu eine
Forelle, weil der Nachbar einen Teich hatte.

Wenn man dir bei dieser Begeisterung zuhört,
dann bekommt man gleich selbst Appetit. Und
man merkt bei euch beiden auch, dass ihr Spaß
am Essen habt. Bleibt aber die Tatsache, dass
man nicht gerade viel Zeit hat, gemeinsam zu
essen. Jede Partnerin eines Koches hat definitiv
viel „freie" Zeit …

Nicole Ja, aber inzwischen bin ich sogar froh, dass ich
keinen Mann habe, der jeden Abend daheim ist. Erstens
wäre das total unspektakulär und zweitens liebe ich es
auch, meine Abende ganz unabhängig planen zu können.
Wenn wir dann Zeit füreinander haben, genießen wir das
auch richtig. Unsere Wochenenden sehen eben etwas
anders aus als „normal." Am Samstag kann ich Haushalts-
dinge erledigen und habe ansonsten einen richtigen Tag
für mich. Den gemeinsamen Sonntag nutzen wir ganz für
uns aus. Am Montag kann Martin dann den ganzen Tag
tun und lassen, was er will. Und ich freue mich, an diesem
einzigen Tag der Woche heimzukommen und es duftet
schon, weil er irgendeine Kleinigkeit gekocht hat. Welche
andere Frau hat das schon?

Donauwellen

*Jedes Jahr bekommt Martin Fauster von seiner Frau einen Geburtstags-
kuchen. Wie zum Beispiel diese Donauwellen.*

Für 1 Blech

1 Glas Sauerkirschen (350 g Abtropfgewicht)
5 Eier
275 g Zucker
350 g zimmerwarme Butter
plus etwas für das Blech
200 g Mehl
2 gehäufte TL Backpulver
1 Pck. Vanillezucker
1 Prise Salz
3–4 EL Kakaopulver
knapp 500 ml kalte Milch
1 Pck. Vanillepuddingpulver
200 g Zartbitterschokolade
50 g zerlassene Butter oder Kokosfett

Zubereitungszeit: etwa 2 Stunden inkl. Kühlzeit

Die **Sauerkirschen** in einem Sieb abtropfen lassen. Den Backofen auf
200 °C Ober-/Unterhitze vorheizen.

Eier, 175 g **Zucker** und 200 g **Butter** zusammen mit dem Handmixer gut
schaumig schlagen. Das **Mehl** mit **Backpulver, Vanillezucker** und dem
Salz mischen und mit dem Mixer unter die Eier-Zucker-Masse rühren. Ein
Backblech fetten, mit Backpapier auslegen und die Hälfte des Rührteigs auf
das Backblech streichen.

In die andere Hälfte des Rührteigs den **Kakao** und 2–3 EL **kalte Milch**
unterrühren. Den dunklen Teig dünn über dem hellen Teig ausstreichen.
Die abgetropften Kirschen gleichmäßig darauf verteilen.

Das Backblech in die Mitte des Backofens schieben und den Kuchen
25–30 Minuten backen. Auskühlen lassen.

Das **Puddingpulver** mit dem restlichen **Zucker** und der restlichen **Milch**
nach Packungsanleitung in einem Topf zum Kochen bringen. In eine Schüssel
füllen, die Oberfläche des Puddings mit Frischhaltefolie abdecken, damit
keine Haut entsteht, anschließend auskühlen lassen.

Die restliche **Butter** schaumig schlagen. Der erkaltete Pudding und die
gerührte Butter sollten etwa die gleiche Temperatur haben. Mit dem Handmixer esslöffelweise den Pudding unter die Butter rühren. Die Buttercreme
auf dem inzwischen kalten Kuchen glatt streichen.

Die **Schokolade** im Wasserbad schmelzen, zerlassene **Butter** oder **Kokosfett** unterrühren. Den Schokoladenguss zügig auf die Buttercreme streichen.
Die Donauwellen in noch feuchtem Zustand mit einem großen Messer in Stücke
schneiden. Damit verhindert man, dass der Schokoladenüberzug beim Auf-
schneiden der Donauwellen bricht, was nicht besonders schön aussieht. Dem
Geschmack schadet es aber keineswegs.

Die Donauwellen mit Alufolie abdecken und an einem kühlen Ort aufbewahren.

Radicchio-Risotto

„Zimmerstunde", darunter versteht man in der Gastronomie, die (manchmal) freie Zeit zwischen dem Mittags- und dem Abendservice im Restaurant. Und wenn Martin Fauster es an einem Samstag möglich machen kann, dann fährt er in der Zimmerstunde nach Hause und macht für Nicole ein Risotto. Zum Beispiel dieses.

Für 4 Personen

200 g Risottoreis
1 Schalotte
Olivenöl zum Braten
Salz
frisch gemahlener schwarzer Pfeffer
2 EL Pilzpulver
1 Knoblauchzehe
1 Thymianzweig
125 ml Rotwein
1 Radicchio
900 ml Fleischbrühe
80 g kalte Butter
1 EL geriebener Parmesan
1 Spritzer Himbeeressig

Zubereitungszeit: 15 Minuten

Den **Risottoreis** waschen und abtropfen lassen. Die **Schalotte** schälen und fein würfeln. In einer Pfanne in etwas **Olivenöl** anschwitzen. Den Reis dazugeben. Mit **Salz, Pfeffer** und **Pilzpulver** würzen. Die **Knoblauchzehe** andrücken und zusammen mit dem **Thymianzweig** dazugeben. Mit dem **Rotwein** ablöschen und einkochen lassen.

Die **Radicchioblätter** waschen, trocken schleudern und in feine Streifen schneiden. Zum Reis geben und mit der Hälfte der **Brühe** aufgießen. 5 Minuten leicht köcheln lassen, dabei den Topf immer wieder leicht schwenken. Erneut etwas **Brühe** zum Reis geben und nochmals etwa 5 Minuten köcheln lassen. Das Risotto mit **kalter Butter** und **Parmesan** binden und mit einem Spritzer **Himbeeressig** abrunden.

Wann immer es geht – Familientisch!

Maggie und Karlheinz Hauser, „Süllberg", Hamburg

Baden und
Bayern *glücklich*
in Hamburg

Wenn man Karlheinz Hauser an einem sonnigen Tag in seinem Büro auf dem „Süllberg" besucht, möchte man den Schreibtisch gern mit dem eigenen tauschen. Denn seiner steht direkt vor einem Fenster, das von einem Türmchen des „Süllbergs" aus direkt auf die Elbe und den Elbstrand blickt. Es gibt nur ein Problem: So oft sitzt der Chef des „Süllbergs" gar nicht an diesem Platz. Denn zwischen der Leitung des gesamten Hotelbetriebs (inklusive Restaurants, Bar, Biergarten und Almhütte), dem Job als Küchendirektor des Zwei-Sterne-Restaurants „Sevens Seas" und seinen Engagements für das ARD-Buffet und andere Veranstaltungen bleibt für ruhige Blicke aus dem Fenster wenig Zeit. Aber Entspannung holt sich Karlheinz Hauser sowieso aus einer anderen Quelle: seiner Familie. So oft wie möglich wird abends mit der ganzen Familie, Ehefrau Margarete und den drei Kindern, gegessen. Von etwa 18 bis 19 Uhr – dann muss er in die Küche. Aber diese Zeit ist ihm ungeheuer wichtig. Denn die Entscheidung für den „Süllberg" in Hamburg war für Karlheinz und Maggie Hauser auch eine Entscheidung für die Familie. Und das, obwohl oder vielleicht auch gerade weil sich die beiden Vollblutgastronomen auch bei der Arbeit kennengelernt haben.

Was ist dir an Maggie als Erstes aufgefallen, Karlheinz?

Karlheinz Dass sie mit ihren damals 23 Jahren den Laden richtig aufgemischt hat. Wir waren zu der Zeit beide bei „Käfer" am Hofgarten in München. Ich war Küchenchef, sie im Service. Und egal, wie voll es war, sie war immer nett und fröhlich und hat den älteren Burschen letztendlich gezeigt, wo's langgeht. Sie war immer fleißig, aber mit einer großen Selbstverständlichkeit – und das hat mir gut gefallen. Und natürlich, dass sie so eine Liebe war und ist.

Also: Was hat dir denn an ihm gefallen, Maggie?

Maggie Er hat Autorität ausgestrahlt und war trotzdem immer nett und freundlich zu mir. Ich bin ja selbst in der Gastronomie aufgewachsen und es hat mir gefallen, dass da jemand steht und das Zepter in die Hand nimmt. Aber wir haben uns natürlich auch neben der Arbeit privat unterhalten und dann kam die Sympathie und dann eben ...

Viele Frauen aus der Gastronomie wollen bewusst keinen Koch.

Maggie Nein, da hatte ich nie irgendwelche Vorbehalte. Ich finde einfach: Hauptsache, es passt und man ist glücklich. Das ist doch das Wichtigste!

Hattest du Respekt oder Bedenken, als du das erste Ma(h)l für ihn gekocht hast?

Maggie Nein, eigentlich nicht. Ich habe ja selbst Köchin gelernt. Bei „Käfer" habe ich offiziell als ungelernte Servicekraft angefangen und zu Hause daneben auch noch im Service gearbeitet. Natürlich habe ich mir schon Mühe gegeben, wenn ich für ihn gekocht habe. Aber ich habe höchstens gedacht: „An Schmarrn brauch' ich jetzt nicht kochen!" Und beim ersten Mal war es ein Schnitzel.

„Wenn's um einfachere Gerichte geht, sehen mich Maggie und die Kinder mehr im Fernsehen."

Karlheinz Hauser

Karlheinz, kannst du dich an das Schnitzel erinnern?

Karlheinz Ich gestehe, genau daran nicht. Aber du kennst das ja: Wenn man den ganzen Tag mit diesen Dingen zu tun hat, will man zu Hause auch ganz einfache Dinge. Und ich bin halt so ein richtiger Badener und esse gerne Spätzle, die abgeschmelzt sind, oder eben panierte Schnitzel oder Pilze. Und das hat Maggie schon immer gut gekocht. Wenn man wie wir beide auf dem Land aufgewachsen ist, freut man sich einfach, wenn der Partner das auch mag.

Und wie sieht es mit dem Geschmack eurer Kinder aus?

Maggie Die kriegen auch nicht ständig was Feines, so sind wir nicht gewickelt. Und nur zwischendurch führen wir sie dann langsam ein bisschen an eine andere Küche heran.

Karlheinz Tom hatte gerade seine Konfirmation am Wochenende. Und das Menü für die Feier durfte er sich selbst aussuchen. Da gab es zwar schon Carpaccio und Rinderfilet – da steht er voll drauf – und Crème brûlée, aber eben auch nicht mehr drumherum. Und so sind wir auch zu Hause. Außer vielleicht an Weihnachten. Aber da gibt es dann auch schon Alarm, wenn es mal Balik-Lachs mit Kaviar gibt.

Maggie Ja, den Lachs essen sie schon, aber Kaviar: Bäh!

Ihr legt großen Wert darauf, mit der Familie an einem Tisch zu essen.

Karlheinz Das Essen zu Hause ist bei uns ein ganz wichtiger Bestandteil. Maggie kocht täglich mittags für die Kinder und wenn sie wirklich mal nicht kann, setze ich mich zumindest kurz mit ihnen im Biergarten zusammen. Aber das Abendessen ist unsere Zeremonie. Mittags kann ich ja nicht ganz raus, aber abends nehme ich mir immer wenigstens zwischen 18 und 19 Uhr die Zeit – es sei denn, ich bin nicht in Hamburg. Dann sitzen wir zusammen am Tisch und tauschen uns auch aus. Es ist so wichtig, dass man als Familie zusammenhält.

Maggie Mit den Kindern essen wir ja meistens mittags warm und abends nur eine Brotzeit. Für Karlheinz, der tagsüber fast nichts isst, mache ich dann oft extra etwas Warmes. Wichtig ist, dass wir zu fünft am Tisch sitzen.

Dann kochst zu Hause also meistens du, Maggie?

Maggie Ausschließlich. Manchmal geht es bei mir mittags natürlich etwas hektisch zu. Denn ich arbeite ja hier mit. Und dann fällt mir plötzlich ein: „Oh je, jetzt kommen die Kinder gleich." Dann muss es halt schnell gehen und ich frage schon mal bei uns in der Küche, ob sie mir schnell ein paar Schnitzel panieren, die ich dann bei uns zu Hause in die Pfanne haue. Oder ich koche eben Spaghetti bolognese oder sonst ein Gericht, das ganz schnell geht.

Karlheinz Oder Curry, da bist du mittlerweile richtig gut drin.

Maggie Stimmt, asiatisch mögen die Kinder auch gerne.

Maggies Eltern hatten ja selbst ein Lokal mit guter bayerischer Küche. Aber ich weiß, dass du, der Sternekoch, von deinem Schwiegervater noch etwas lernen konntest ...

Karlheinz Das stimmt, mein Schwiegervater hat mich oft fasziniert. Aber eines werde ich nie vergessen. Zu einer Zeit, als ich noch im „Adlon" gearbeitet habe, war ich zu Besuch bei meinen Schwiegereltern und mein Schwiegervater stand im Hof mit einem riesigen Bottich

„An Schmarrn brauch' ich jetzt nicht kochen!"

Maggie Hauser

und einem Wasserschlauch und hat Wasser in dieses 20-Liter-Ding laufen lassen. Auf meine Frage, was er da mache, kam die Antwort: Dressing.

Maggie Nein – Salatwasser!

Karlheinz Stimmt, Salatwasser. Er hat mir dann ganz selbstverständlich erklärt, dazu brauche man soundso viele Liter Wasser, eine halbe Flasche Essigessenz, Sonnenblumenöl, Zwiebeln, Knoblauch, Salz und Pfeffer. Fertig. Das gäbe dann Salatwasser für das ganze Wochenende. Was mich dabei am meisten fasziniert hat: Der Wareneinsatz war super und es hat dabei wirklich toll geschmeckt. Meine Schwiegereltern hatten immer ein herrliches Salatbuffet. Als mein Schwiegervater das nächste Mal bei uns war, habe ich ihn zu meinen Jungs genommen und ihn gebeten, denen mal zu zeigen, wie man ein anständiges Salatwasser macht. Wenn ich mir überlege, was wir immer so verwenden – teuerstes Olivenöl, alten Balsamico. Da kostet der Salat schnell ein Vermögen. Und mein Schwiegervater macht da einfach Salatwasser – und es schmeckt. Seitdem haben wir das übrigens auch immer zu Hause.

Maggie Ja, nur dass ich einen Salatshaker nehme statt den Bottich.

Noch einmal zurück zu euch nach Hause. Maggie, lässt du dir denn von Karlheinz Tipps geben?

Maggie Ja, auf alle Fälle.

Karlheinz Ob sie sie annimmt, ist eine andere Sache!

Maggie Doch! Ich schaue mir auch immer, wenn ich kann, das ARD-Buffet an, wenn du kochst. Und dann sage ich ihm zu Hause immer: „Oh, das war aber wirklich lecker und einfach, was du da gekocht hast." Das sind so schöne Rezepte, die man in einer Stunde nachkochen kann.

Karlheinz Eigentlich schon komisch, aber es stimmt. Maggie und die Kinder sehen mich, wenn es um einfachere Gerichte geht, eigentlich mehr im Fernsehen als live. Aber zu Hause haben wir eben ganz normale Familienthemen, da geht es nicht in erster Linie ums Kochen.

Ihr seid ein Familienbetrieb – arbeiten die Kinder schon mit?

Maggie Wir führen sie langsam ein. Sie müssen eben auch mal im Biergarten aushelfen, beim Abräumen oder auch mal beim Servieren. Aber da geht es uns vor allem darum, dass sie selbst erleben, dass Geld nicht einfach da ist und man sich den einen oder anderen Einkauf vielleicht auch mal überlegt, wenn man sich das Geld dazu selbst verdienen muss.

Gibt es etwas, das für Karlheinz immer im Kühlschrank ist?

Maggie Kinderschokolade!

Karlheinz Ja, und Bierschinken aus dem Schwarzwald. Wir importieren die Wurst schon immer vom Winterhalter Metzger aus dem Schwarzwald, von mir zu Hause. Wenn du genau den Wurstgeschmack von früher kennst, geht da nichts drüber. Diesen Bierschinken lieben wir alle und da geht dann auch schon mal so ein Stapel (er zeigt ungefähr zehn Zentimeter an) mit den Kindern weg am Abend. Ach so – und Erdbeer-Sahnejoghurt, den muss ich zu Hause haben. Gerne auch nachts noch mit frischen Erdbeeren. Und Spezi! Da siehst du mal, wie einfach wir gewickelt sind! Aber das sind natürlich die Dinge, die so nebenbei genascht werden. Eine ordentliche Portion frisches Fleisch und vor allem viel Kopfsalat sind eigentlich auch immer da.

Maggie, du bist ja von Karlheinz viel „verpflanzt" worden. Erst Berlin, dann Hamburg. Ich weiß selbst, dass das nicht immer leicht ist. Wie war es für dich?

Maggie Also, Berlin war schwierig. Damals waren die Kinder ja noch sehr klein. Dadurch war ich sehr gebunden, kannte niemanden in der Stadt. Karlheinz hatte auch nur einen Tag in der Woche frei und ich war deshalb viel allein. Also habe ich oft die Kinder ins Auto gepackt und bin zu meinen Eltern heimgefahren. Aber so wurde ich in Berlin natürlich auch nie heimisch.

Karlheinz Ja, das war auch ein Grund, warum wir damals nach Hamburg gegangen sind. Natürlich haben wir beide darüber gesprochen, ob wir den Schritt in die Selbstständigkeit wagen sollten. Aber ein ganz wichtiges Entscheidungskriterium waren Maggie und die Kinder. Für mich war das „Adlon" natürlich aufregend, denn man war ganz nah an allem, was in Berlin so abging. Aber ich habe Maggie auch verstanden. Sie war immer alleine. Vor Kurzem habe ich Filme von damals gesehen, als sie mit den Kindern auf dem Boden gespielt hat. Die kannte ich gar nicht. Die Kindererziehung war für mich eher fremd. Das ist hier ganz anders. Die beiden Größeren sind hier aufgewachsen, gehen zur Schule, die Kleine noch in den Kindergarten. Alles ist zu Fuß erreichbar, wir wohnen direkt nebendran. Und ich kann immer für die Kinder da sein, wenn sie mich brauchen.

Maggie Hier in Hamburg habe ich ja auch von Anfang an voll mitgearbeitet, war voll integriert. Hier sind wir heute einfach daheim. Seit 13 Jahren.

Kalbsschnitzel mit Limettensauce,

Salbeibutter und Nudeln

Für 4 Personen

Für die selbst gemachten Nudeln
200 g Mehl
6 Eigelb
1–2 TL Olivenöl
Salz

Für die Limettensauce
3 Biolimetten
20 g Butter
20 g Mehl
150 ml Geflügelfond
100 g Sahne
Salz

Für die Schnitzel
600 g Kalbsoberschale ohne Knochen
Salz
frisch gemahlener schwarzer Pfeffer
Mehl zum Wenden
1 Ei
4 Eigelb
70 g Semmelbrösel
Pflanzenöl zum Braten
3 EL Butter zum Braten

Für die Salbeibutter
75 g Butter
3 Salbeiblättchen
Salz
frisch gemahlener schwarzer Pfeffer

Außerdem
4 Tomaten
1 Schalotte
Olivenöl
frisches Basilikum
Salz
frisch gemahlener schwarzer Pfeffer

Zubereitungszeit: etwa 50 Minuten mit Fertignudeln oder etwa 1 Stunde 40 Minuten mit selbst gemachten Nudeln plus 2 Stunden Ruhezeit

Für die Nudeln das **Mehl** mit den **Eigelben,** dem **Olivenöl** und dem **Salz** zu einer glatten Masse verkneten. In Frischhaltefolie wickeln und 2 Stunden im Kühlschrank ruhen lassen.

In der Zwischenzeit für die Limettensauce die Schale der **Limetten** abreiben und etwas Saft auspressen. Die Limettenschale kühl stellen. Die **Butter** in einem Topf erwärmen, das **Mehl** einrühren und etwas anschwitzen. Mit dem **Geflügelfond** ablöschen. Die **Sahne** dazugeben. Mit **Salz** und Limettensaft abschmecken.

Die **Kalbsoberschale** trocken tupfen und parieren. In Schnitzel schneiden und diese zwischen zwei Frischhaltefolien dünn klopfen. Mit **Salz** und **Pfeffer** würzen. Zuerst in **Mehl** wenden, dann das **Ei** und die **Eigelbe** miteinander verquirlen und die bemehlten Schnitzel darin wenden. Zum Schluss in den **Semmelbröseln** wenden. In einer Pfanne mit **Pflanzenöl** und der erhitzten **Butter** unter ständigem Schwenken goldgelb braten.

Den Nudelteig mit einer Nudelmaschine dünn ausrollen und zu Tagliatelle schneiden. Einen Topf mit gut **gesalzenem** Wasser aufsetzen. Die Tagliatelle darin weich garen. Oder fertige Tagliatelle nach Packungsanleitung zubereiten.

Die **Butter** für die Salbeibutter in einem Topf zerlassen und die **Salbeiblätter** darin braten. Mit **Salz** und **Pfeffer** würzen und passieren. Die fertigen Tagliatelle in der Salbeibutter wenden und ziehen lassen.

Die **Tomaten** mit heißem Wasser überbrühen, kurz stehen lassen, dann schälen und vierteln. Die **Schalotte** schälen und klein würfeln. Schalotten in einer Pfanne mit **Olivenöl** und **Basilikumblättchen** gut anziehen lassen. Die Tomatenfilets zugeben, mit **Salz** und **Pfeffer** würzen. Kurz vor dem Anrichten den kühl gestellten Limettenabrieb in die Limettensauce rühren.

Zum Anrichten die Nudeln mit einer Fleischgabel zu einem Nest aufrollen, in die Mitte des Tellers legen, die Kalbsschnitzel darauflegen und die Limettensauce darum verteilen. Mit **Basilikumblättern** garnieren. Die gewürzten Tomatenfilets anlegen.

Dieses Schnitzel ist zwar eine Spezialität von Maggie Hauser,
aber zum ersten Mal musste sie es jetzt als Rezept formulieren.
Der Kommentar ihres Mannes: „Das machst du schon."

Chili-Wasabi-Prawns

**und Thunfisch mit asiatischem Salat,
Mangochutney und Pitahaya-Sauce**

Für 4 Personen

Für den Wasabi-Dip

1 TL Zucker
½ EL (8 g) Wasabipulver
30 g fettarme Mayonnaise
30 g Magerquark

Für den Chili-Dip

1 Bund Koriander
2 TL (10 g) schwarzer und weißer Sesam
70 g Sweet Chili Sauce for Chicken

Für das Mangochutney

150 g Mangofruchtfleisch
1 TL Zucker
Salz
30 ml Sushi-Essig (Mitsukan)
30 ml Geflügelbrühe
Sambal Oelek

Für die Pitahaya-Sauce

½ Pitahaya
10 ml Sekt
Saft von ½ Limette
3 EL Yuzu-Saft

Für den asiatischen Salat

30 g Karotte
30 g Sellerieknolle
30 g rote Paprikaschote
30 g gelbe Paprikaschote
20 g Zuckerschoten
30 g Sojasprossen
5 g Cashewkerne
2 Stangen grüner Spargel
1 Thai-Mango
1 Mini-Ananas
100 g Mu-Err-Pilze
100 g Glasnudeln

Zubereitungszeit: etwa 2 ½ Stunden

Für den Wasabi-Dip **Zucker, Wasabi** und 2 TL Wasser vermischen. **Mayonnaise** und **Magerquark** vermischen und die Wasabimischung unterheben.

Für den Chili-Dip den **Koriander** waschen, trocken schütteln, die Blättchen abzupfen und fein schneiden. Den **Sesam** in einer trockenen Pfanne rösten, bis er zu duften beginnt. Koriander mit der **Chilisauce** und dem Sesam vermischen und 30 Minuten ziehen lassen.

Für das Mangochutney 100 g des **Mangofruchtfleischs** in feine Würfel schneiden. Den Rest des **Mangofruchtfleischs** mit **Zucker, Salz, Essig** und **Brühe** etwa 5 Minuten kochen lassen. Mit einem Stabmixer pürieren und dann durch ein Sieb passieren. Sofort kalt stellen. Die Mangowürfel dazugeben und nach Belieben mit **Sambal Oelek** abschmecken.

Für die Pitahaya-Sauce das Fruchtfleisch der **Pitahaya** mit einem Löffel aus der Frucht lösen und in eine Schüssel geben. Mit dem **Sekt** vermischen und mit einem Stabmixer mixen. Mit dem **Limettensaft** und dem **Yuzu-Saft** abschmecken.

Für den Salat **Karotten, Sellerie, Paprika** und **Zuckerschoten** putzen, in feine Streifen schneiden und in eine Schüssel geben. Die **Sojasprossen** putzen und zusammen mit den **Cashewkernen** dazugeben. Den grünen **Spargel** putzen, blanchieren und in Streifen schneiden. Die **Mango** schälen und ebenfalls in Streifen schneiden. Die **Ananas** schälen, den Strunk entfernen und das Fruchtfleisch in Würfel schneiden. Die **Pilze** putzen, in Streifen schneiden und kurz anbraten. Die **Glasnudeln** nach Packungsanweisung zubereiten. Alle Zutaten in der Schüssel miteinander vermengen.

Weiter auf Seite 118

*Bei Hausers steht am heimischen Herd meistens
Maggie. Aber wenn sie sich von ihrem Mann etwas
wünschen darf, dann ist das dieses Gericht.*

Chili-Wasabi-Prawns

und Thunfisch mit asiatischem Salat, Mangochutney und Pitahaya-Sauce

Für die Salatmarinade

1 TL (5 g) schwarzer und weißer Sesam
½ TL (2 g) Zucker
25 g Ketjap Manis (leicht süßliche Sojasauce)
1 TL (5 g) Austernsauce
2 TL (10 g) süßsaure Pflaumensauce
1 TL (5 g) Sambal Oelek
1 Msp. fein gehackter Knoblauch
½ TL (3 g) Dayong (China-Gewürzmischung)
½ TL (2 g) Salz
Saft von 1 Limette
40 g Geflügelbrühe
2 TL (10 g) Honig
¼ TL (1 g) Sesamöl
1 TL (5 g) Korianderblättchen

Für die Prawns und den Thunfisch-Loin

8 Prawns (Kaisergranate)
Salz
frisch gemahlener schwarzer Pfeffer
1 TL (5 ml) Pflanzenöl zum Braten
200 g Thunfisch-Loins in Sushi-Qualität
Saft einer Yuzu
Sojasauce
1–2 TL (5–10 g) gemahlener Koriander

Außerdem

8 Kopfsalatblätter
Korianderblättchen nach Geschmack

Für die Marinade den **Sesam** in einer trockenen Pfanne rösten, bis er zu duften beginnt. **Zucker, Ketjap Manis, Austernsauce, Pflaumensauce, Sambal Oelek, Knoblauch, Dayong, Salz, Limettensaft, Geflügelbrühe, Honig, Sesamöl** und Sesam zu einer Marinade vermischen. Über den Salat geben und etwa 30 Minuten ziehen lassen. Kurz vor dem Servieren den **Koriander** fein schneiden und dazugeben.

Die **Prawns** aus den Schalen lösen und die Köpfe entfernen. Prawns unter fließendem kaltem Wasser waschen, mit einem Messer am Rücken entlang einschneiden und den Darm entfernen. Mit **Salz** und **Pfeffer** würzen. In einer Pfanne das **Öl** erhitzen und die Prawns auf beiden Seiten etwa 1 Minute goldgelb anbraten. Den **Thunfisch** in dünne Scheiben schneiden. Mit **Yuzu-Saft, Sojasauce** und **Koriander** marinieren.

Je 2 **Salatblätter** auf einen Teller legen. Den marinierten Salat auf die Salatblätter häufen und mit je einem **Korianderblättchen** garnieren. Jeweils eine Garnele pro Teller durch den Wasabi-Dip und einen durch den Chili-Dip ziehen. Die Thunfischscheiben auf den Tellern verteilen. Mangochutney und Pitahaya-Sauce in kleinen Schüsseln dazu reichen.

„Für mich war das ‚Adlon'
natürlich aufregend, aber
Maggie war immer alleine."

Karlheinz Hauser

Kleine Zeit-
oasen
schaffen

Denia und Nils Henkel

Soulfood

für das lecker

Mädchen

Ihr Vater ist Koch – und sie wollte nie einen heiraten. Denn ihre Eltern waren mit einem kleinen Hotel und Restaurant selbstständig. Ihre Kindheit hat Denia Jäger deshalb mehr oder weniger zwischen Restaurant und Küche oder Hotel verbracht. Und das waren, wie sie selbst sagt, zwar sehr schöne Jahre, aber eben auch Jahre der Entbehrung. Wirklich Zeit für die Familie gab es wenig. Deshalb war ihr von vornherein klar: mit der Gastronomie arbeiten – gerne, in der Gastronomie – nein! Aber das Schicksal wollte es anders, denn auch nur für die Gastronomie zu arbeiten, vor allem für eine PR-Agentur mit den Schwerpunkten Wein und Gourmet, erwies sich als gefährlich …

Nils Henkel, damals noch Küchenchef neben Dieter Müller auf „Schloss Lerbach" in Bergisch Gladbach, war gerade überhaupt nicht auf eine Beziehung aus. Aber dann gab es da diese Veranstaltung für Wein aus Spanien, moderiert von Jürgen Matthes, bekocht von Juan Amador und mit geladenen Topköchen aus dem Raum Frankfurt und 200 Kilometer drumherum …

Denia war für eine Kollegin eingesprungen, um diese Veranstaltung zu betreuen, Nils kam zu spät, betrat den Raum – und bei ihr hat es gefunkt. Ihr erster Gedanke: „Hallo, wer bist denn du?"

Nils, warst du auch gleich Feuer und Flamme für Denia?

Nils Oh, ich hab mir auf alle Fälle gleich gedacht: „Lecker Mädchen!" Nein, im Ernst. Sie war mir sehr sympathisch und sie war, wie sie eben ist, ein bisschen fordernd, aber spannend, mit ihren damals roten kurzen Haaren, sie war schon außergewöhnlich. Bei mir hat es nur ein bisschen gedauert. Ich hatte gerade eine längere Beziehung hinter mir. Aber Denia wusste eben ganz genau, was sie wollte. Und so hat sie uns ein bisschen Zeit gelassen - bis ich dann auch wusste: „Das ist die Frau, die ich will."

Denia, du wolltest eigentlich keinen Koch, aber die Erfahrungen von zu Hause haben dir sicher geholfen, den zeitraubenden Beruf deines Mannes besser zu verstehen?

Denia Ich glaube, das Grundverständnis für die Gastronomie hilft mir dabei, das Ganze zu verstehen und trotz aller zeitlichen Entbehrungen glücklich zu sein. Ich weiß, dass der Job aufgrund seiner Zeitintensität immer irgendwie an erster Stelle steht. Und das ist auch in Ordnung so. Ich weiß, was dieser Beruf alles beinhaltet und wie viel Zeit die Jungs auch brauchen für Entdeckungen, Entwicklungen und für sich. Und weil ich das weiß, fällt auch ein Gedanke wie „Er könnte ja mal früher nach Hause kommen, wenn er sich ein bisschen besser organisieren würde", einfach weg.

War diese Erfahrung von Denia für dich ein Vorteil, Nils?

Nils Ja, das habe ich schon so empfunden, weil sie deshalb natürlich schon ein bisschen wusste, wie ich ticke. Küchenchefs sind ja doch eigene Gewächse. Sie sind schon manchmal mehr mit dem Job verheiratet als mit ihrer Frau – und das ist natürlich nicht immer einfach.

Trifft das auch auf dich zu?

Nils Manchmal, ja, ich bin schon sehr ehrgeizig. Und der Job kam für mich jahrelang immer an erster Stelle. Das hat sich bei mir erst im Laufe der Zeit gewandelt. Wenn dann die eine oder andere Beziehung an die Wand gefahren ist, machst du dir schon Gedanken, woran das eigentlich liegt. Und natürlich liegt es daran, dass du als Partner viel zu wenig verfügbar bist. Das hat sich heute ehrlicherweise nicht geändert, aber der Fokus hat sich geändert – mit Denia und natürlich auch mit unseren beiden Kindern.

Die Frage, die ich allen Frauen stelle: Wann hast du das erste Ma(h)l für ihn gekocht und was?

Denia Nils war irgendwann mal bei mir in Karlsruhe zu Besuch und es ging ihm nicht gut. Ich wollte, dass er sich wirklich entspannt, die Füße von sich streckt und sich auch mal die Ruhe gönnt, die ihm mit Sicherheit gut täte. Und das war die Situation, in der ich dann natürlich über meinen Schatten springen musste. Denn ich kann eigentlich nicht kochen – aber da musste ich eben. Was es gab, weiß ich gar nicht mehr so genau, ich meine Pasta mit Gemüse. Aber er hat's auf alle Fälle gegessen.

„Wenn Nils in die Küche geht, ergreife ich lieber die Flucht."

Denia Henkel

Nils Als Erstes kann ich mich tatsächlich auch an Pasta erinnern, aber nicht mehr genau an welche. Aber am Anfang hat sie es wirklich ganz gut geschafft, sich ums Kochen zu drücken. Wir waren eigentlich immer essen oder haben irgendwie kaltes Abendessen gemacht.

Du kannst also wirklich nicht kochen, Denia?

Denia Um ehrlich zu sein, nein. Ich koche nicht gerne, habe auch noch nie gerne gekocht. Ich sage das immer offen und ehrlich: Ich kann nicht kochen, ich kann mich ernähren! Ehrlich gesagt, finde ich Kochen so eine wahnsinnig zeitintensive Angelegenheit, zu der ich meistens nicht die Geduld habe. Und dann kommt noch dazu: Wenn das Ergebnis nachher toll ist, und ich habe keinen, für den ich kochen kann, weil ich eh' alleine hier sitze, dann ist das doch Perlen vor die Säue geschmissen. Also sind es, wenn ich alleine bin, eben doch nicht die großen Gerichte, die ich zaubere, sondern etwas, was mich glücklich macht – ich esse für mein Leben gerne Nudeln. Vielleicht ändert sich das, wenn die Kinder größer werden.

Ist das für dich ein Problem, Nils?

Nils Nö, überhaupt nicht. Ich denke zwar immer, dass sie eigentlich ganz gut kochen könnte, wenn sie denn wollte. Aber sie mag es eben nicht, für sich alleine zu kochen. Jetzt mit den Lütten muss sie es ja doch und ich traue es ihr auf jeden Fall zu. Aber wir haben eine ganz gute Regelung gefunden: Ich bin fürs Kochen zuständig, Denia fürs Backen.

Beim Backen kommt die Leidenschaft, Denia?

Denia Ich steh' total auf Rührkuchen. Dann habe ich ein hervorragend gutes Rezept für einen Bananenkuchen.

Oder Karottenkuchen. Oder Marmorkuchen. Oder Hefezopf oder auch einen Käsekuchen. Und ich habe einen Käsekuchen ohne Boden, den habe ich mal in zweifacher Ausführung gebacken und einen davon Nils und seinen Jungs in die Küche gebracht. Seither lieben sie mich!

Auch beim Backen geht also die Liebe durch den Magen! Für zu Hause bedeutet das dann aber eher: Wenn Nils da ist, kocht er?

Denia Wenn er da ist, eigentlich immer, ja. Vor den Kindern sind wir auch viel essen gegangen. Da waren wir wahrscheinlich mehr auswärts essen als zu Hause. Schon seit Neles Geburt essen wir aber fast nur zu Hause und da kocht Nils.

Was gibt es denn dann bei euch?

Nils In der Regel Dinge, die schnell gehen. Ich meine, ich stehe den ganzen Tag in der Küche, dann darf es zu Hause nicht zu lange dauern. Ich habe drei Jahre bei einem Italiener gearbeitet, daher essen wir natürlich auch viel Pasta oder Risotto, das geht immer. Und wir essen in erster Linie zu Hause auch vegetarisch oder zumindest mit viel Gemüse. Denn im Job ist es ja nicht immer gesund, was man so den ganzen Tag zu sich nimmt.

Ein Spitzenkoch isst tagsüber nicht gesund? Du kochst doch in deiner Küche deine wunderbaren Speisen!

Nils Also, leider essen wir ja in der Küche nicht das, was wir für die Gäste machen. Probieren und abschmecken natürlich schon. Aber für den Hunger gibt es das ganz normale Personalessen für alle Hotelmitarbeiter. Da stehen eben auch öfter mal Currywurst mit Pommes auf dem Speiseplan – und das ist für mich ein wenig adäquates

„Küchenchefs sind ja doch ganz eigene Gewächse."

Nils Henkel

Essen. Ich bin jemand, der viel und gerne Gemüse isst und auch auf täglich Fleisch gut verzichten kann. Deshalb genießen wir zu Hause wirklich oft vegetarisch.

Noch einmal zurück in eure Küche: Probiert Nils zu Hause neue Gerichte aus?

Denia Nee, gar nicht, da bleibt auch keine Zeit. Aber seit einiger Zeit vertieft er zu Hause seine (vorher!) rudimentären Kenntnisse der Hausmannsküche. Da kocht er schon mal eine Hühnersuppe mit einem ganzen Huhn, zerlegt das dann und macht noch ein Hühnerfrikassee. Dabei verschanzt er sich schon mal zwei Stunden in der Küche und ich bin erstaunt zu sehen, wie lange Kochen auch tatsächlich dauern kann.

Nils, ich habe gehört, dass du in den letzten Wochen der ersten Schwangerschaft für Denia gekocht hast.

Nils Stimmt, das war spannend. Da habe ich eigentlich die Hausmannskost entdeckt. Wir sind zum Metzger gegangen, weil Denia Lust auf Rouladen hatte und wir dort frisches Rouladenfleisch kaufen wollten. Dann haben wir gleich noch Suppenhühner mitgenommen und das noch und jenes noch – und dann waren die zwei Wochen bis zur Geburt schon gleich durchgeplant. Das war schon richtig gut.

Denia Es war toll. Ich musste nichts tun und Nils hat gekocht und gekocht und gekocht.

Wenn Denia nicht gerne kocht, dann erübrigt sich ja auch die Frage, ob ihr gemeinsam kocht?

Nils Es kommt schon mal vor, dass sie etwas schnippelt und ich ihr was erkläre. Aber im Moment – mit den Kleinen – machen wir doch eher Arbeitsteilung. Ich Küche, sie Kinder.

Denia Ich bin ja auch nicht so der Fan von: Wir kochen gemeinsam. Wenn Nils in die Küche geht, ergreife ich lieber die Flucht. Natürlich habe ich dafür jetzt eine gute Ausrede, weil ja immer einer nach den Kurzen gucken muss. Aber ich weiß auch, dass er gerne für uns kocht – da muss ich ja nicht mitmischen.

Und Nils versucht auch nicht, dir Kochnachhilfe zu geben?

Denia Ich glaube, er hat es aufgegeben. Zum Beispiel hat er schon mehrmals versucht, mir Risotto beizubringen. Aber irgendwie kommt es bei mir nicht an. Also lasse ich es ihn dann doch lieber selber machen. Unsere gemeinsame Zeit ist so kostbar und auch so schnell vorbei mit anderen Dingen, dass das Kochen irgendwie … Es ist eine wunderschöne Kunst und ich esse für mein Leben gerne, aber jeder sollte das tun, was er am besten kann, oder?

Dann bleiben wir beim Essen. Was isst du denn zu Hause am liebsten von Nils?

Denia Oh, da gibt es so vieles, weil alles toll schmeckt. Ich finde es einfach insgesamt schön, dass er für mich kocht. Obwohl, ich esse für mein Leben gerne Bäckchen und die macht Nils ganz superlecker. Und wenn es die dann mit Kartoffelstampf – hach, wie toll – gibt, dann liebe ich ihn einfach noch mehr. Oder aber auch – ach, er kocht einfach so gut. Er macht das beste Curry, vor allem Gemüsecurry. Er kocht ganz tolles Rote-Bete-Risotto. Alles, alles ist lecker. Letztes Wochenende gab es seit Langem wieder mal ein Huhn, knusprig-scharf angebraten und dann im Bräter gegart. Das war so knusprig und so saftig – und dazu Ofengemüse. Das ist alles toll, aber ich glaube, doch die Bäckchen, also die Bäckchen sind mein Soulfood.

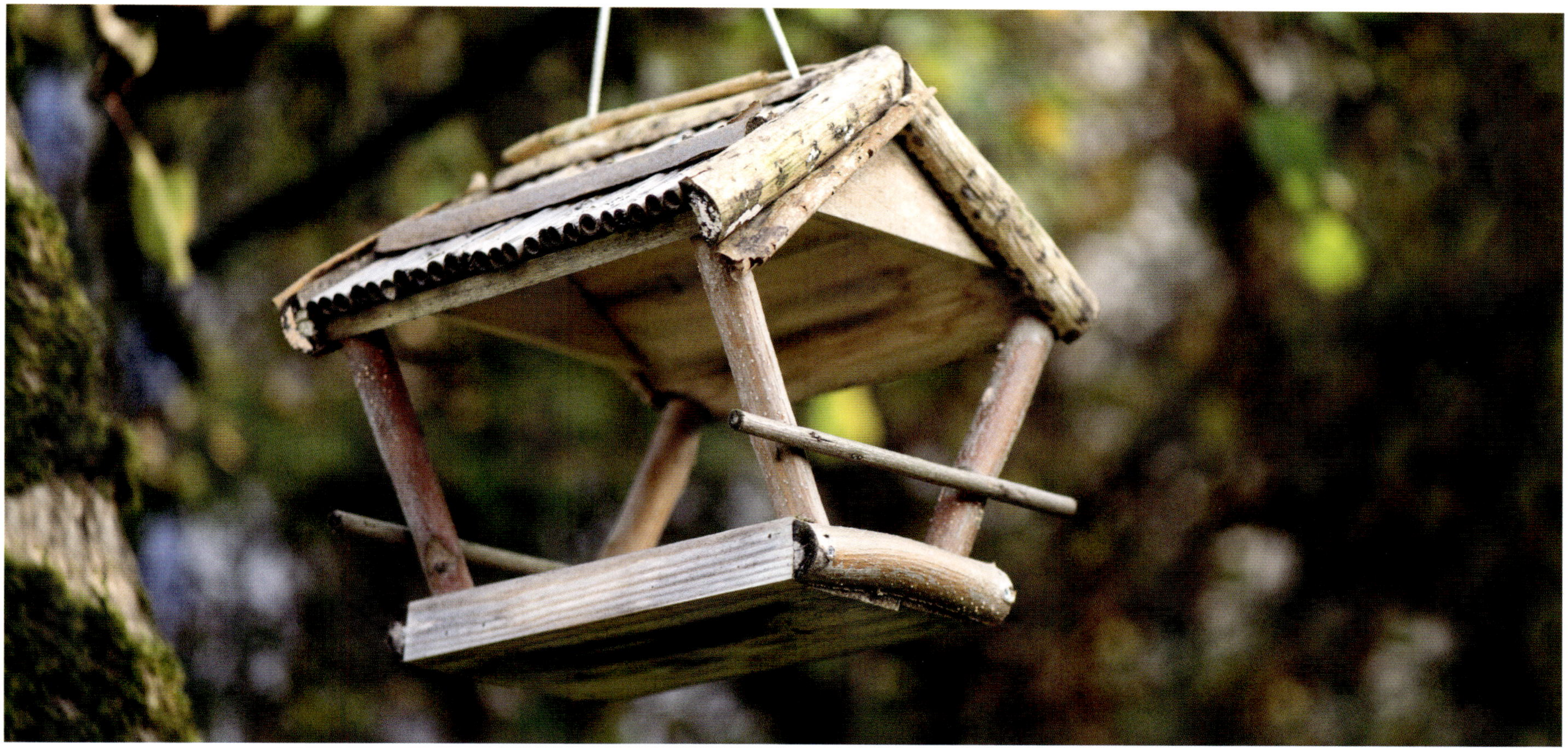

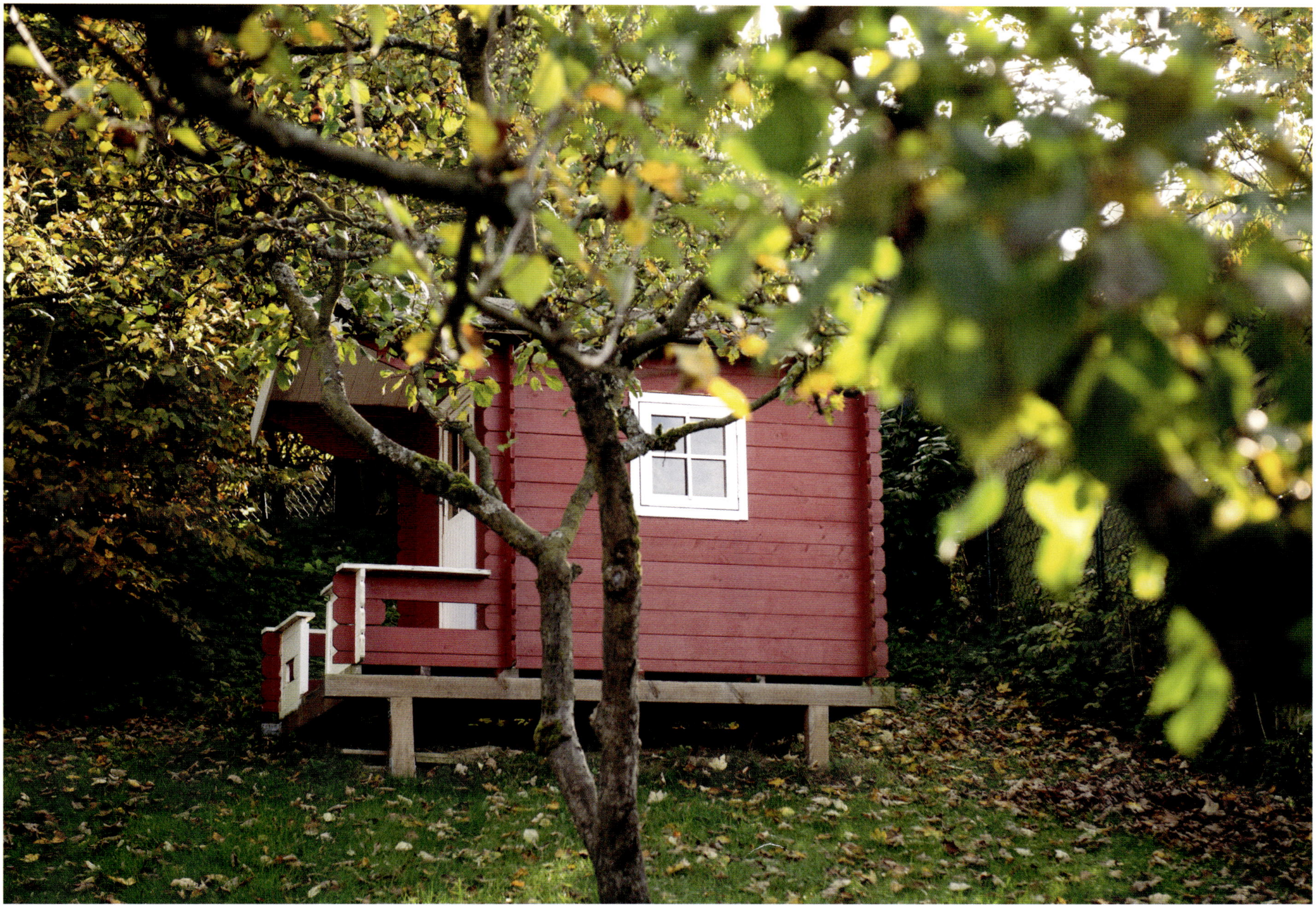

Bodenlose Leckerei

Käsekuchen ohne Boden

Mit diesem Käsekuchen kann Denia nicht nur ihren Mann verführen: Seit sie ihn einmal seinem Team mitgebracht hat, hat sie dort einen großen Kuchen im Brett.

Für eine Springform mit 24 cm Durchmesser

4 Eier (Größe M)
125 g Butter und etwas für die Form
250 g Zucker
1 Pck. Vanillezucker
1 kg Speisequark (40 % Fettgehalt)
1 Pck. Vanillepuddingpulver
2 EL Grieß
1 Pck. (17 g) Backpulver
Puderzucker zum Bestäuben

Zubereitungszeit: etwa 30 Minuten plus 1 Stunde Backzeit

Die **Eier** trennen, die Eiweiße sehr steif schlagen und beiseitestellen. Den Backofen auf 175 °C Ober-/Unterhitze vorheizen.

Die Eigelbe mit der **Butter,** dem **Zucker** und dem **Vanillezucker** schaumig schlagen.

Quark, Puddingpulver, Grieß und **Backpulver** nach und nach unter die Masse rühren.

Den Eischnee vorsichtig unterheben. In der mit **Butter** gefetteten Springform im Backofen etwa 1 Stunde backen. Währenddessen die Backofentür nicht öffnen.

Den Kuchen aus dem Ofen nehmen und abkühlen lassen. Aus der Form lösen und mit **Puderzucker** bestäuben.

Geschmorte Kalbsbäckchen

mit Spätburgunderjus, Kartoffelstampf und Karotten

Für 4 Personen

Für die Kalbsbäckchen

4 Kalbsbäckchen (beim Metzger vorbestellen)
2 EL Butterschmalz zum Braten
500 g Mirepoix (fein geschnittenes Röstgemüse aus Zwiebeln, Karotten und Staudensellerie)
1 EL Tomatenmark
300 ml Rotwein
1 l Kalbsfond
1 Knoblauchzehe
1 Thymianzweig
1 Rosmarinzweig
10 schwarze Pfefferkörner
10 Korianderkörner
1 Sternanis
2 Pimentkörner
2 Lorbeerblätter
100 ml Spätburgunder
evtl. etwas Pfeilwurzelmehl
Balsamicoessig

Für den Kartoffelstampf

500 g festkochende Kartoffeln (Sorte Belana)
150 ml Milch
100 g Sahne
40 g Butter
Salz
frisch gemahlener weißer Pfeffer
frisch geriebene Muskatnuss

Für die Karotten

4 fingerdicke Karotten
80 g Butter
20–40 ml Karottensaft
Salz
frisch gemahlener schwarzer Pfeffer
Zucker

Zubereitungszeit: etwa 2 ½ Stunden inkl. Schmorzeit

Den Ofen auf 200 °C Ober-/Unterhitze vorheizen. Die **Kalbsbäckchen** mit einem scharfen Messer von Fett und Sehnen befreien. Die Bäckchen im Bräter rundherum in **Butterschmalz** anbraten. Das **Mirepoix** dazugeben und anrösten. Das **Tomatenmark** ebenfalls dazugeben, nach und nach mit dem **Rotwein** ablöschen und dünsten. Den **Kalbsfond** angießen und angedrückten **Knoblauch, Thymian, Rosmarin, Pfeffer, Koriander, Sternanis, Piment** und die **Lorbeerblätter** in den Bräter geben. Mit einem Deckel schließen und im Ofen zugedeckt etwa 1 Stunde schmoren lassen, bis das Fleisch saftig weich ist.

In der Zwischenzeit für den Kartoffelstampf die **Kartoffeln** schälen und grob schneiden. In einem Topf mit **Milch** und **Sahne** aufkochen. Hitze reduzieren und die Kartoffeln langsam weich kochen. Zusammen mit der zurückgebliebenen Milch-Sahne-Mischung und der **Butter** stampfen. Mit **Salz, Pfeffer** und geriebener **Muskatnuss** abschmecken.

Die **Karotten** schälen und in feine Scheiben schneiden. Die **Butter** in einer Pfanne erhitzen und die Karotten darin anschwitzen. Nach und nach den **Karottensaft** dazugeben. Die Karotten dünsten, sie sollen etwas Biss behalten. Mit **Salz, Pfeffer** und **Zucker** abschmecken.

Die Bäckchen aus dem Fond nehmen, in Alufolie wickeln und warm stellen. Den **Spätburgunder** in einem Topf aufkochen und auf ein Drittel reduzieren, den Schmorfond aus dem Bräter durch ein feines Sieb passieren und zum reduzierten Spätburgunder geben. Je nach Konsistenz noch einmal etwas einkochen oder mit angerührtem **Pfeilwurzelmehl** leicht binden. Die Sauce mit etwas gutem **Balsamicoessig** abschmecken.

Zum Anrichten je eine Nocke vom heißen Kartoffelstampf auf die Teller geben und je ein geschmortes Bäckchen darauf anrichten. Die Karotten zugeben, etwas Spätburgunderjus über die Bäckchen geben und servieren.

So eindeutig und schnell wie bei Denia Henkel kam bei keiner anderen die Antwort auf die Frage, was sie sich denn am liebsten von ihrem Mann kochen ließe: Bäckchen – mit drei Ausrufezeichen.

„Zeit für mich in der Natur –
das schaffe ich nur mithilfe
meiner Firmpatin Luise.“

Andrea Schirmaier-Huber und Luise Biberger

Von süßen

Prinzessinnen

und Matschepampe

Als ich Andrea Schirmaier-Huber gefragt habe, wer denn am besten erzählen könne, wie sie so ganz privat is(s)t, kocht und natürlich backt, kam die Antwort sofort: „Meine Firmpatin Luise Biberger." Okay, das ist mal eine neue Paarung. Andrea ist ja auch Konditorin, nicht Köchin, warum also nicht mal ein ganz anderer Gesprächspartner. Dass Luise aber wirklich der beste Partner ist, den sich Andrea nur wünschen kann, wurde in unserem Gespräch schnell klar. Sie ist Freundin, Probeesserin, Helferin in der Not, Zusatzoma für Andreas zwei Töchter (zwei und fünf), Feuerwehrfrau, Kritikerin und Komplizin. „Meine Mutter hatte es eher schwer mit mir. Ich war ein Papakind und vom Aussehen zwar ein Engerl, aber vom Charakter her eher Pippi Langstrumpf", gibt Andrea zu. Und als Mike, ein Freund ihres Vaters, seine Frau Luise zum ersten Mal mitbrachte, hat die Chemie sofort gestimmt. „Es war Liebe auf den ersten Blick", sagt Luise. Und so wurde Luise zu Andreas Firmpatin. Keine ganz normale Firmpatin, denn dazu gehörte auch, dass die beiden gleich nach der Firmungsfeier einfach mal ins romantische Salzburg abhauten, um sich als Prinzessinnen zu fühlen, oder dass Andrea von zu Hause ausbüxte und dann vom Bahnsteig bei „Tante" Luise anrief.

Das klingt jetzt weniger nach Prinzessin.
Andrea Das ist ja das Tolle an Luise. Als ich klein war, konnte ich mit ihr Prinzessin spielen, und sie später auch mal als Alibi gebrauchen, wenn ich verliebt war.
Luise Ich hatte ja selbst zwei Söhne und mir immer eine Tochter gewünscht. Da ist man vielleicht offener und man sieht eben auch Dinge, die die Eltern nicht sehen können.

Aber diese enge Beziehung zwischen euch hat ja nicht mit der Teenagerzeit aufgehört ...
Luise Also eigentlich ist der Taufpate ja bis zur Taufe zuständig und der Firmpate von der Firmung an fürs ganze Leben. Aber es stimmt schon, oft verliert sich das. Bei uns allerdings nicht.
Andrea Absolut nicht, heute ist sie für meine Kinder auch eine weitere Oma und für mich nicht nur Freundin, sondern auch rechte Hand.
Luise Ach, ich stütze ihr eben den Rücken und höre ihr zu. Vor allem, wenn Not am Mann ist.

„Not am Mann" ist ein gutes Stichwort. Die Leute fragen immer, warum es so wenige Spitzenköchinnen gibt. Aber der Beruf und seine Anforderungen verlangen eben auch viel Verständnis und Unterstützung vom Partner. Welcher Mann geht da in die zweite Reihe?
Andrea Auf Dauer ist das auf alle Fälle schwer. Viele meiner früheren Beziehungen sind daran gescheitert, dass ich für den Partner zu erfolgreich war. Nur mal ein Beispiel: Als ich vor einigen Jahren auf die Weltmeisterschaft zugegangen bin, hat mein damaliger Freund drei Tage vor der Bundesmeisterschaft mit mir Schluss gemacht. Er kam auch aus einer großen Konditorenfamilie, hatte sich aber nicht für den Bundesentscheid qualifiziert. Also hat er es mir auch nicht gegönnt. Ich war am Boden zerstört, wollte gar nicht mehr hingehen. Aber dann haben Luise und alle anderen auf mich eingeredet wie auf einen kranken Gaul. Also hab' ich mich überreden lassen und mich trotz Herzschmerz und Liebeskummer durchgebissen. So viel dazu. Neid ist

„Ich hab' mich trotz Herzschmerz und Liebeskummer durchgebissen."

Andrea Schirmaier-Huber

einfach auch ein Problem. Frauen in der Gastronomie haben es wirklich schwer, Partner zu finden, die sagen: „Ich find' das super und ich trage das mit."

Dafür gibt es heute ja die Feuerwehr Luise – die dich auch mal zur Ruhe zwingt.

Luise Ich versuche halt, ihr das zu geben, was sie braucht. Auch wenn es mal nur darum geht, die Kinder vom Kindergarten abzuholen. Da weiß ich, ich kann ihr ein bisschen unter die Arme greifen und ihr damit ein wenig Freiheit verschaffen. Da bin ich ganz energisch: „Du musst auch mal zur Ruhe kommen. Ich nehm' die Kinder, du schläfst dich aus und dann kommst du zu uns zum Essen." Da gibt's dann einfach bayerisch herzhaft, sie hatte einen schönen Tag und damit hat sich's.

Aha, jetzt sind wir beim Essen. Bei dir, Luise, gibt es also Hausmannskost für Andrea?

Luise Ja, bei mir gibt's einen Schweinebraten oder Gulasch. Da kommt sie mit den Kindern, ich gebe Semmelknödel oder Reis dazu, je nachdem, was die Kinder möchten. Oder wir machen einfach eine herzhafte Brotzeit. Das liebt auch mein Mann. So bin ich ja auch aufs Brot gekommen.
Andrea Hast du ihr schon dein Schaustück gezeigt?

Was ich zu sehen und zu riechen bekomme, ist eines der schönsten Brote, die ich je gesehen habe (siehe Rezept). Und es riecht köstlich …

Andrea (voller Stolz auf Luise das Brot streichelnd) Schee, gell, da kann kein Gekauftes mithalten.
Luise Ich muss ja auf mein Patenkind aufpassen. Sie ist eine süße Bäckerin und das Süße könnte doch auf die Hüften schlagen – und das geht ja nicht.

Und DAS hat Andreas zweijährige Tochter „Matschepampe" genannt?

Luise Ja, sie hat mir zugeschaut, wie ich mit dem Kochlöffel den Sauerteig gerührt und dann Flüssigkeit dazugegeben habe – und war begeistert von der Matschepampe, wie sie sie vom Sandkasten kennt.

Verstehen die Kinder schon, was die Mami macht und warum sie im Fernsehen ist?

Andrea Also, meine Kinder sind natürlich die liebsten Kinder, die es auf der ganzen Welt gibt. Und zumindest die Große ist schon unheimlich stolz auf mich. Das kann auch fast mal peinlich werden. Bei uns im Kindergarten ist die Tochter einer Bäckerin, die selbst eine kleine Bäckerei hat. Und letztens stellt sich meine Große, die Sophel, hin und sagt: „Hey, meine Mama ist die Weltbeste!" Natürlich heult die andere Kleine gleich: „Aber meine Mami backt auch gut." Da musste ich dann doch mal entschärfen und meiner Tochter erklären: „Mauseschätzchen, jede Mama ist die beste Konditorin, die es gibt. Und jede Mama backt den besten Kuchen." Also ist Sophie zur Kindergärtnerin gelaufen und hat gesagt: „Na gut, aber meine Mama ist ein Superheld!" Ehrlich, da kriegst du ja Pipi in den Augen und könntest sie nur knutschen! Aber du musst natürlich auch aufpassen, dass das nicht in die falsche Richtung geht.

Luise, du hast angefangen, Brot selbst zu backen, weil du Weizen nicht verträgst und nie das richtige Brot gefunden hast. Hast du da Andrea um Rat gefragt?

Luise Nein, ich wusste ja, dass sie nicht gerne Brot backt. Also habe ich Bücher gekauft und bin dann auf das Buch einer Müllerin gestoßen, die hat dort alles so toll beschrieben, dass ich jetzt einen Sauerteig selbst führen kann. Und dann hab' ich mir eigene Sorten einfallen lassen, mit Süßlupinen oder Erdmandel oder eben auch mit dunklem, alkoholfreiem Weißbier oder allem zusammen. Inzwischen weiß ich auch genau, wann ich den Teig aus meiner Holzschüssel nehmen kann, und dass man Dinkelteig nicht zu viel kneten darf. Das habe ich mir alles langsam selbst beigebracht.

Damit ich das richtig verstehe: Luise hat eine Konditorenweltmeisterin neben sich, die in der Jury von „Das große Backen" ist. Und sie sagt nicht: „... und dann habe ich die Andrea gefragt, wie das geht."

Andrea Stimmt, das klingt ein bisschen seltsam. Aber ich muss zugeben: Beim Brotbacken bin ich selbst komplett raus. Ich hasse Teigbatzlerei! Schon in unserer Familienbäckerei in München habe ich mich immer um den Posten „Teigkneten" gedrückt. Sauerteig pritscheln, das habe ich so dick!

Warum hasst man Teig?

Andrea Das ist so langweilig: Ich mache einen Teig, den roll' ich aus, dann mache ich da Hunderte von Plunderschnecken, Hunderte von Croissants - und es ist immer der gleiche langweilige Schmarrn. So richtig daheim fühl' ich mich, wenn es zum Beispiel um Torten geht. Heute früh ist eine Hochzeitstorte rausgegangen. Übermorgen muss ich für den Metzgerball ein ganzes Auto als Torte machen - da geht's mir gut. Alles, was ein bisschen feiner ist und witziger.

Luise Du willst halt kreativ sein ...

Andrea Auch, aber wie gesagt, diese Teigbatzlerei! Manche pappen dann an den Händen, da werd' ich fuchsig.

Aber für die süßen Sachen muss man doch auch mit Teig arbeiten?

Luise (grinsend) Ja , da machen es aber die Maschinen ...

Andrea Oder man kann es delegieren. Man kann doch auch Mitarbeiter darum bitten. Ich weiß natürlich genau, wie es geht und wie ein Teig und das Ergebnis sein sollen. Aber wenn ich es nicht selbst machen muss, bin ich froh. Lieber Torten einsetzen oder Pralinen machen oder Macarons.

Was machst du dann mit dem Teig von Macarons?

Andrea Das ist was anderes, das ist lustiger. Da kann ich spielen mit den Farben, grün, rot, blau. Und so ein Dressiersack ist sauber, Sauberkeit ist mir einfach wichtig. Ich hasse es, wenn mir einer aus der Konditorei einen Dressiersack gibt, der bis oben hin verschmiert ist, das ist furchtbar. Und mit einem sauberen Dressiersack spritz' ich die Macarons auf, peng, peng, peng, dann kommen sie eine halbe Stunde in den Ofen. Das geht schnell und ist fein.

Wie ist das eigentlich? Man hat ja so die Vorstellung: Wenn man den ganzen Tag Süßes macht, möchte man zu Hause nichts mehr davon sehen ...

Andrea Oh, ich bin wie ein Reh, ich bin ein Selektierer. Tagsüber hier im Geschäft suche ich mir nur das Beste aus. Ich liebe Pistazien- und Himbeermacarons. Davon esse ich, wenn welche da sind, mindestens sechs Stück am Tag. Aber zu Hause kann ich Schokolade oder Gummibärchen ganz problemlos widerstehen, das tut mir gar nichts. Ganz anders sieht es da mit Pudding oder Joghurt aus! Also, wenn ich so einen Viererpack Schokopudding

„Ich wusste ja, dass Andrea nicht gerne Brot backt."

Luise Biberger

mit Sahne kaufe, dann ess' ich einen und dann ess' ich zwei und dann denk' ich: „Egal, jetzt ist's ja schon wurscht." Und dann ess' ich den Rest.

Finde ich jetzt lustig, dass ein Profi sagt: „Ich esse Fertigpudding."

Andrea Na ja, der ist doch fantastisch, warum soll ich mir den selber machen?

Luise Jetzt wird mir klar, warum Sophie neulich so fasziniert war, dass man Schokoladenpudding auch selber machen kann … Ich glaube, ich muss dir demnächst doch mal einen machen.

Kocht Andrea eigentlich auch mal ganz normal?

Luise Ja, sehr viel, sie kocht ja auch für die Kinder.

Andrea Ja, ich kann auch kochen! Schließlich habe ich auch Hauswirtschafterin gelernt. Und eigentlich koche ich sogar sehr gerne. Zurzeit geht es nur nicht so wirklich mit Muße, weil ich jeden Abend das Mittagessen der Kinder vorkochen muss, das sie dann in den Kindergarten mitnehmen. Aber wenn ich ein bisschen Zeit habe, koche ich sehr gerne auch für Freunde. Bei mir gibt's alles querbeet, vom Schweinebraten bis zur Suppe.

Aber Köchin war nie eine Option als Berufswunsch?

Andrea Nein, eigentlich nicht. Nach der Hauswirtschaftsschule hat es mich doch zum Konditor gezogen. Und obwohl wir in der vierten Generation eine Konditorenfamilie sind, gab es für mich nie eine Verpflichtung. Meine Schwester zum Beispiel ist Künstlerin geworden. Aber irgendwie sollte es dann doch der Konditor sein – und ich habe es noch keinen Tag bereut!

Luise Ich glaube, als Konditor ist man heute auch künstlerisch viel mehr gefragt. Da kann sie sich gut entfalten, denn das Künstlerische steckt einfach auch in ihr drin. Das war mir schon klar, als sie schon ganz früh ihre traumhaften Zuckerfiguren gemacht hat.

Andrea erzählt auch, dass du, Luise, immer Probe essen musstest. Dazu gehört ja auch Kritik. Als Jurorin im Fernsehen ist Andrea selbst sehr streng. Wie geht sie denn mit Kritik an sich um?

Luise Sie ist nicht empfindlich. Wenn ich zum Beispiel sage: „Das ist supergut, aber für meinen Geschmack zu süß", akzeptiert sie das sofort.

Andrea Luise darf mit mir auch Tacheles reden. Ich weiß, dass bei ihr Lob und Kritik immer ehrlich sind. Und oft ist ja gerade die Meinung von Außenstehenden, die nicht in der Materie sind, wichtig.

Luise Ich habe aber auch noch nichts erlebt, bei dem ich gesagt hätte: „Oh Gott, das geht gar nicht!"

Andrea (lacht) Ganz ehrlich? Dann hätte ich es auch entsorgt, bevor ich es dir zum Probieren gegeben hätte. Den Super-GAU, den gebe ich auch nicht weiter. Und so lange nichts qualmt, merkt es ja keiner.

Wie ist das, wenn Andrea bei Freunden eingeladen ist? Gibt es da auch mal Kuchen oder Plätzchen?

Andrea Also, darum machen die meisten Freunde gern mal einen Bogen und sagen lieber: „Nimm du was mit." Dabei finde ich, dass bei manchen Hausfrauen ein schlichter Apfelkuchen zum Beispiel viel besser schmeckt als der vom Konditor. Denn zu Hause kommt der frisch

„Bei manchen Hausfrauen schmeckt ein frischer Apfelkuchen viel besser als der vom Konditor."

Andrea Schirmaier-Huber

aus dem Ofen, ist meistens gerade mal eine Stunde alt. Das liebe ich – damit kann man mich total ködern. Wenn ich also zur Luise komme und sie macht so was, da springt mein Herz auf.

Luise Und meine Vanillekipferl, die magst du auch.

Du hast also keine Bedenken, für Andrea auch Süßes zu backen, Luise?

Andrea Doch, da ist sie schon etwas scheu. Die Plätzchen zum Beispiel bietet sie mir nicht direkt an, sondern nur so ganz nebenbei: „Du kannst ja mal probieren …"

Luise Stimmt, und dann frage ich ganz vorsichtig: „Was sagst denn du als Fachfrau dazu?"

Andrea Aber sie tastet sich da schon langsam vor: Letztes Mal hatte ich einen Ausfall beim Macaron-Kurs und sie ist eingesprungen. Und jetzt macht sie auch Macarons zu Hause – und ich darf probieren.

Was ist für dich, Luise, das Wichtigste an deiner Beziehung zu Andrea?

Luise Einerseits, dass ich weiß, ich kann ihr wirklich helfen. Dabei unterstützt mich übrigens auch mein Mann. Wir bewundern beide, was Andrea leistet. Und er gibt mir immer die Zeit, dass ich eingreifen kann. So helfen wir ihr beide. Man kann nur erfolgreich sein, wenn man einen gewissen Stamm um sich herum hat. Das müssen nicht viele sein, aber sie müssen mit dem Herzen bei dir sein. Und dann ist unsere Beziehung ja auch absolut nicht einseitig. Ich liebe ihre Kinder wie eigene Enkel und Andrea selbst ist auch immer für mich da, wenn ich mal Herzkummer habe. Das ist doch in jeder innigen Beziehung wichtig: nicht nur gemeinsam Freude haben, sondern sich auch gegenseitig tragen, wenn's mal wo weh tut.

Luises Sauerteig-Roggen-Dinkel-Brot

*Man mag es kaum glauben, dieses Brot war mal die „Matschepampe",
die Andreas Tochter so begeistert hat. Fertig überzeugt es jeden
Brotzeitfan.*

Für 1 Laib
Für den Sauerteig
250 g Sauerteig-Anstellgut
(beim Bäcker kaufen)
500 g Roggenmehl (Type 1370)
Gewürze und Samen nach Geschmack
(1 TL Brotgewürz, Schwarzkümmel,
Sonnenblumenkerne, Leinsamen,
Sesam, Kürbiskerne)

Für den Brotteig
370 g Roggenmehl (Type 1370)
200 g Dinkelmehl (Type 1050) plus
etwas zum Bemehlen
2 EL Erdmandelmehl
30 g Süßlupinenschrot
320 ml dunkles, alkoholfreies Bioweißbier
20 g Salz

**Zubereitungszeit: Sauerteig: etwa 15 Minuten plus 16 Stunden
Gehzeit; Brot: etwa 20 Minuten plus 2 Stunden Gehzeit und
65 Minuten Backzeit**

Sauerteig-Anstellgut mit dem **Roggenmehl** und 500 ml lauwarmem
Wasser verkneten. Mindestens 16 Stunden abgedeckt ruhen lassen. Es
entsteht ein „neuer" Sauerteig. **Gewürze** und **Samen** mit kochendem
Wasser begießen und über Nacht stehen lassen.
Am nächsten Tag 400 g vom fertigen Sauerteig entnehmen und den Rest
als Anstellgut in einem verschlossenen Glas im Kühlschrank aufbewahren.
Er kann für die nächsten Brote verwendet werden. Den entnommenen
Sauerteig mit **Roggen-, Dinkel-** und **Erdmandelmehl, Süßlupinenschrot, Weißbier, Salz** und den Gewürz- bzw. Samenmischungen langsam verrühren. Dann mit der Hand so lange kneten, bis sich der Teig vom
Backbrett löst und kaum noch klebt. In einem bemehlten Gärkorb oder
einem Sieb mit einem bemehlten Geschirrtuch 2 Stunden gehen lassen.
Den Backofen auf 210 °C Umluft oder Dämpfer vorheizen. Aus dem Teig
auf einem mit Backpapier belegten Blech ein Brot formen, in den Ofen
schieben und 15 Minuten backen. Dann die Ofentemperatur auf 180 °C
reduzieren und das Brot weitere 50 Minuten backen. Um festzustellen,
ob das Brot gut durchgebacken ist, aus dem Ofen nehmen und auf die
Unterseite klopfen. Klingt das Brot hohl und trocken, ist es fertig.

Tiramisu mit Starkbier

Für 1 übliche Auflaufform (wie viele Leute davon essen, hängt davon ab, wann sie aufhören können)

450 g Löffelbiskuits (selbst gebacken oder vom Konditor)
100 g Zucker
Saft und abgeriebene Schale von 1 Bioorange
Mark von 1 Vanilleschote
2 Prisen Zimt
40 ml Rum
4 Eier (Größe M)
130 g Puderzucker
200 g Sahne
500 g Mascarpone
400 ml Starkbier
Kakao zum Bestäuben

Zubereitungszeit: etwa 35 Minuten plus 3 Stunden Kühlzeit

Eine Auflaufform mit der Hälfte der **Löffelbiskuits** auslegen. Den **Zucker** in der Pfanne karamellisieren und mit dem **Orangensaft** ablöschen. **Vanillemark, Zimt** und **Rum** dazugeben. Die Pfanne vom Herd nehmen und abkühlen lassen.

Die **Eier** trennen. Die Eiweiße mit der Hälfte des **Puderzuckers** steif schlagen. Die **Sahne** ebenfalls steif schlagen. Eigelbe und abgeriebene **Orangenschale** mit dem restlichen **Puderzucker** warm und kalt aufschlagen (siehe Tipp). Den **Mascarpone** unter die Eiermasse heben und alles zu einer glatten Masse rühren.

Den Eischnee und die geschlagene Sahne unter die Eiermasse heben. Die Hälfte des **Bieres** vorsichtig über die Löffelbiskuits in der Form gießen. Die Hälfte der Mascarponemasse über die Löffelbiskuits geben und glatt streichen. Die restlichen **Löffelbiskuits** im **Bier** tränken und auf die Mascarponemasse in der Form legen. Die restliche Mascarponemasse darübergeben und glatt streichen. Etwa 3 Stunden im Kühlschrank ruhen lassen.

Vor dem Servieren mit **Kakao** bestäuben oder erst portionsweise vorsichtig in Gläser füllen und dann mit Kakao bestäuben.

Tipps So geht warm und kalt aufschlagen: Eine Masse wird unter Hitzezufuhr (über dem Wasserbad) zu größerem Volumen aufgeschlagen und anschließend ohne Hitzezufuhr so lange weitergeschlagen, bis sie wieder abgekühlt ist.
Das Tiramisu ist weich wie eine Mousse, Vorsicht beim Schneiden!

„Also, wenn du dein Brot mit Bier machst, dann mach' ich mein Tiramisu auch mit Bier", gesagt und gemacht von Andrea Schirmaier-Huber – und von Autorin und Fotograf für sehr, sehr gut befunden.

Organisation im
Chaos – Punkbraut
im Herzen

Christine und Stefan Marquard

Punkrock
mit der
À-la-carte-
Familie

„Wir sind eine À-la-carte-Familie", lacht Stefan Marquard, „bei uns isst jeder was anderes gerne. Man muss also eigentlich immer für vier verschiedene Geschmäcker kochen." Und zwar sehr oft Stefan selbst. Der aber vor allem stolz ist auf seine Familie – auch wenn die beiden Söhne Leon und Paul punkrock-technisch völlig aus dem Ruder laufen: Vom Friseur kommen sie mit einem hippen Undercut und „sie hören auch so komische Musik", schüttelt Stefan Marquard leicht verzweifelt den Kopf. Denn schließlich sind Papas Markenzeichen lange Locken, Bandana-Stirnband, T-Shirts seiner „Jolly Roger Cooking Gang" und Punkrock (auch in der Küche). Christine Marquard sieht das „komische" Verhalten ihrer Söhne gelassen: „Würdest du in Anzug und Krawatte rumlaufen, dann hättest du deine Punks." Christine ist der ruhende Pol der Familie. Das Gegenstück zu „jeden Tag eine andere Idee", aber auch die Partnerin, die Stefan die Freiheit lässt, immer er selbst zu bleiben, und die ihn bei allen seinen Ideen unterstützt. Das muss Stefan von Anfang an gewusst haben, denn als sie ihren Bruder 1997 zu einem Vorstellungsgespräch in Stefans Restaurant „Drei Stuben" begleitet hat, war's um den eingeschworenen Single geschehen.

Stefan Um diese Frau kennenzulernen, habe ich sogar ihren Bruder eingestellt. Und der war damals so ein braun gebrannter Bodybuilding-Typ, also überhaupt nicht Rock 'n' Roll. Aber seine Schwester …

Christine Dabei hatte ich damals sogar ein Twinset an!

Stefan Das habe ich gar nicht gesehen. Ich war einfach total hin und weg. Das war meine große Liebe, die Frau, mit der ich Kinder haben und mit der ich alt werden wollte. Ich hab' sie angebetet, das tu' ich immer noch. Also habe ich mit ihrem Bruder einen Deal gemacht: „Du kannst bei mir anfangen, wenn du mir einen Kontakt zu deiner Schwester machst. Aber wenn ich sie rumkriege, dann

musst du wieder gehen." Und das hat lange gedauert, bis ich das geschafft habe. Ein halbes Jahr!

Christine Ja, aber wäre ich so eine schnelle Nummer gewesen wie die anderen, dann hätt's anders ausgesehen!

Stefan Och, am Anfang hätte mir das sehr gut gefallen …

Wusstest du von dem Deal mit deinem Bruder, Christine?

Christine Natürlich nicht. Ich wollte ja auch nichts von Stefan und außerdem auch nie wieder was mit Gastronomie zu tun haben. Unsere Eltern hatten eine Wirtschaft. Was das für die Familie bedeutet, wusste ich.

„Am Anfang habe ich schon gedacht: ‚Irgendwann geht sie.'"

Stefan Marquard

Darauf kommen wir gleich nochmal zurück, aber: Dein Bruder musste wirklich gehen, als Stefan und du zusammengekommen seid?

Christine Na ja, ganz so schlimm war's nicht. Er wollte von vornherein nur eine absehbare Zeit bleiben und so ist er eben ein paar Monate, nachdem ich dann am Bodensee aufgeschlagen bin, freiwillig wieder nach Hause gegangen. Ich habe also seine Karriere nicht zerstört …

Na dann! Zurück zum Thema „Gastronomie und Familie". Du, Christine, wolltest also nichts mit Gastronomie zu tun haben und Stefan wollte keine Familie gründen …

Christine Ja, wie gesagt, ich wusste, was Gastronomie bedeutet. Aber dafür haben wir ja dann eine Lösung gefunden. Lustig war aber wirklich, dass Stefan an Weihnachten vor unserem Kennenlernen mit seiner Mama gestritten hat, weil er ihr gesagt hat, Kinder kämen für ihn nicht infrage, und einer Frau, die mit einer größeren Tasche als einer Handtasche vor der Tür stehe …

Stefan … mach' ich die Tür gar nicht auf, genau. Bei mir war ja wirklich immer Sodom und Gomorrha vom Allerfeinsten. Als Mann liebst du so was. Jede Nacht Party, im Schnitt immer fünf bis zwölf Leute bei mir. Aber Christine hat mich einfach so akzeptiert. Obwohl ich am Anfang schon gedacht habe: „Irgendwann geht sie." Dann hätte ich aber auch alle sofort rausgeschmissen. Aber sie hat's akzeptiert. (Pause) Na ja, zweimal wollte sie eigentlich schon wieder abreisen, aber dann waren wir ja relativ schnell schwanger, also natürlich schon mit Ansage, und dann …

… ist Christine offensichtlich geblieben. Aber damals hat Stefan ja noch in seinem eigenen Restaurant in Meersburg gekocht. Hast du nicht ein bisschen geflucht, dass du jetzt doch auf einen Koch reingefallen bist?

Christine Nein, damals war das nicht so schlimm, weil ich ja meine Bedingungen stellen konnte. Ich habe gleich gesagt, dass ich nichts mit der Gastronomie direkt zu tun haben will. In den „Drei Stuben" habe ich zwar am Anfang ein bisschen mitgearbeitet, aber nur im Hintergrund. Wichtig war mir, dass wir nie zusammen ein Restaurant eröffnen, in dem ich mitarbeite. Ich wollte schließlich auch für unsere Kinder da sein. Und Gott sei Dank hat sich auch alles so ergeben, dass ich das konnte. Das ist ja nicht selbstverständlich.

Stefan hat nach Leons Geburt sogar ein echtes Babyjahr eingelegt – sehr ungewöhnlich in diesem Beruf!

Stefan Ja, das war mein „Baby-Aus-Jahr", und das war wirklich nicht selbstverständlich. Ich hatte mit meinem damaligen Partner einen Deal gemacht, dann kamen ein paar Veranstaltungen dazu und irgendwie ist es gegangen.

Deals sind irgendwie dein Ding, Stefan. Welchen Deal gab es denn mit Christine, als du dann das „Lenbach" in München eröffnet hast?

Stefan Wir haben gesagt, sie gibt mich zwei Jahre frei, in denen ich mich zu 100 Prozent auf den Laden konzentrieren kann.

Christine Also, eigentlich war der Deal: „solange du wirklich Spaß an der Sache hast."

„Dass Stefan übertreibt, ist ja hinlänglich bekannt ..."

Christine Marquard

Stefan So 'ne Frau musst du erst mal haben!

Christine Es war ja nicht so, dass er nach zwei Jahren grantig nach Hause kam. Aber Stefan braucht immer neue Herausforderungen. Es hat ihm gereicht, dass er das „Lenbach" in schwarze Zahlen gebracht hat, und damit war die Herausforderung vorbei. Also hat er seinen damaligen Souschef Wolfgang Weigler gefragt, ob er mit ihm eine Eventcatering-Firma gründen wolle – und damit hat eine tolle Zeit begonnen. Es war natürlich ein Wagnis, aber ich muss wirklich sagen: Gerade die ersten Jahre waren der Hammer, voller Energie, voller Elan. Unser Dreiergespann war super!

Selbstständigkeit ist natürlich immer auch ein Risiko und als Familie mit zwei Kindern sowieso. Hattest du nie Angst?

Christine Natürlich war das schon erst mal hart. Wir sind umgezogen, mussten unsere Kaution bezahlen und hatten natürlich auch jede Menge Investitionen. Dann hatten wir unseren ersten großen Eventauftrag, aber gezahlt wird ja erst danach. Als wir dann endlich unseren ersten großen Scheck in der Hand hatten, wollten wir in die Stadt fahren und feiern – und außerdem Winterschuhe für unsere Kinder kaufen. Wir fahren also mit unserem Familienauto los – bauen einen Unfall und hatten Totalschaden. Aber wir mussten trotzdem feiern, also haben wir alles abgewickelt, haben unser kleines Auto genommen und sind trotzdem in die Stadt gefahren.

Aber dann hattet ihr ein etwas seltsames Erlebnis bei eurer Bank ...

Christine Stefan ist am Montag gleich zur Bank, um den Scheck einzulösen. Immerhin hatten die uns ja bis dahin mit zwei zugedrückten Augen gewähren lassen.

Der Bankbeamte nimmt also den Scheck, geht damit ins Büro seines Chefs – und dann haben sie Stefan dazugerufen. Da stand der Chef total selbstgefällig da und hat tatsächlich gesagt: „Was muss jemand wie Sie eigentlich machen, um so einen Scheck zu bekommen?" Da haben wir die Bank gewechselt.

Verständlich. Und du hast jedenfalls dann doch mit Stefan zusammengearbeitet – kein Deal mehr?

Christine Mir ging es ja um die Gastronomie in einem Restaurant. Seitdem wir selbstständig sind, arbeite ich komplett mit. Aber meine Aufgaben sind im Hintergrund, von der Organisation bis zur Buchhaltung.

Auch ohne Restaurant bleibt da genug Arbeit. Stefan ist auch viel unterwegs. Wer kocht denn dann zu Hause?

Stefan Also richtig kochen, ich.

Christine Ich musste ja auch zu Hause nie kochen. Bei meinen Eltern gab es das Essen im eigenen Restaurant. Und als es dann eine Zeit gab, in der ich für mich alleine kochen musste, habe ich nie ein besonderes Talent entwickelt. Die Kinder in dem Internat, in dem ich gearbeitet habe, waren nie so glücklich, wenn ich mit Kochen dran war. Und dann ist mir der Stefan über den Weg gelaufen und so hat sich das auch erledigt. Und für die Zeiten, in denen Stefan nicht da ist, kocht meine Mutter vor.

Deine Mutter macht dir Kühlschrank und Gefriertruhe voll?

Christine Ja, Spätzle, Suppen, Fingernudeln, Grießnockerln, Sauce bolognese – eben alles, was das Herz begehrt. Das friert sie mir ein und ich muss es nur noch aufwärmen. Natürlich mache ich schon auch mal Salate oder so. Aber wir sind immer gut eingedeckt. Und wenn Stefan da ist, dann kocht er wirklich oft. Stell' dir mal vor, ich hätte ihn nicht kennengelernt. Da gäb's bei mir immer das Gleiche zu essen.

Stefan Stimmt, morgens gibt es bei Christine immer sooo einen Pott …

Christine … dass Stefan übertreibt, ist ja hinlänglich bekannt …

Stefan … nein, wirklich! Sooo einen Pott mit Obst. Immer dasselbe: Quark, Joghurt, dann ihre Öle, Körner und literweise Honig: Wir brauchen in der Woche sooo einen Eimer Honig!

Christine Ach was, sooo einen Eimer, ich glaube, du spinnst. (Zu mir gewandt:) Ich hab' aber auch wirklich den weltbesten Honiglieferanten, den Lucki!

Stefan Ja, und der hat gesagt: „Für die Christine brauch' ich alleine zwei Völker!"

Also, wenn Christine wenig kocht, dann isst sie ja offenbar gerne – zumindest schon mal Honig?

Stefan Die Christine? Die isst nicht gerne – und nicht alles! Eigentlich ist sie so eine richtige Salat-Hühnchen-Maus. Allerdings nur wirklich gutes Hühnchen, nicht so ein Billigteil, von dem man nicht weiß, woher es kommt.

Christine Also, ich esse schon gerne auch mal Gemüse, gerade wenn du es machst, dann schmeckt's fantastisch, da könnte ich mich reinsetzen.

Was mögen denn eure Söhne (14 und 16) am liebsten vom Papa in der Küche?

Christine Leon isst – inzwischen – alles, sogar mit Stefan zusammen Schnecken. Aber unser Paul isst eigentlich überhaupt nichts Gesundes. Nur Nudeln und Spätzle und Kartoffeln. Außer einer bestimmten Biotomatensauce. Die ist auch das einzige Fertigprodukt, das es bei uns gibt. Aber das ist auch das einzige Gemüse, das Paul isst, weil da die Tomaten und Zwiebeln so püriert sind, dass man sie nicht wirklich merkt. Früher mussten wir ja immer tricksen. Wir haben dann so „Baggers" (sie übersetzt: „Fränkisch für Pflanzerl") aus Kartoffeln und Gemüse geformt. Die hat Paul gegessen, weil er nicht wusste, was drin ist. Das ging jahrelang gut, bis er es dann gecheckt hat …

Wie kommst du denn damit zurecht, dass dein Sohn kein Gemüse und kein Obst isst, Stefan?

Stefan Am Anfang habe ich mir extrem Sorgen gemacht.

Christine Machst du dir doch immer noch …

Stefan Ja, aber heute sehe ich, dass er voll fit ist. Er trinkt dann eben viel Orangensaft, das geht, oder isst auch mal einen Apfel – aber natürlich nur geschält. Ehrlich gesagt, war ich früher auch nicht so der Gourmet. Ich habe zum ersten Mal Käse gegessen, als ich schon im „Grauen Haus" gearbeitet habe – also mal abgesehen von dem Dreiecks-schmierkäse. Und ich hab' auch keinen Fisch gegessen. Krustentiere kannte ich überhaupt nicht. Meine erste Gamba hab' ich in den „Schweizer Stuben" gegessen. Eigentlich war ich so ein typischer Kloß-mit-Soß-Typ.

Aber heute isst du gerne auch mal Fleisch und Fisch?

Stefan Ja, schon, aber wenn ich so überlege, dann essen wir bestimmt vier Tage in der Woche vegetarisch. Okay, das ist vielleicht ein bisschen übertrieben, aber wir essen wirklich viel Gemüse. Und Paul bekommt dann seine Beilagen und macht sich Ketchup drauf – aber meins, das ist halt auch gut. Oder es kommt mal ein geiles Olivenöl drüber oder Käse oder Butter. Und für uns mach'

„Wir brauchen in der Woche sooo einen Eimer Honig!"

Stefan Marquard

ich dann gerne auch mal einen richtigen asiatischen Reis (mit Klarspülen), ein bisschen Ingwer obendrüber. Dann 'ne geile Vinaigrette, Gurkensalat, Paprika, alles Mögliche rein. Über den Reis Olivenöl, gerösteter Sesam, 'ne Nocke Hüttenkäse und dann Gemüse obendrüber – einfach geil. Aber das geht auch erst heute so, wir drei und Paul. Früher war Leon auch eigen. Ich musste jahrelang vier verschiedene Sachen kochen, für mich, für Christine, für Leon und für Paul – wir sind eben eine À-la-carte-Familie.

Beim Essen jedem sein Eigenes, aber beruflich immer an einem Strang. Dabei kann die tägliche Zusammenarbeit ja auch mal schwierig sein.

Stefan Christine steht immer zu 100 Prozent hinter mir – und da gab's schon einiges, leck' mich fett! Aber ich habe mir auch vorgenommen, in Zukunft noch mehr auf meine Frau zu hören. Sie muss das Gegenteil von mir sein, gerade deshalb passt es auch gut. Und ich gebe gerne mit ihr an! Christine ist die erste Frau in meinem Leben – und hoffentlich auch die letzte –, die mich nicht umerziehen will. Sie lässt mich so spinnen, wie ich will – und das ist geil!

Christine (sehr gerührt) Ich lieb' dich auch!

(Kurze nachdenkliche Pause, dann:)

Stefan Eigentlich fehlt nur eins …

Christine ???

Stefan Ich bekomme zwar ständig eine neue Frau – mal lange Haare, mal kurze, mal dunkel, mal hell. Aber: Die Punkerin fehlt noch! Wenn sie einmal das, was sie im Kopf hat, auf den Kopf machen würde – aber wer weiß, vielleicht kommt das noch im Alter …

Omas Fleischpflanzerl

mit Kartoffel-Gurken-Salat und Bier-Zwiebel-Sauce

Christine kocht wirklich nicht gerne. Und darum hat sie sich auch für ein Rezept ihrer Mutter entschieden. Stefan liebt es und Christine bekommt es – nur zum Aufwärmen – frei Haus in den Kühlschrank geliefert.

Für 4 Personen
Für die Pflanzerl

1 ½ altbackene Brötchen
2 Zwiebeln
2 EL Pflanzenöl zum Braten
einige Majoranzweige
einige Petersilienstängel
600 g gemischtes Hackfleisch
2 Eier
2 EL Stefans Chili-Pfeffer-Senf
Salz
frisch gemahlener schwarzer Pfeffer
1 EL Butter

Für den Kartoffel-Gurken-Salat

1 kg festkochende Kartoffeln
Salz
250 ml Rinder- oder Geflügelbrühe
60 ml Kräuteressig
frisch gemahlener schwarzer Pfeffer
Zucker
2 EL Pflanzenöl
½ Salatgurke

Für die Bier-Zwiebel-Sauce

2 rote Zwiebeln
1 EL Butter
1 Msp. gemahlener Kümmel
1 EL Zucker
250 ml Hefeweizenbier
250 ml Schweinebratenjus
Salz

Zubereitungszeit: etwa 30 Minuten

Die **Brötchen** in etwas warmem Wasser einweichen. Die **Zwiebeln** schälen und in kleine Würfel schneiden. 1 EL **Öl** in einer Pfanne erhitzen und die Zwiebelwürfel darin anschwitzen. Die Hälfte der Zwiebeln für den Kartoffelsalat beiseitelegen. **Majoran** und **Petersilie** waschen und trocken schütteln, Majoranblättchen von den Zweigen streifen und hacken, Petersilie ebenfalls hacken. **Hackfleisch,** eingeweichte Brötchen, Zwiebelwürfel, **Eier, Senf,** Petersilie, Majoran, **Salz** und **Pfeffer** in einer Schüssel vermengen.

Mit angefeuchteten Händen Pflanzerl aus der Masse formen (ergibt circa 8 Stück). Die Pflanzerl in einer Pfanne im restlichen **Pflanzenöl** braten. Zum Schluss die **Butter** in die Pfanne geben und die Pflanzerl nochmal kurz nachbraten.

Für den Kartoffel-Gurken-Salat die **Kartoffeln** unter fließendem Wasser sauber bürsten und ungeschält in **Salzwasser** gar kochen. Etwas abkühlen lassen, pellen und in Scheiben schneiden.

Die **Brühe** erhitzen. Mit dem größten Teil des **Essigs,** den beiseitegelegten angebratenen Zwiebeln, **Salz, Pfeffer** und **Zucker** vermengen. Über die Kartoffeln gießen und etwa 15 Minuten ziehen lassen. Das **Pflanzenöl** dazugeben und alles gut vermengen. Die **Gurke** schälen und in dünne Scheiben hobeln. In einer Schüssel mit wenig **Salz** gut vermengen. Etwa 5 Minuten ziehen lassen und das überschüssige Wasser abgießen. Mit restlichem **Essig** und **Pfeffer** würzen und unter den Kartoffelsalat heben.

Für die Zwiebelsauce die **Zwiebeln** schälen und in Streifen schneiden. Die **Butter** in einer Pfanne erhitzen und die Zwiebelstreifen mit dem **Kümmel** andünsten. **Zucker** dazugeben und karamellisieren. Mit dem **Hefeweizenbier** ablöschen und um die Hälfte reduzieren. Den **Bratenjus** dazugeben und nach Belieben **salzen** und **würzen.** Pflanzerl mit Kartoffel-Gurken-Salat und Zwiebelsauce servieren. Dazu passt auch einfach eine schöne frische Brezel oder Semmel.

Spätzlesalat

mit mariniertem Hummer und Schmelzzwiebel-Vinaigrette

Für 4 Personen
Für den Hummer

Meersalz
1 Dillstängel
Kümmel
2 frische Hummer (à 600 g)
1 Knoblauchzehe
100 g Butter
1 Rosmarinzweig
1 Thymianzweig
1 Basilikumstängel

Für die Spätzle

3 Eier
Salz
150 g Mehl
frisch geriebene Muskatnuss

Für die Schmelzzwiebel-Vinaigrette

30 ml weißer Balsamicoessig
Salz
frisch gemahlener schwarzer Pfeffer
Zucker
½ TL mittelscharfer Senf
2 kleine rote Zwiebeln
2 Dillstängel
2 Kerbelstängel
½ Bund Schnittlauch
40 ml Rapsöl
1 kleine gelbe Zwiebel
100 g Butter

Außerdem

einige Friséesalatblätter

Zubereitungszeit: etwa 1 Stunde 15 Minuten

Etwa 5 l Wasser mit **Meersalz, Dillstängeln** und **Kümmel** aufkochen. Die **Hummer** knapp 6 Minuten darin ziehen lassen. Anschließend herausnehmen, kalt abspülen und aus der Karkasse lösen. Etwas Hummerkochwasser für die Vinaigrette zur Seite stellen. Den **Knoblauch** schälen und fein hacken. Den Backofen auf 60 °C Ober-/Unterhitze vorheizen.

Die **Butter** mit **Rosmarin, Thymian** und **Basilikum** sowie dem Knoblauch aufkochen und durch ein Sieb passieren. Den Hummer portionieren, leicht **salzen** und mit der Kräuterbutter einpinseln. Im Backofen warm halten.

Für die Spätzle **Eier, Salz, Mehl** und **Muskat** zu einem Teig verrühren. Bei kleinen Eiern etwas weniger Mehl nehmen. Teig in kochendes **Salzwasser** schaben (oder mit einem Spätzlehobel durchdrücken) und so lange kochen, bis die Spätzle an der Wasseroberfläche schwimmen. Mit einer Schaumkelle herausnehmen und abtropfen lassen.

Für die Vinaigrette **Balsamico, Salz, Pfeffer, Zucker** und **Senf** mit etwas Hummerwasser verrühren. Die roten **Zwiebeln** schälen und fein schneiden. **Dill, Kerbel** und **Schnittlauch** waschen, trocken schütteln und fein schneiden. Einen Teil der Kräuter zum Garnieren zurückbehalten. Zwiebeln und restliche **Kräuter** zur Vinaigrette geben und mit **Rapsöl** anrühren. Die gelbe **Zwiebel** schälen, fein würfeln und in der **Butter** langsam weich und goldgelb garen. Anschließend mit der Bratbutter zur Vinaigrette geben.

Die Spätzle mit der Vinaigrette marinieren, die Hummerstücke dazugeben und mit **Friséesalatblättern** und **Kräutern** garnieren.

Ob mit selbst gemachten Spätzle oder denen von der Schwiegermutter: Wenn Stefan dieses Gericht macht, weiß Christine genau, warum sie eigentlich doch gar nicht kochen muss ...

„Man muss sich seine Inseln für Quality Time zu zweit suchen."

Sarah und Andreas Caminada, „Schloss Schauenstein", Fürstenau (CH)

Und es hat **Boom** gemacht

Tausendmal haben sie sich vielleicht nicht gesehen, aber immerhin fast 14 Jahre gekannt, bis sie zusammenkamen. Wer heute Sarah und Andreas Caminada auf Schloss Schauenstein im schweizerischen Fürstenau erlebt, dem wird schnell klar: Hier hat es wirklich Boom gemacht. Da haben sich zwei gefunden, die sich lieben, die sich streiten, die ganz viel miteinander lachen, sich ergänzen, widersprechen und vor allem, die ihre gemeinsame Zeit und den gemeinsamen Sohn ganz intensiv genießen. Und sich inzwischen auch beruflich ergänzen. Sarah als zuvor international erfolgreiche Asset-Managerin kümmert sich um die Strategie und Andreas bringt seine große Kreativität in die gemeinsamen Unternehmungen rund um sein Drei-Sterne-Restaurant auf Schloss Schauenstein ein. Aber auch das musste sich erst entwickeln. Von Anfang an: Die beiden haben sich mit 20 kennengelernt. Damals machte Sarah eine sechsmonatige Stage (Praktikum) in der Küche der „Wirtschaft zum Wiesengrund" (zwei Michelin-Sterne) und Andreas fing gerade als Koch an. Der erste Funke flog schon dort, auch wenn die beiden sich nicht ganz einig sind, in welche Richtung.

Sarah Du hast die Stelle doch nur angenommen, weil du mich gesehen hast!

Andreas Stimmt doch gar nicht, ich war ja in einer Beziehung. Aber du hast mich gesehen und gesagt: „Das ist er!"

Sarah Ja, klar – wohl eher nicht! So viel hatten wir sowieso nicht miteinander zu tun. Aber Andreas kommt aus Sagogn, einem kleinen Dorf in der Nähe von Flims Laax Falera, wo meine Eltern ein Ferienhaus haben. Wir haben eigentlich jeden Winterurlaub dort verbracht. Von Berufs wegen war ich nach meinem Abschluss lange im Ausland unterwegs und Andreas und ich haben uns ein paar Mal zufällig im Winter getroffen, haben unsere jeweiligen Telefonnummern ausgetauscht und sind so ganz lose in Kontakt geblieben.

Richtig los ging es dann in Amsterdam, als Andreas dich dort besucht hat …

Sarah Wir hatten uns lange nicht gesehen. Aber nachdem ich nach Amsterdam gezogen bin, fing ein ehemaliger Angestellter von ihm auch an, dort zu arbeiten, und Andreas hat uns beide besucht. Und dann …

Andreas … wird's brisant!

Sarah Wir sind alle zusammen essen gegangen. Aber die anderen waren danach müde und Andreas wollte unbedingt noch ausgehen. Und weil sich keiner gemeldet hat mitzugehen, bin ich halt mitgegangen, damit er nicht allein ist. Die Folge war, dass ich den ganzen Abend die Getränke bezahlen musste, weil er kein Portemonnaie dabei hatte. (beide lachen) Das passiert ihm übrigens ständig. Aber in Amsterdam kam dann noch das Beste: Da hat er doch

„Dann ist er um den Tisch herumgelaufen und hat mich geküsst."

Sarah Caminada

echt nach meiner PIN gefragt – wenigstens war er dann so anständig, die Getränke mit meiner Kreditkarte zu holen.

Andreas (grinsend) Ich habe mir Mut angetrunken.

Sarah Und irgendwann im Verlauf des Abends hat er wohl beschlossen: „So, jetzt reicht's", ist um den Tisch herumgelaufen, hat sich neben mich gesetzt, ist plötzlich wieder aufgestanden und hat mich geküsst.

Andreas Sie wollte mich gar nicht mehr loslassen!

Sarah Klar, aber nur in deinen Träumen. Als er dann noch vorgeschlagen hat, ich soll seine Briefmarkensammlung im Hotelzimmer anschauen kommen, hat es mir gereicht. Am nächsten Morgen ist er abgereist und wir haben erstmal ein paar Monate nichts voneinander gehört.

Andreas Na ja, ich hatte eigentlich all die Jahre vorher gedacht, dass sie schon merkt, dass ich sie toll finde. Insofern war Amsterdam nur der logische letzte Schritt. Das hat sie wohl etwas anders gesehen. Aber da von ihr nichts kam, dachte ich: „Okay, das war's, jetzt bin ich reif für andere Frauen", bin am nächsten Tag weggefahren und war ein freier Mann.

Das wäre es dann gewesen, wenn du nicht den 30. Geburtstag deiner Freundin bei Andreas gefeiert hättest, oder?

Sarah Ja, sie wollte damals in ein Sternerestaurant in Basel gehen, aber ich habe vorgeschlagen, dass wir doch besser zu Andreas gehen, weil ich ihm schon lange versprochen hatte, einmal vorbeizukommen.

Andreas Zu deiner großen Liebe!

Sarah Ja, genau!!!

Andreas Ja, gut. Ich jedenfalls habe zu meinen Mitarbeitern gesagt: „Heute müssen wir uns anstrengen, denn heute kommt meine Traumfrau!"

Sarah (lacht herzlich) Und da kam ich rein. Die haben wahrscheinlich gedacht: „Was hat der denn für einen Geschmack?" Jedenfalls hat Andreas meine Freundin und mich gut mit Wein versorgt und irgendwie sind wir, also er und ich, dann bei ihm in der Wohnung gelandet …

Andreas … wo wir die ganze Nacht nur geredet haben!

Sarah Stimmt, aber da hat's angefangen. Und Andreas war völlig weg, er hat wirklich so zwei Herzen in seinen Augen gehabt.

Andreas Aber sie auch – und schließlich sind wir dann auch gleich in Las Vegas gelandet!

In Las Vegas nach der ersten Nacht?

Andreas Ja, ich hatte zwei Tage frei, Sarah musste zurück nach Amsterdam, also bin ich einfach mitgeflogen. Und dann haben wir um Mitternacht so rumgeblödelt und plötzlich gesagt: „Komm, lass' uns nach Las Vegas fliegen!" Und schon hatte ich im Internet auf „buchen" gedrückt. Sie musste eigentlich arbeiten und ich musste erstmal meine Mitarbeiter anrufen und ihnen mitteilen: „Ich komme erst zum Eröffnungsbeginn wieder." Aber das wollte ich mir einfach mal leisten.

Sarah Hoffentlich liest das mein ehemaliger Chef nie!

Aber geheiratet habt ihr dort nicht?

Sarah Nein, aber drei Monate, nachdem wir zurück waren, hat er mir einen Verlobungsring geschenkt. Ich fand ihn natürlich schon cool, aber kann man nach drei Monaten sagen, ob man jemanden heiraten möchte? Ich bin ja eher kritisch.

Andreas Sie kann einfach nichts entscheiden! Also habe ich ihr gesagt: „Bis wir nicht verheiratet sind, zahle ich keinen einzigen Drink mehr." Das war ja eh' schon unser Thema.

Sarah Stimmt. Und da fällt mir gerade ein: Jetzt könntest du eigentlich tatsächlich mal zahlen!

Ihr seid dann einige Zeit zwischen Amsterdam und Fürstenau hin- und hergependelt. Auch als euer Sohn Finn geboren wurde, ist Sarah nach dem Mutterschaftsurlaub wieder zurück nach Amsterdam und du hast ihn auch mal allein (mit Unterstützung einer Nanny) versorgt. War er der Grund, dass Sarah heute bei dir mitarbeitet?

Sarah Ja, es wurde irgendwie zu viel. Die Hin- und Herreiserei, der anstrengende Job und gleichzeitig noch Finn und Andreas gerecht werden: Das wäre auf Dauer sehr anstrengend geworden.

Andreas Und gleichzeitig habe ich festgestellt, dass ich Hilfe brauche in meinem Backoffice – vor allem im Finanzbereich. Natürlich hatten und haben wir immer noch große Angst, dass die Beziehung leidet, wenn man zu viel zusammenarbeitet.

Außerdem kamst du, Sarah, aus einer internationalen Firma. War für dich der Übergang zu einem reinen Gastronomiebetrieb schwierig?

Sarah Nicht wirklich. Ich glaube, es ist gut, wenn man einen Einblick in dieses Leben hat, sonst macht es Mühe zu verstehen, wie viel Arbeit in Wirklichkeit dahintersteckt. Dadurch, dass ich auch vorher in meiner Arbeit relativ viel gefordert war, hat mich allerdings das Pensum hier nicht geschockt. Das Problem ist halt einfach, dass immer die Gefahr besteht, dass die Qualität der Beziehung darunter leidet. Man muss sehr gut darauf achten, dass man echte Qualitätszeit für sich als Paar und für sich als Familie auch wirklich einhält.

Gehört zu eurer Qualitätszeit auch das Kochen?

Sarah Wir kochen sehr selten!

Andreas (gleichzeitig) Eigentlich koche nur ich!

Sarah Aber das stimmt doch gar nicht, wir gehen immer essen!

Andreas Aber wenn wir Gäste haben, dann koche ich.

Sarah Stimmt, deswegen habe ich so gerne Gäste. Ich muss dann zwar stundenlang die Küche aufräumen …

Andreas Sie hat schon mal gesagt: „Du kochst nie mehr!" Aber grundsätzlich bist du ja gar nicht so viel in der Küche, wenn ich koche.

Sarah Weil wir dann immer streiten. Zum Beispiel um den Abfalleimer …

Andreas Ja, da kommt sie mir in die Küche hinterher und nimmt mir einfach den Abfalleimer weg!

Sarah Ja, weil er überläuft und ich den Sack wechsle. Und dann schreit er mich an, das sei doch hier keine Müllhalde. Männer, echt! Also, eigentlich müssen wir zugeben, wenn wir Gäste haben, haben wir immer Streit. (und schaut ihn dabei liebevoll an)

Andreas Aber wir versuchen, uns immer zusammenzureißen, wenn die Gäste dann da sind. Im Verlauf des Abends vergessen wir den Streit sowieso wieder.

Die Frage, ob ihr mal zusammen kocht, kann ich mir also sparen?

Beide Ehm, ja!

Andreas Aber Frühstück machen wir schon zusammen. Sarah ist auch eine gute Frühstücksköchin. Sie gibt sich enorm Mühe damit.

Sarah Ja, weil das einfach eine kleine Geste ist, mit der man dem anderen etwas Liebes machen kann. Das mache ich gern. Nur mit mehr als einer Pfanne bin ich überfordert.

> „Ich bin froh, dass ich so eine fundierte Meinung bekomme, kein Fähnchen im Wind."

Andreas Caminada

Hast du denn überhaupt schon einmal für Andreas gekocht?

Sarah Also, ich bin wirklich eine miserable Köchin. Ich kann gar nichts. Sogar Spiegeleier verbrenne ich.

Andreas Doch, sie kann gut kochen.

Sarah Nein, wirklich nicht. Aber einmal habe ich doch für ihn gekocht – und dabei meine Mutter an den Rand des Nervenzusammenbruchs gebracht. Es waren selbst gemachte Spätzle mit Zürcher Geschnetzeltem. Ich glaube, ich habe meine Mutter etwa alle 20 Sekunden angerufen und gefragt: „Mama, was muss ich jetzt machen?" Und das Beste war: Ich hatte alles genau getimt, weil Andreas gesagt hat, er kommt 19 Uhr. Und dann kam er zu spät!

Andreas Ich bin zu spät gekommen?

Sarah Aber sicher – fast eine Stunde. Und dann war das Essen…

Andreas …ich fand's super!

Sarah Es war übel. Er sagt nur, dass es super war, weil er anständig ist.

Andreas Nein, wirklich. Ich habe das Ganze ja auch auf Video. (Er zeigt mir auf dem Handy das Video von Sarah, die in der Küche vor den Spätzle steht und auf seine Aufforderung: „Sag doch mal was", nur verzweifelt ruft: „Ich hab's der Mama doch gesagt, ich kann einfach nicht kochen!")

Sarah Ich koche tatsächlich nicht. Wenn ich früher kochen wollte, hieß es in der Familie immer sofort: „Wir gehen auswärts essen!" So berühmt sind meine Kochkünste!

Andreas Aber grundsätzlich hast du schon Talent. Du backst doch auch gerne, zum Beispiel Zitronen- oder Schokokuchen. Da hast du doch Freude dran.

Sarah Ja, aber die mache ich dir ja zum Geburtstag. Und außerdem esse ich eben gerne Süßes.

Da du dir Tipps von deiner Mutter geholt hast, gehe ich mal davon aus, dass sie gut kocht. Und deine Eltern waren schon vor eurer Beziehung oft bei Andreas essen. Waren sie also begeistert, ihn als Schwiegersohn zu bekommen?

Sarah Meine Mutter war völlig fertig. Vor allem, weil sie eine sehr gute Köchin ist.

Andreas Eine Superköchin!

Sarah Als ich sie damals gefragt habe, ob Andreas mit uns Weihnachten feiern darf, hat sie natürlich enthusiastisch zugestimmt, aber im Geheimen war sie am Ende ihrer Nerven. Dabei ist alles gut gegangen und das Essen war super.

Andreas Ja, total gut.

Sarah Inzwischen hat es sich beruhigt. Wir waren ja auch schon so oft bei meinen Eltern zum Essen. Wenn sie jetzt immer noch gestresst wäre, hätte sie schon einen Herzinfarkt bekommen.

Andreas, entwickelst du auch Ideen zu Hause?

Andreas Gerade morgens, wenn Sarah schon weg ist, der Kleine auch mit der Nanny unterwegs ist und ich noch so eine Stunde allein habe, dann schaue ich ganz ruhig aus dem Fenster und mache mir Gedanken. Ich glaube, diese ruhigen Zeiten braucht man eben auch einmal, um richtig in sich reinzugehen. Wenn ich neue Ideen entwickle, ist das immer eine Mischung aus Gedanken, die man sich eben genau in solchen Zeiten machen kann, und dem Ausprobieren hier.

„Mit mehr als einer Pfanne bin ich überfordert."

Sarah Caminada

Sarah Was mich fasziniert, ist: Wenn wir essen gehen, schmeckst du irgendetwas heraus und sagst gleich: „Das ist ja toll." Dann probierst du es nochmal, nimmst den Gedanken mit nach Hause – und machst dann etwas ganz anderes daraus.

Darfst du ihn auch kritisieren oder nur inspirieren?

Andreas Sie ist meine wichtigste Kritikerin.

Sarah Er hat genug Bewunderer...

Andreas ... die mir nach dem Mund reden. Da ist es auch wichtig, mal zu hören: „Ich finde, das könntest du anders machen." Auch kochtechnisch, aber vor allem betriebstechnisch oder was unser Magazin betrifft.

Sarah Wir haben eben zwei geteilte Bereiche: Er ist total kreativ und ein Macher. Und ich bin dann diejenige, die fragt, wann wir damit Break-even machen und auch etwas daran verdienen.

Andreas Und ich bin froh, dass ich so eine fundierte Meinung bekomme, von jemandem, der weiß, was er sagt, und nicht so ein Fähnchen im Wind ist.

Sarah Wir haben natürlich viele Diskussionen. Aber ich denke, das ist auch gut so. Manchmal muss man sich doch mit Projekten wirklich auseinandersetzen, bis man überzeugt ist. Genauso machen wir es. Und dann ziehen wir beide am gleichen Strang. Das ist mühsam, aber es gelingt uns ganz gut.

Andreas Und anders wäre es auch langweilig.

Was liebt ihr am anderen am meisten?

Andreas Alles. Nein, im Ernst. Sie ist so ein bisschen schlitzohrig, ein bisschen frech – und ich mag einfach ihr Lachen, ihre ganze Art.

Sarah Weißt du, wenn wir zusammen in die Ferien gehen und ich ihn da noch immer mehr kennenlerne, bin ich immer wieder fasziniert. Er sagt Sachen, da kann ich mich einfach nicht mehr halten vor Lachen. Er ist wahnsinnig kreativ – und auch das liebe ich an ihm. Er macht Dinge, bei denen ich denke: „Jetzt spinnt er total." Aber wenn ich dann darüber nachdenke, merke ich: „Hey, wie genial ist das denn!" Und er ist ein sehr guter Vater für unseren Sohn. Nach fünf Jahren schaue ich ihn immer noch an und denke: „Wow, isch dä Ma cool!"

Zürcher Geschnetzeltes

mit Chnöpfli

Das war wirklich das erste Ma(h)l – und Sarah hatte eine Dauertele-fonleitung zu ihrer Mutter. Andreas hat sich so darüber gefreut, dass er noch immer den Film mit Sarah in der Küche auf dem Handy hat.

Für 4 Personen
Für das Geschnetzelte

600 g Kalbfleisch (z. B. aus der Nuss,
einem Teilstück der Keule)
250 g frische Champignons
50 g Zwiebeln
50 g Butter
125 ml Weißwein
100 ml Kalbsfond
200 g Sahne
1 TL gehackte Petersilie
abgeriebene Schale von ½ Biozitrone
Salz
frisch gemahlener schwarzer Pfeffer

Für die Chnöpfli (Spätzle)

200 g Mehl
4 Eier
1 TL Salz

Zubereitungszeit: etwa 1 Stunde

Das **Kalbfleisch** in dünne Streifen schneiden. Die **Champignons** putzen und in feine Scheiben schneiden. Die **Zwiebel** schälen und in feine Würfel schneiden.

Einen flachen Topf oder eine Pfanne erhitzen, die **Butter** darin zerlas-sen und die Kalbfleischstreifen von allen Seiten hell anbraten. Heraus-nehmen und warm stellen. Nun die Champignons unter Wenden einige Minuten anbraten, die Zwiebelwürfel dazugeben und goldgelb werden lassen. Mit **Weißwein** ablöschen und etwas einkochen. Den **Kalbs-fond** dazugeben. Zugedeckt 5 Minuten dünsten.

Die **Sahne** halb steif schlagen. Das Fleisch wieder in den Topf geben, die Hitze etwas erhöhen und die Sahne unterziehen. Die **Petersilie** und die abgeriebene **Zitronenschale** dazugeben und mit **Salz** und **Pfeffer** abschmecken. Zugedeckt weitere 2–3 Minuten ziehen lassen und sofort servieren.

In der Zwischenzeit für die Chnöpfli **Mehl, Eier** und das **Salz** in einer Schüssel verrühren und kräftig schlagen. Reichlich **Salzwasser** in einem Topf aufkochen. Den Teig portionsweise auf ein Chnöpfli-Sieb geben und mit einer Teigkarte durch die Löcher streichen.

Die Chnöpfli im leicht kochenden Wasser ziehen lassen, bis sie an der Oberfläche schwimmen. Mit einer Schaumkelle herausheben, gut abtropfen lassen und auf einer vorgewärmten Platte mit dem Geschnetzelten anrichten.

Currylinsen

mit Tomaten-Gurken-Salat

Für 4 Personen
Für die Currylinsen

80 g Karotten
80 g Sellerieknolle
100 g Zwiebeln
1 Knoblauchzehe
80 g Lauch
4 TL Olivenöl zum Braten
2 TL Sesamöl zum Braten
2 TL gemahlenes Kurkuma
2 TL mildes Currypulver
2 Lorbeerblätter
2 Wacholderbeeren
indische Gewürze (z. B. Fünf-Gewürze-Pulver)
Salz
100 g Tomaten aus der Dose
200 g Beluga-Linsen
40 ml Geflügelbrühe
100 g Butter
2 TL Crème fraîche
etwas frischer Koriander

Für den Tomaten-Gurken-Salat
1 Salatgurke
4 Tomaten
Salz
1 rote Zwiebel
etwas frischer Koriander
2 TL griechischer Joghurt
1 Msp. Tandoori-Gewürzmischung
Curry
gemahlener Kreuzkümmel
frisch gemahlener schwarzer Pfeffer
Zitronensaft
2 TL Weißweinessig
4 TL Olivenöl
frische Kräuter zum Garnieren nach Belieben

Zubereitungszeit: etwa 45 Minuten

Karotten, Sellerie, Zwiebel und **Knoblauch** schälen und fein würfeln. Den **Lauch** putzen, waschen und ebenfalls fein würfeln. Den Knoblauch in einer Pfanne in **Oliven-** und **Sesamöl** goldgelb braten. Gemüse, **Kurkuma, Curry, Lorbeerblätter, Wacholderbeeren** und die **indischen Gewürze** etwas mit anschwitzen und alles mit **Salz** abschmecken. Die **Tomaten** und die **Linsen** dazugeben, mit der **Brühe** ablöschen und 20 Minuten leicht köcheln lassen. Nochmals abschmecken, **Butter** und **Crème fraîche** einrühren. Den **Koriander** waschen, trocken schütteln, hacken und das Gericht damit verfeinern.

Währenddessen für den Salat die **Gurke** schälen und die **Tomaten** waschen und putzen. Tomaten und Gurke klein schneiden und **salzen**. Die **Zwiebel** schälen und klein schneiden, den **Koriander** waschen, trocken schütteln und hacken. **Joghurt, Tandoori-Gewürz, Curry, Kreuzkümmel, Pfeffer,** frisch gehackten Koriander, Zwiebeln und **Zitronensaft** zu den Gurken und Tomaten geben und vermischen. Mit **Essig** und **Olivenöl** marinieren und mit den Gewürzen nochmals abschmecken.

Nach Belieben mit frischen **Kräutern** garnieren und mit den Currylinsen servieren.

Wenn Andreas ein Gericht nennen soll, dass bei Sarah immer geht, sind es diese Currylinsen.

„Nie vor lauter Arbeit vergessen, wo man leben darf!"

Sandra Kobald und Simon Taxacher, Restaurant „Simon Taxacher", Kirchberg in Tirol (A)

Für **Herz** und Hirn

Sie arbeiten zusammen und sie leben zusammen. Sie haben beide gemeinsam den Erfolg des Gourmetrestaurants „Simon Taxacher" aufgebaut, das inzwischen mit 19 (von 20) Punkten und vier Hauben im Gault&Millau ausgezeichnet ist. Aber wenn sie zusammen in anderen Spitzenrestaurants essen gehen, wird's schwierig: „Da gehen wir immer zerstritten raus", erklärt Sandra Kobald, die Lebensgefährtin von Simon Taxacher. Woran es liegt? Manchmal versteht sie die Küche eines Kollegen nicht – aber Simon kann sich alleine für die großartige Technik begeistern. Dann ist er ganz Koch und sie normaler Gast. Und da haben sie sich auch schon so heftig gestritten, dass sie am nächsten Tag nicht miteinander geredet haben, gesteht Sandra. Aber aufgeben würden sie ihr „Hobby" deshalb nicht. Dafür ist ihnen auch die wenige Freizeit, die sie gleichzeitig haben, viel zu viel wert. Für beide ist es wichtig, diese Zeit auch wirklich gemeinsam zu verbringen und in vollen Zügen zu genießen. Ob das nun beim Golfen ist, das sich in der Region Kitzbühel ja geradezu automatisch ergibt, oder auf der Harley – natürlich jeder auf seiner eigenen. Aber beim Skifahren ist Simon ganz vorsichtig: „Ich bin selbstständig und die Wintersaison ist unser wichtigstes Geschäft. Eine Verletzung kann ich mir da einfach nicht leisten", setzt Simon hier ganz klare Prioritäten und bleibt lieber auf den sanften Pisten – da lockt der Hahnenkamm kein bisschen. Und es ist doch viel gefahrloser, einfach mal Freunde zum Essen einzuladen – das genießen beide.

Liebt ihr es denn auch, bei Freunden zum Essen eingeladen zu sein?

Sandra Eigentlich haben wir uns gerade vor Kurzem beschwert, dass uns nie jemand einlädt, und jetzt wissen wir auch den Grund dafür: Sie haben alle Angst, für Simon zu kochen – klingt vielleicht naiv, aber da wären wir selbst gar nicht drauf gekommen.

Simon Stimmt, irgendwie glauben die alle, dass ich privat so esse, wie ich für meine Gäste im Restaurant koche. Dabei ist es mir doch viel lieber, wenn mir einer ein tolles Schnitzel macht, als dass ein Freund sich erfolglos an der Taube probiert.

Sandra Am geschicktesten macht es eigentlich unser bester Freund Florian. Der lädt uns zum Essen ein, ist aber ein bisschen chaotisch. Wenn wir ankommen, ist also immer alles nur halb vorbereitet. Dann schnappt er sich Simon und die beiden Männer kochen. Und wir Frauen machen was anderes.

Und wann kochst du, Sandra?

Sandra Dazu eine kleine Anekdote: Ich hatte in der Berufsschule auch Kochen als Fach. In der zweiten Stunde hat mein Lehrer zu mir gesagt: „Ich glaube, Sandra, es wäre geschickter, Sie machen einen Erste-Hilfe-Kurs und keinen Kochkurs." Das also zum Thema „Kochen und ich".

Simon Also, in der Zwischensaison, wenn wir etwas mehr Zeit haben, dann kocht sie schon das eine oder andere, so kleine Snacks und Salate und die schmecken dann auch. Aber ganz ehrlich gesagt: Sie ist ja nicht zum Kochen bei mir, ich brauche sie für Herz und für Hirn.

Wie sieht es dann mit dem gemeinsamen Kochen aus? Da ist ja auch Herz dabei?

Sandra Ja, das machen wir schon manchmal.

Simon Das geht ja auch viel schneller. Dann wird auch zusammen aufgeräumt und dann geht es wieder an die Arbeit.

„Das wäre dir vielleicht peinlich, wenn eine immer nur Salat bestellen würde!"

Sandra Kobald

Das klingt jetzt wiederum nicht so romantisch ...

Sandra Für uns ist einfach privat kochen nicht das Wichtigste. Wir machen viele andere Dinge zusammen. Ich wundere mich manchmal selbst, wie das geht. Wir sind schon über elf Jahre zusammen und verbringen beruflich und privat fast die ganze Zeit miteinander, sogar im Lauf der Jahre immer mehr. Natürlich genieße ich auch mal Zeit für mich, aber zu lange darf's dann auch nicht sein.

Zurück zum privaten Herd: Gab es ein erstes Ma(h)l, das du für ihn gekocht hast, Sandra?

Sandra Ja, nein, also eigentlich hat es sich halt einfach so ergeben, als wir eines Abends etwas essen wollten. Aber ich glaube, auch da haben wir zusammen gekocht und ich war für den Salat zuständig. Aber was er heute gerne mag, ist Schinken-Käse-Toast. Der ist gar nicht sooo einfach – und ich mache ihn wirklich gut. Und Schnitzel. Wenn wir sonntags daheim essen, gibt es bei uns oft Schnitzel – und das mache ich dann. Aber wir gehen eben auch viel essen, ganz einfach, oder holen uns beim Thailänder etwas.

Hast du denn gar nicht versucht, Sandra das Kochen beizubringen?

Simon Wie gesagt, dafür bin ich nicht mit ihr zusammen. Aber sie fragt mich schon manchmal etwas – oder ich muss mich auch mal einmischen.

Sandra Ja, zum Beispiel beim Salatputzen. Das habe ich am Anfang so mehr nach Hausfrauenart gemacht – und das war ihm zu langsam. Da ist er dann schon ein bisschen „zackisch" geworden.

Simon Aber das war auch unglaublich! Jedes einzelne Blättchen gezupft, da hat sich der Salat im Waschbecken vermehrt!

**Mal vom Kochen selbst weg. Heute gibt es
ja immer mehr Menschen, die nicht alles
essen können oder wollen. Glaubst du,
Sandra, Simon könnte es akzeptieren, wenn
eine Partnerin nicht alles essen würde?**

Simon (grinst) Na, das ist ja nicht dein Problem. Du
isst doch eh' alles und den ganzen Tag!

Sandra Na ja, das wäre dir vielleicht peinlich, wenn
ich immer nur Salat bestellen würde. Sei froh, dass ich
so gerne alles esse!

Isst du wirklich alles, Sandra?

Sandra Ja, leider. Nur Austern habe ich früher nicht
gegessen. In unserem ersten Jahr, als wir noch nicht
zusammengearbeitet haben, hat mir Simon sogar mal
nachts um drei Austern mit nach Hause gebracht. Und
ich habe mich nicht getraut zu sagen, dass ich sie nicht
mag. Aber sooo schlecht waren sie dann auch nicht.
Und dann waren wir einmal in Wien in der „Coburg"
essen und da habe ich so tolle Austern bekommen,
seitdem liebe ich sie. Ich kaue sie sogar!

**Hat sich durch dein Leben und die Arbeit mit
Simon deine Einstellung zu Produkten insgesamt geändert?**

Sandra Ja, schon. Früher hätte ich zum Beispiel auch
im Frühjahr Steinpilze bestellt. Da würde Simon heute
sagen: „Bist' narrisch?"

Simon Genau. Ich glaube, Sandra hat vor allem auch
viel gelernt, weil wir gemeinsam zu den Bauern fahren,
von denen wir viele Produkte beziehen. Da sehen wir
eben auch, wie gearbeitet wird, und man bekommt
einen ganz anderen Respekt. Aber es geht auch um die
Menschen im Hintergrund, die sind für uns mittlerweile

„Sie hält mir schließlich komplett den Rücken frei. Alleine würde ich das gar nicht schaffen."

Simon Taxacher

das Wichtigste. Wenn man jemanden persönlich kennt, dann schätzt man seine Produkte noch viel mehr und achtet auch noch mehr darauf, wie man damit umgeht.

Eine Frage, die ich fast allen Paaren stelle: Wie sieht es mit der Angst vor dem Kochen für dich bei deiner Schwiegermutter aus, Simon?

Simon Eigentlich hat sie noch nie für mich gekocht.

Obwohl Sie Köchin ist (wie ich von Sandra vorher erfahren hatte)?

Simon Sie ist Köchin?

Sandra Na, gelernt hat sie Köchin!

Simon Wirklich? Das wusste ich gar nicht. Aber ich bin bei meinen Schwiegereltern auch noch nie zum Essen eingeladen worden. Wir waren immer essen. (Er macht eine nachdenkliche Pause.) Da sieht man mal, da geht's schon los. Dabei sind wir auch ganz normale Leute!

„Zusammen" ist bei euch das große Stichwort – Sandra hat schon gesagt, dass ihr eigentlich immer mehr Zeit miteinander verbringt. Aber geht das in der Arbeit auch immer so harmonisch? Gerade Küche und Service geraten ja doch manchmal aneinander.

Simon Wir sehen uns ja unter dem Tag fast nicht. Denn wenn ich in der Küche stehe, macht Sandra das Büro. Sie hält mir schließlich komplett den Rücken frei. Da ist nicht nur der Service, da gibt es noch das Hotel, alle Journalistenanfragen und so weiter. Es rufen ja jeden Tag 100 Leute an und Sandra ist immer der Ansprechpartner. Alleine würde ich das gar nicht schaffen. Im Service selbst mache ich aber trotzdem keine Unterschiede, denn da geht es um den Gast.

Wenn jemand da einen Fehler macht, ist es mir egal, wer vor mir steht. Es geht darum, dass die Sache perfekt zum Gast geht.

Ein strenger Küchenchef, Sandra. Wenn er aber doch mal ungerecht wäre und sich entschuldigen wollte: Mit welchem Gericht könnte er das schaffen?

Sandra Also, ganz ehrlich, da wär' mir eine Handtasche lieber!

Simon Ja, jetzt geht's los!

Sandra Ach ja – aber wir gleichen uns eh' immer schnell wieder aus. Das wird nichts mit der Handtasche.

Ihr seid beide sehr direkte Menschen – aber man merkt auch, dass ihr ein perfektes Team seid. Sandra, was liebst du an Simon am meisten?

Sandra Wir ergänzen uns sehr. Weißt du, ich bin eher so die Wischiwaschi und bei ihm ist immer alles geordnet und geplant. Das ist toll, er plant auch unsere Freizeit und ich muss mich um gar nichts kümmern. Aber was ich am meisten liebe, ist seine Art. Auch wenn er oft von außen so kühl wirkt, da ist er bei mir ganz anders.

181

Daumnidi

mit Sauerkraut

*Sandra Kobald: „Also, in der Zwischensaison, da koche ich
schon manchmal, so kleine Snacks und Salate." Hier also
ein kleiner, echter Tiroler Snack.*

Für 4 Personen oder 2 hungrige

6 große Kartoffeln
Salz
1 Ei
frisch gemahlener schwarzer Pfeffer
250 g Mehl
Butter zum Braten
250 g gekochtes Sauerkraut
2 EL Schnittlauchröllchen

Zubereitungszeit: etwa 45 Minuten

Die **Kartoffeln** waschen und in **Salzwasser** weich kochen.
Abgießen, abkühlen lassen, pellen und anschließend grob
reiben. **Ei, Salz, Pfeffer** und **Mehl** zu einem mittelfesten Teig
verkneten. Aus dem Teig fingerdicke Rollen formen und davon
nagelgroße, etwa 3 cm lange Stücke abschneiden. Die **Butter**
in einer Pfanne erhitzen und die Daumnidis darin goldgelb rösten.
Das **Sauerkraut** erwärmen. Die Daumnidi darauf anrichten.
Die **Schnittlauchröllchen** über das fertige Gericht streuen.

Donauwaller mit Lardo, Gnocchi

und Rote-Bete-Saft

Für 4 Personen

Für den Donauwaller

4 Wallerfilets (à etwa 260 g)

Salz

frisch gemahlener weißer Pfeffer

8 hauchdünn geschnittene Scheiben Lardo

Olivenöl zum Braten

1 EL Butter zum Braten

1 Thymianzweig

grobes Meersalz

5 EL frisch geriebener Meerrettich

Für die Gnocchi

200 g festkochende Kartoffeln

Salz

2 EL Mehl für die Arbeitsfläche

½ EL Hartweizengrieß

2 Eigelb

frisch gemahlener schwarzer Pfeffer

1 Prise frisch geriebene Muskatnuss

Für den Rote-Bete-Saft

50 g Champignons

50 g Schalotten

Olivenöl zum Braten

100 ml frischer Rote-Bete-Saft

25 ml Geflügelfond

25 ml Fischfond

10 ml weißer Balsamicoessig

1 Thymianzweig

Salz

frisch gemahlener schwarzer Pfeffer

Zucker

Cayennepfeffer

20 g eiskalte Butter

2 EL grob gewürfelte gekochte Rote Bete

1 TL gehackte Thymianblättchen

Zubereitungszeit: etwa 1 Stunde 10 Minuten

Den Backofen auf 150 °C Ober-/Unterhitze vorheizen. Jedes **Wallerfilet** halbieren, rundherum mit **Salz** und **Pfeffer** würzen und in je 1 Scheibe **Lardo** wickeln. Das **Olivenöl** und die **Butter** in einer Pfanne erhitzen. Den **Thymianzweig** dazugeben und die Wallerfilets beidseitig kurz anbraten. Dann etwa 4 Minuten im Backofen garen, danach kurz ruhen lassen. Mit grobem **Meersalz** und dem geriebenen **Meerrettich** bestreuen.

Die **Kartoffeln** für die Gnocchi schälen, grob schneiden und in **Salzwasser** weich kochen. Gut ausdampfen lassen. Durch eine Presse auf eine **bemehlte** Arbeitsfläche drücken. **Hartweizengrieß** und **Eigelbe** dazugeben, mit **Salz, Pfeffer** und **Muskat** würzen und zu einem Teig verkneten. Den Teig zu einer Rolle formen und in kleine Stücke schneiden. Jedes Stück in der Handfläche mit einer Gabel abrollen, sodass kleine Furchen entstehen. In leicht **gesalzenem** Wasser so lange kochen, bis die Gnocchi an die Oberfläche kommen. Mit einer Schaumkelle aus dem Wasser nehmen, kalt abschrecken und zur Seite stellen.

Währenddessen **Champignons** und **Schalotten** putzen bzw. schälen und in kleine Würfel schneiden. Das **Olivenöl** in einer Pfanne erhitzen und Champignons und Schalotten darin farblos anschwitzen. Mit **Rote-Bete-Saft, Geflügel-** und **Fischfond** sowie **Balsamico** aufgießen. Den **Thymianzweig** dazugeben, alles aufkochen lassen und dann bei schwacher Hitze ziehen lassen. Mit **Salz, Pfeffer, Zucker** und **Cayennepfeffer** abschmecken und anschließend durch ein feines Sieb passieren. Die eiskalte **Butter** einrühren, dann auch die **Rote-Bete-Würfel** sowie den gehackten **Thymian** unterrühren. Die Gnocchi dazugeben und sie so erhitzen.

Den Donauwaller zusammen mit den Gnocchi, den Rote-Bete-Würfeln und dem Rote-Bete-Saft anrichten.

Auch wenn zu Hause nicht viel Zeit ist: Wenn Simon zum Kochlöffel greift, ist's natürlich perfekt.

„Nadja isst gefühlte
1.000 Eier im Jahr."

Nadja und Helmut Gote

Mit Käpt'n Fiete auf

großer Fahrt

Nadja Gote ist die einzige Frau eines Kochs in diesem Buch, die tatsächlich fast täglich in den Genuss der Werke ihres Mannes kommt. Zugegeben, Helmut Gote ist auch kein normaler Koch mit Restaurant. Er ist Restauranttester, Kochbuchautor und Radiokoch mit eigener Sendung: „Einfach Gote", seit Jahren ein Erfolgsprogramm des WDR. Dort und in seinen Büchern stellt der kulinarische Überzeugungstäter seine einfach nachzukochenden, aber genauso einfach leckeren Rezepte vor. Und die entwickelt und testet er zu Hause – mindestens 150 neue Rezepte im Jahr! Wenn Nadja (Erzieherin und Sexualpädagogin) abends nach Hause kommt, muss sie das alles essen – ein wahrlich bedauernswertes Schicksal! Zum Termin unseres Gesprächs in Köln teile ich dieses Los mit ihr – wir werden beide von Helmut in der offenen Küche des Paares bekocht. Das hat Nadja also fast jeden Abend – leichter Neid kommt auf.

Helmut Tja, man könnte auch sagen, Nadja ist die bestbekochte Frau Kölns oder sogar Nordrhein-Westfalens. Denn welche Frau, bitte, kommt nach Hause und kriegt viermal die Woche etwas Leckeres zu essen?

Nadja Stimmt, ich sitze dann hier in der Küche und lese ein bisschen Zeitung oder wir unterhalten uns, während er kocht, und ich muss mich um nichts kümmern. Genau so finde ich es schön. Aber ich brauche das auch. Ich brauche viel zu essen!

Ist es wichtig für dich, dass Nadja gerne isst, Helmut?

Helmut Enorm wichtig. Ich hatte nie eine Beziehung, in der sich die Frauen nicht beschwert hätten, dass ich schuld daran wäre, dass sie dicker würden. Dabei ist es doch so: Ich tu gar nix. Essen tut jeder alleine. Und ich muss für meine Figur dann auch was machen. Es war tatsächlich einmal so, dass mich dieses Thema davon abgehalten hat, mit einer Frau zusammenzuziehen. Als wir anfingen, das zu planen, habe ich gedacht: „Wenn wir jetzt unser Geld

zusammenschmeißen und ich sage ihr dann, was mein Grundbedarf an Lebensmitteln ist und was das kostet, dann haben wir schon den ersten Krach. Weil sie es garantiert bekloppt findet, so viel Geld für alltägliche Produkte auszugeben." Da wurde mir klar: Das kann nicht funktionieren. Ich verdiene mein Geld zu 100 Prozent damit, mich mit Essen und Trinken zu beschäftigen – und zwar eben nicht nur aus beruflichen Gründen, sondern weil ich selber so verfressen bin und auch gerne die Tassen hochhebe. Das ist eine Charaktereigenschaft. Natürlich ginge die auch mit Pommes und Bier, wenn beide so ticken. Aber das geht bei mir eben nicht. Und ganz ehrlich, von gutem Essen nimmt man auch nicht zu. Sieht man ja zumindest an Nadja!

Darf Nadja denn, wenn sie schon so viel essen „muss", auch kritisieren?

Nadja (ein sehr gedehntes) Jaaa – ich darf auch kritisieren.

Helmut Also prinzipiell bin ich ja mit meinem Essen viel gnadenloser als sie. Ich hab' ja überhaupt kein Problem

„Ich mag keine Gäste, die alles aufessen – und es bleibt nichts für den nächsten Tag."

Nadja Gote

damit, über mein Essen zu sagen: „Das finde ich Granate!" Aber genauso kann ich auch sagen: „Und Tschüss!" Und dann landet auch mal was im Mülleimer.

Nadja Das stimmt, aber wenn es um meine Kritik geht, würde ich sagen: Ich darf schon kritisieren, aber es wird nicht sooo gern gehört. Ein gutes Beispiel: Wir hatten vor Kurzem eine Selleriesuppe, die hellrot war, weil Helmut für die Säure ein bisschen Tomatenmark zugegeben hat. Ich aber fand jetzt die Farbe für eine Selleriecremesuppe nicht so schön.

Helmut Da geht's schon los!

Nadja Ja, für mich sollte sie weiß sein und ehrlich gesagt war sie mir auch ein Stück zu sauer. Das hat mir Helmut auch am nächsten Abend gleich nochmal vorgehalten.

Helmut Nein, ich habe nur gefragt, ob die Suppe beim zweiten Mal, als du sie zur Arbeit mitgenommen hast – was ja doch zeigt, dass sie nicht gar so schlecht war –, immer noch so sauer geschmeckt hat.

Nadja Ja! Da hatte sie sogar noch aufgeladen!

Helmut Was zwar schon rein technisch nicht möglich ist, aber da sagen wir jetzt mal nichts dazu ...

Neutrale Ecke: Was haben denn deine Kollegen zu der Suppe gesagt, Nadja?

Nadja Die haben es nicht mitgekriegt, wir haben keinen gemeinsamen Essensraum. Aber ich muss gestehen: Ich gebe ohnehin nicht gern ab. Ich mag auch keine Gäste, die alles aufessen – und es bleibt nichts für den nächsten Tag. (lacht) Oder noch schlimmer! Manche sagen auch: „Ach, ich möchte heute gar nicht so viel essen." Oder: „Das ist etwas, was ich eigentlich nicht so gerne esse." Und ich denke: „Super, dann bleibt mehr für mich!" Und dann essen sie alles auf!

Wenn du so gerne isst, dann konntest du sicher auch schon vor Helmut kochen? Warst du denn beim ersten Ma(h)l für ihn nervös?

Nadja Nein, ich hatte gar kein Problem damit. Klar wusste ich, dass er für den „Kölner Stadtanzeiger" Restaurantkritiken schreibt und Radiokoch ist. Ich habe asiatisch gekocht, das mache ich immer gerne und fühle mich sicher. Aber Angst, dass es ihm nicht schmecken könnte, hatte ich nicht. Ich dachte, der findet mich gut, also findet er auch gut, was ich koche. Und so war's dann ja auch. Und außerdem: Wenn es ihm nicht geschmeckt hätte, hätte er es ja auch sagen können. Für den Notfall gibt's immer noch Schnitte!

Kochst du heute überhaupt noch zu Hause, Nadja?

Nadja Nein, nur wenn Helmut nicht da ist oder manchmal für Freunde. Dann, wie gesagt, sehr gerne asiatisch. Und ich backe inzwischen. Ich probiere das so ein bisschen aus. Weihnachtsplätzchen natürlich auch!

Hat dir Helmut denn schon mal etwas beigebracht?

Nadja Nö, ich kann's ja!

Helmut Also jetzt bitte mal ein bisschen ernster werden!

Nadja Na gut. Aber jetzt mal ohne Quatsch. Ich kann kochen, ich weiß, wie man Zwiebeln schneidet, ich kann Dinge anbraten. Ich habe nur meine eigene Art zu kochen. Ich koche anders.

Helmut Und warum kommst du dann immer und fragst mich?

Nadja Ja, gut, das stimmt. Aber trotzdem konnte ich ja schon vor dir kochen. Was ich aber wirklich gelernt habe, ist, wie wichtig gutes Material ist. Gute, große Messer. Vorher hatte ich ein kleines stumpfes und ein kleines scharfes. Aber man kann eben mit den richtigen Instrumenten viel besser arbeiten. Ansonsten koche ich eben einfach. Es muss halt lecker sein.

Helmut Siehst du. Ich bin so sanft in der Vermittlung, dass sie gar nicht merkt, wie stetig sich ihr Kochen gesteigert hat, weil sie so ganz nebenbei mal gesehen hat, wie ich das mache ...

Hier muss ich einfach mal sagen: Ihr strahlt einfach aus, dass ihr ein gutes Team mit viel Humor seid, das gern gemeinsam genießt. Wie hat das eigentlich angefangen?

Nadja Sehr schnell. Wir haben uns am 19. Januar 2008 auf dem Geburtstag eines gemeinsamen Freundes kennengelernt, am nächsten Tag hat er mich bei meinem Job im Kölner Schnitzelrestaurant „Oma Kleinmann" besucht. Vom nächsten Tag an habe ich eigentlich hier bei ihm gewohnt, ab 1. März offiziell und am 1. April haben wir geheiratet.

Helmut Als ich Nadja gesehen habe, hat sie mir vom ersten Augenblick an gefallen. Ich kann mich noch genau erinnern, dass ich gedacht habe: „Oh, ist die zierlich und überhaupt: das ganze Paket!" Als ich von dort mit dem Auto weggefahren bin, war mir klar: Ich bin bis in die letzte Faser meines Lebens verknallt.

Nadja Und ich weiß noch genau: Helmut stand in der Küche, er hatte ein blaues Hemd an, einen grünen Pullover, lehnte an der Küchentheke und ich wusste: Das ist er. Er hat sofort meine Augen und mein Herz geöffnet.

Aber so schnell dann heiraten?

Helmut Ja, wennschon, dennschon … Man hat ja immer das Bild vom Hafen der Ehe im Kopf, in den man einläuft. Das haben wir genau umgekehrt gesehen: Wir haben bei unserer Hochzeit nur gefühlt, wir gehen uns jetzt die Hafenpapiere abholen, um endlich richtig lossegeln zu können.

Nadja Wir hatten auch keine Gäste und nur einen Freund als Trauzeugen. Und dann kommt der Hafenmeister, also der Standesbeamte, auf uns zu und sagt: „Guten Tag, mein Name ist Himmler." Und ich denke schon: „Oh Gott, wie schlimm." Aber Helmut strahlt ihn an und sagt: „Ist das schön – wie Himmel!"

Helmut Der dachte, ich wollte ihn auf den Arm nehmen! Dabei war ich einfach nur in romantischer Stimmung und erst, als ich es gesagt habe, fiel es mir auf …

Nadja Und dann haben wir so gelacht – auch noch bei der Trauung, dass er uns nach geschätzten dreieinhalb Minuten darauf hingewiesen hat, dass es auch schon Hochzeiten gab, die nicht geschlossen wurden, weil er die Ernsthaftigkeit angezweifelt hat.

Mittlerweile „segelt" ihr ja doch schon eine ganze Weile. Hat mit dem Segeln auch die Aufschrift „Käpt'n Fiete" auf deiner Küchenschürze zu tun?

Helmut Wir haben es ein bisschen mit dem Thema „Segeln und Hafen" – und ich finde ja auch Käpt'n eine schöne Chefrolle. Der Käpt'n steuert nicht nur, der sorgt auch dafür, dass das Boot in Ordnung ist und das Essen stimmt.

Nadja Es gibt im WDR 5 ein Kinderhörspiel, „Die unsinkbaren Drei" mit den drei – ziemlich doofen, aber liebenswerten – Piraten Kapitän Flitschauge, Gräte und Bumskopp. Irgendwie haben wir beide aber „Käpt'n Fiete" im Ohr gehabt.

Helmut Und „Helmut" eignet sich ja nicht so für gute Spitznamen. Aber wie es passiert ist, wissen wir eigentlich nicht mehr genau.

Nadja Ich nenne ihn auch immer Fiete, nie Helmut. Und „Käpt'n Fiete" steht übrigens sogar in meinem Ehering. Ich bin auch ganz gerne diejenige, die einen Kapitän annimmt.

Also ist Nadja dann der Smutje?

Helmut Schon, aber das ist eher situationsbedingt. Nadja ist, obwohl sie auch eine große Kämpferin sein kann, wenn es darauf ankommt, gerne mal in Panik, wenn es nicht so rund läuft. Und dann sage ich schon mal: „Smutje, wie lange segeln wir jetzt schon durch Wind und Wetter? Und der Käpt'n hat das Boot doch immer rausgebracht." Zum Beispiel wenn's eben mal beruflich bei mir etwas schwieriger wurde. Nadja wird dann schon hibbeliger. Und da muss der Käpt'n dann schon mal beruhigen: „Das Schiff steuert, Proviant ist an Bord, die Getränke werden problemlos noch ein Jahr reichen." Dann kann der Smutje erst mal beruhigt eine Nacht darüber schlafen.

Wenn ihr 150 neue Rezepte im Jahr ausprobiert, gibt es denn trotzdem noch ein Lieblingsgericht für zu Hause?

Helmut In der Tat machen wir unsere Lieblingssachen leider zu selten. Da kommen die Frikadellen zu kurz, eine schöne Linsensuppe oder eben die Lammhüfte (siehe Rezept). Die fanden wir beide sensationell. So ein Essen, da könnte ich schon drei- oder viermal im Jahr reinhauen.

„Wir gehen jetzt die Hafenpapiere abholen, um endlich
richtig lossegeln zu können.“

Helmut Gote

Aber bei 150 neuen Gerichten und auch dem einen oder anderen Abend, an dem ich mal keine Lust habe oder wir auch gerne mal essen gehen, kommen solche Sachen zu kurz. Nur für Fälle, in denen ich keine Lust auf neue Kreationen habe und wir auch nicht einfach mal schnell – und dann vielleicht nicht wirklich gut – essen gehen wollen, haben wir zwei Notfalllösungen: Die eine ist Spaghetti mit Parmesan, Knoblauch und Olivenöl und die andere richtig schöne Bratkartoffeln.
Nadja Am liebsten mit Ei!

Zum Schluss mal die Dame gefragt: Nadja, was für ein kulinarisches Produkt wäre denn Helmut für dich?
Nadja Eine Ente!
Helmut Wieso denn 'ne Ente?
Nadja Weil du immer, wenn du eine Ente siehst, sagst: „Guck mal, die wär' doch schön auf'm Teller.“

Aber ich wollte ja ein Produkt, das du gerne vernaschst ...
Nadja Ach so! Ja, dann ein Gummibärchen! Aber nur eins von den weißen, die schmecken am besten.

Warmer Glasnudelsalat

Eigentlich lässt sich Nadja ja sehr gerne bekochen. Aber nicht, weil sie es selbst nicht kann, schließlich hat sie sich und ihre Gäste auch vor Helmut schon gerne bekocht. Heute ist sie zu Hause vor allem für die asiatische Ecke zuständig.

Für 4–6 Personen

2 kleine, frische rote Chilischoten
1 Stück Ingwer (etwa 2 cm lang)
Saft von 1 Limette
5 EL Fischsauce
3 TL Rohrohrzucker
4 Frühlingszwiebeln
100 g Karotten
½ Salatgurke
1 Handvoll Korianderblättchen
10 Minzeblättchen
50 g geröstete Erdnüsse
2 Kaffirlimettenblätter
150 g Glasnudeln
2 Knoblauchzehen
350 g Schweinehackfleisch
4 EL Erdnussöl zum Braten,
nach Bedarf etwas mehr
Salz
frisch gemahlener schwarzer Pfeffer
100 ml Geflügelbrühe

Zubereitungszeit: etwa 40 Minuten

Für das Dressing die **Chilischoten** längs halbieren, Kerne und Scheidewände entfernen und das Fruchtfleisch in feine Streifen schneiden. Den **Ingwer** schälen und fein reiben. **Limettensaft,** Ingwer, Chili, **Fischsauce** und **Zucker** verquirlen und 15 Minuten ziehen lassen. Währenddessen die **Frühlingszwiebeln** putzen und mit dem Grün in dünne Ringe schneiden. Die **Karotten** schälen und in feine Streifen schneiden. Die **Gurke** schälen und längs vierteln, die Kerne entfernen und das Fruchtfleisch quer in dünne Scheiben schneiden. **Koriander-** und **Minzeblättchen** waschen, trocken schütteln und zusammen mit **Erdnüssen** und **Kaffirlimettenblättern** fein hacken.

Die **Glasnudeln** in einer großen Schüssel mit viel kochendem Wasser übergießen und 10 Minuten ziehen lassen. Dann durch ein Sieb abgießen und mit einer Schere in kürzere Stücke schneiden.

Den **Knoblauch** schälen und hacken. Zusammen mit dem **Hackfleisch** in einer Pfanne im **Erdnussöl** sanft anbraten, **salzen** und **pfeffern.** Immer wieder umrühren, damit das Hackfleisch krümelig zerfällt, abermals **salzen** und **pfeffern.** Mit der **Brühe** ablöschen, einmal kurz aufkochen und in der Pfanne abkühlen lassen, bis es noch warm, aber nicht mehr heiß ist.

Jetzt alle Zutaten gründlich miteinander vermischen. Das Dressing unterziehen und den Salat noch einmal sorgfältig abschmecken, eventuell noch etwas Erdnussöl zufügen. Der Salat soll saftig sein, aber nicht zu flüssig. Lauwarm schmeckt der Glasnudelsalat am besten.

Geschmorte Lammhüfte

mit Staudensellerie

Helmut kocht ja eigentlich jeden Tag etwas anderes, um seine Rezepte für die Radiosendungen auszuprobieren. „Da gibt es unsere Lieblingsgerichte, wie zum Beispiel so eine schöne, geschmorte Lammhüfte, eigentlich viel zu selten."

Für 4 Personen
500 g kleine Zwiebeln
250 g Staudensellerie
1 Knoblauchknolle
1 kleine Biozitrone
500 g Kartoffeln
1 kg Lammhüfte
Olivenöl zum Braten und Beträufeln
Salz
frisch gemahlener schwarzer Pfeffer
250 ml trockener Weißwein
Meersalzflocken

Zubereitungszeit: etwa 1 Stunde 15 Minuten inkl. Schmorzeit

Die **Zwiebeln** schälen und der Länge nach vierteln. Den **Staudensellerie** putzen und in etwa 3 cm lange und 1 cm breite Stifte schneiden. **Knoblauchknolle** quer halbieren, sodass möglichst viele Zehen zusammenbleiben. Die **Zitrone** in 6 Stücke schneiden. Die **Kartoffeln** schälen und grob würfeln. Den Backofen auf 150 °C Ober-/Unterhitze vorheizen.

Das **Lammfleisch** in 3–4 Stücke schneiden. Die Fleischstücke von allen Seiten in einer großen, ofenfesten Kasserolle in **Olivenöl** kräftig anbraten, **salzen** und **pfeffern**. Aus der Kasserolle nehmen, etwas frisches **Olivenöl** nachgießen und zuerst die Kartoffeln etwa 5 Minuten von allen Seiten kräftig anbraten und **salzen,** dann Knoblauch, Zwiebeln und Sellerie dazugeben und zusammen weitere 5 Minuten offen bei mittlerer Hitze braten. Mit dem **Weißwein** ablöschen. Die Fleischstücke in das Gemüse geben und die Zitronenstücke darin verteilen. Mit so viel Wasser angießen, dass alles etwa zur Hälfte in der Flüssigkeit liegt. Aufkochen und die Kasserolle ohne Deckel 45 Minuten in den Backofen stellen.

Zum Anrichten das Gemüse (ohne die Zitronen) mit dem Sud auf tiefe Teller verteilen, die weichen Knoblauchzehen aus der Schale drücken und dazulegen. Das Fleisch quer in dicke Scheiben schneiden und auf das Gemüse legen. Mit etwas **Olivenöl** beträufeln, mit **Meersalzflocken** und frisch gemahlenem **Pfeffer** bestreuen.

Und wieder einen großen Topf gefunden!

Floriane Ramsauer und Hans Jörg Bachmeier, „Blauer Bock", München

Wirklich **Liebe** durch den Magen—
mitten ins Herz

Eigentlich komisch, dass einer, der von sich selbst „Ich red' ja ned so viel" sagt, so erfolgreich in einer Fernsehsendung ist. Aber die heißt ja auch „Einfach. Gut. Bachmeier". Floriane Ramsauer, die Lebensgefährtin von Hans Jörg Bachmeier, dem Patron und Chefkoch des Restaurants „Blauer Bock" in München, weiß, warum auch „ned so viel" funktionieren kann: „Ich war am Anfang von seinem niederbayerischen Charme überwältigt: wenige Worte und auf den Punkt – das ist bis heute so – und immer einen guten Spruch mit viel Humor." Allerdings muss auch gesagt sein: Worte waren nicht so wichtig. Bei kaum einem anderen Paar trifft für die Phase des Kennenlernens der Spruch „Liebe geht durch den Magen" so gut zu wie bei diesen beiden. Sie kommen aus verschiedenen Welten. Denn mit Gastronomie hatte die Partnerin einer internationalen Personalberatung, die die Topführungspositionen besetzt, vorher nur als Gast zu tun. Aber dann hat er sie mit einem ganz besonderen kulinarischen Bringdienst verführt. Und sie hat sich für ihn im wahrsten Sinne des Wortes durch seine Gaben „durchgebissen". Aber das muss man von Anfang an erzählen.

Wie habt ihr euch kennengelernt?

Hans Jörg Auf der Wiesn. Ich war mit Bekannten in einer Box und ein Freund von mir, der Jimmy Hartwig, kam mit zwei Damen im Schlepptau vorbei, eine davon war Floriane. Da es ziemlich eng war und die drei so rumstanden, hab' ich eben gesagt: „Setzt euch halt her!" Und da hat sie sich gesetzt.

Floriane Na ja, nicht ganz. Der Tisch war voll mit Männern und Getränken und überall lagen Janker und Sachen. Da habe ich auf seine Aufforderung hin erst mal gesagt: „Ja, wo denn! So geht das nicht!", und ein paar Sachen zur Seite geräumt, bevor ich mich gesetzt habe. Dazu hat Hans Jörg nichts gesagt außer: „Und patent bist a no."

Hans Jörg Und damit war's doch klar.

Hm, aber das führt ja noch nicht direkt zu einer Beziehung ...

Hans Jörg Nein, ich bin dann mit Jimmy noch weitergezogen, ohne Floriane, und wir haben noch ein bisschen was getrunken. Aber da sie mir ihre Nummer gegeben hatte, habe ich sie etwas später noch angerufen und gefragt, ob sie noch Lust hätte nachzukommen.

Floriane Ich war aber schon daheim und du nicht mehr ganz nüchtern.

Hans Jörg Na ja, ich konnte ja schließlich noch reden und dir klar machen, dass du die nächsten Tage unbedingt in den „Blauen Bock" kommen musst, damit du eine kulinarische Stärkung für die Wiesn bekommst.

Floriane Und ich war da, wurde „gefüttert" und vor allem: Für den Rest der Wiesn wurde ich jeden Tag direkt ins Büro profibecatert mit allem, was man braucht, um die Wiesn gut zu überstehen, Hühnersuppe zum Beispiel. Alles persönlich gebracht, mit dem üblichen Charme und den Worten: „Da, sonst hältst du ja die Wiesn nicht aus."

Hans Jörg Also nicht übertrieben, so wie ich halt bin.

Da ging die Liebe aber schon ein bisschen durch den Magen.

Hans Jörg Und zwar gegenseitig. Vor allem, weil sie mir nicht gesagt hat, dass sie an wirklich ernsthaften Allergien leidet. Stattdessen hat sie brav alles gegessen, was ich ihr vorgesetzt habe. Und hat kein Wort gesagt, dass sie so einiges nicht verträgt. Das hat mir erst eine Freundin viel später verraten.

Was verträgst du denn nicht, Floriane?

Floriane Alles, was gut schmeckt. Ich habe zum Beispiel eine Kuhmilch- und Hühnerei-Unverträglichkeit. Nach unserem Kennenlernen war ich ein paar Wochen später mit zwei Freundinnen im „Blauen Bock", weil ich ihnen natürlich Hans Jörg vorstellen wollte. Wir saßen kaum im Restaurant, da hat Hans Jörg gleich angekündigt: „Mädels, ich mach' euch noch ein bisschen was." Und dann hat er so vier oder fünf kleine Gänge aufgefahren. Und bei jedem Gang haben meine Freundinnen mich angeschaut und gestöhnt: „Oh Gott, wie

„Sie hat kein Wort davon gesagt, dass sie so einiges nicht verträgt."

Hans Jörg Bachmeier

willst du denn das überleben? Dir geht's doch schlecht heute Nacht!" Aber ich habe gewusst: Da hilft jetzt alles nichts, da muss ich durch.

Hans Jörg (ein bisschen wehmütig) Spinat mit Trüffeln und Ei – das war doch schön im Herbst …

Von deinem ersten Ma(h)l für Hans Jörg habe ich schon vieles gehört. Es kann also nicht so wirklich schlecht gewesen sein. Aber warst du nervös?

Floriane Am Anfang ganz kurz, ja. Aber dann dachte ich mir, ich komme aus der Nummer sowieso nicht raus, irgendwann muss ich mal was kochen. Also habe ich asiatisch gekocht, das habe ich privat bei meinen Reisen gelernt. In dieser Küche ist Hans Jörg nicht ganz so zu Hause und ich habe es mir für diesen Anlass absolut zugetraut.

Hans Jörg hat mir von diesem Essen, insbesondere der Suppe, ja schon öfter vorgeschwärmt.

Hans Jörg Ja, genau – aber ich habe das Rezept bis heute noch nicht! Die Suppe war wirklich toll, sie besteht aus einer Rindssuppe mit vielen Einlagen, kleinen Fleischbällchen mit Korianderwurzeln und Chili gefüllt, dazu verschiedene Sprossenarten, Gemüse, Reisnudeln, Kräuter und Gewürze. Toll. Aber genau hat sie es mir immer noch nicht verraten.

Ich bin natürlich davon ausgegangen, dass diese Suppe auch das Rezept sein wird, das Floriane mir für das Buch gibt.

Floriane Das Problem ist eigentlich, dass ich wirklich kein Rezept dafür habe. Ich koche zwar selten, aber sehr gerne – und mehr nach Gefühl statt nach Rezept.

Warum hast du dich dann für das Gulasch entschieden?

Floriane Weil das unser Neujahrsessen ist. Das mache ich immer an Silvester – und zwar in größeren Mengen – in großen Töpfen. Da könnten an Neujahr spontan auch noch die Nachbarn klingeln. Ich habe mich inzwischen ja an Hans Jörgs große Töpfe gewöhnt. Töpfe, die alle größer sind als meine Putzeimer. Und bei ihm schon vor meiner Zeit in seiner Küche waren – in einer sonst eher dürftig ausgestatteten Junggesellenküche.

Wie passt das zusammen: eine spartanische Küche und riesige Töpfe?

Hans Jörg Na ja, wenn ich zu Hause etwas gekocht habe, dann meistens Nudeln. Und Nudeln brauchen ja viel Platz. Und wie das halt so ist: Als Junggeselle versumpft man auch mal mit Freunden. „Geh' weiter, Bacherl, bei dir gibt's doch bestimmt noch eine gute Arrabiata." Viele Freunde – großer Topf.

Wer kocht denn heute bei euch daheim?

Floriane Ich.

Hans Jörg Meistens Floriane. Wenn wir mal eine Einladung haben, machen wir das aber gemeinsam. Da kommt mir meine Erfahrung natürlich zugute, es geht schneller und wir haben auch beide noch etwas von unseren Gästen.

Fragst du ihn auch mal um Rat?

Floriane Ganz oft. Ich habe auch schon viel von ihm gelernt, auch über Küchenorganisation. Ein Brett ist ja zum Beispiel nicht einfach ein Brett und braucht eine bestimmte Größe. Auf dem wird dann gearbeitet, denn ohne gescheiten Arbeitsplatz geht da gar nichts, sagt der Profi. Das habe ich mir inzwischen so angewöhnt, dass Freundinnen, die zu uns nach Hause kommen, immer ganz beeindruckt sind. Große Bretter und große Töpfe, das ist geblieben!

Hans Jörg Und Messer hat sie jetzt auch gescheite. Die hat sie nie gehabt. Sie ist da eher so auf dem Möbelhausgaul durch die Gegend geritten.

Floriane Ja, das war ein hartes Verhandeln, dass diese Messer überhaupt einziehen durften.

Zusammengefasst heißt das also: Floriane kocht und du berätst sie so, dass du dann auch glücklich bist?

Hans Jörg Nein, ich halte mich da raus, wenn Floriane kocht, sie ruft mich sonst schon laut und deutlich, wenn sie mich braucht.

Floriane Er mischt sich nicht ein und gibt auch keine ungefragten Ratschläge.

„Manchmal braucht es Grundwissen – und das kann Hans Jörg sehr gut erklären."

Floriane Ramsauer

Hans Jörg Ich will ja schließlich nicht schulmeisterlich sein nach dem Motto: „Jetzt mach' das so und nicht anders." Das bin ich nicht. Da soll sie sich selbst hineinwerkeln.

Floriane Was ich vor allem versuche bei ihm abzuschauen, sind die Basics. Denn ich habe gelernt, dass man bei einfachen Dingen viel falsch machen kann. Man kann mit Rezepten experimentieren, aber eigentlich muss man erst einmal lernen, wie etwas funktioniert. Das finde ich viel spannender. Mir geht es weniger darum, ein Gericht zu lernen, sondern zu wissen, warum es funktioniert. Dazu brauche ich nicht erst die ganz große Kochkunst, sondern ein Grundwissen – und das kann Hans Jörg sehr gut erklären.

Ist Floriane dabei schon mal etwas schiefgegangen?

Hans Jörg Im Grunde nicht, nur einmal ist ihr bei einer Salatvinaigrette die Essigflasche ausgekommen, dass es mir die Zehennägel hochgebogen hat. Aber ich war sehr charmant und habe gesagt: „Spatzerl, das ist nicht so schlimm, das ist gut für die Verdauung. Und lustig macht's auch noch."

Floriane Du hast sogar irgendeinen Fachbegriff verwendet, so etwas wie „intensiv abgeschmeckt". Aber nach ein paar Gabeln war dann auch bei mir Ende. Der Salat war wirklich ungenießbar.

Hans Jörg, wenn du schon zu Hause wenig kochst, probierst du wahrscheinlich auch kaum etwas zu Hause aus?

Hans Jörg Eigentlich nur in der Zeit, als unser Restaurant wegen Baumaßnahmen geschlossen war. Das war auch die Vorbereitungszeit für mein neues Kochbuch und ich habe viel Neues versucht. Für das Buch war das ein echter Vorteil. Denn so sind die Rezepte sehr haushaltsnah entstanden, da ich sie automatisch den Gegebenheiten einer Haushaltsküche angepasst habe. Aus dieser Erfahrung heraus probiere ich für meine Fernsehsendung und Kolumnen jetzt manchmal einzelne Schritte zu Hause, zum Beispiel, wenn ich überprüfen will, wie etwas im Haushaltsofen funktioniert.

Hans Jörg, wenn du irgendwo eingeladen bist, was ist dann das Schlimmste, was man dir antun kann?

Hans Jörg Wenn der Gastgeber meint, er müsse beweisen, was für ein toller Koch er ist. Mir ist es am allerliebsten, wenn jemand das kocht, was er kann. Einfach ist immer das Beste – und das liebe ich. Aber vor allem möchte ich privat auch mal über etwas anderes sprechen als das Kochen. Deswegen bin ich auch froh, wenn ich durch Floriane oder unsere Freunde mal auf andere Gesprächsthemen komme. Das genieße ich.

Floriane, du bist für Hans Jörg die Brücke in eine Welt außerhalb der Gastronomie. Und wenn man ihn fragt, was du für ein kulinarisches Gericht für ihn wärst, dann findet er, der doch so wenig redet, so viele Worte, dass der Platz hier nicht reicht. Was liebst du denn an ihm am meisten?

Floriane Dass er ein lebensfroher Mensch ist, der das Granteln nicht verlernt hat, den richtigen Humor hat, wie ein Fels in der Brandung steht – und dass ich mich immer auf ihn verlassen kann.

Hans Jörg Die niederbayerische Eiche!

Florianes Gulyas

Florianes Gulyas-Rezept war eines der ersten Mahle, das sie für Hans Jörg gekocht hat. Und heute gibt es das jedes Jahr zu Neujahr. Dazu mag sie am liebsten Spiralnudeln und Kopfsalat mit Schnittlauch und Senfvinaigrette.

Für 4 Personen

1 kg Rinderwade
700 g Zwiebeln
2 Knoblauchzehen
5 EL Rindertalg oder Schweineschmalz zum Braten
2 EL edelsüßes Paprikapulver
1 EL Essigwasser (leicht mit Wasser verdünnter Apfel- oder Weißweinessig)
1 l Rinderbrühe oder Wasser
Salz
1 EL Tomatenmark
1 TL Gulaschgewürz (selbst gemacht aus der abgeriebenen Schale von ½ Biozitrone, 10 g Kümmel und 10 g Majoran im Mörser zerstoßen)
1 EL Mehl
Cayennepfeffer

Zubereitungszeit: etwa 3 Stunden inkl. 2–2 ½ Stunden Schmorzeit

Das **Fleisch** entlang der Fasern in 4–5 cm lange Streifen und dann in Würfel schneiden. Die **Zwiebeln** und den **Knoblauch** schälen und fein schneiden.

Den Backofen auf 180 °C Ober-/Unterhitze vorheizen. Den **Rindertalg** bzw. das **Schweineschmalz** in einem großen Topf oder Bräter erhitzen. Zwiebeln und Knoblauch unter ständigem Rühren darin braun rösten. Den Topf beiseitestellen und das **Paprikapulver** einrühren. Sofort mit dem **Essigwasser** ablöschen. Die Zwiebeln mixen oder passieren und leicht abkühlen lassen, wieder in den Topf geben. **Rinderbrühe** oder Wasser angießen und alles etwa 20 Minuten dünsten. Das Fleisch **salzen,** in den Bräter geben und mit dem **Tomatenmark** anbraten. Das **Gulaschgewürz** dazugeben und einrühren. Den Bräter in den Backofen stellen und das Gulasch 2–2 ½ Stunden schmoren. Bei Bedarf Wasser aufgießen und öfter umrühren.

Mehl und etwas kaltes Wasser zusammen glatt rühren. Diese Mischung zügig in das noch kochende Gulasch einrühren. Weitere 5 Minuten köcheln lassen und mit **Salz, Cayennepfeffer** und nach Belieben mit weiterem **Gulaschgewürz** abschmecken.

Skrei in Senfsauce

mit Roter Bete

Für 4 Personen
Für die Rote Bete
4 Rote-Bete-Knollen
1 TL Salz
1 TL Kümmel
5 schwarze Pfefferkörner

Für die Senfsauce
1 Schalotte
2 Champignons
2 EL Butter zum Braten
2 EL Mehl
275 g Sahne
100 ml Riesling
500 ml Geflügelfond
1 EL Crème fraîche
Worcestershiresauce
Saft von ½ Zitrone
1 EL Dijon-Senf
1 TL körniger Senf
Salz

Für den Skrei
2 EL Pflanzenöl zum Braten
4 Skrei-Filetstücke mit Haut (à 180 g)
Salz
2 EL kalte Butter zum Braten
1 Rosmarinzweig
1 Thymianzweig
1 Knoblauchzehe

Außerdem
1 EL Schnittlauchröllchen

Zubereitungszeit: etwa 1 ½ Stunden

Die **Rote Bete** in einen Topf geben und mit Wasser bedecken. **Salz, Kümmel** und **Pfefferkörner** hinzufügen. Etwa 1 Stunde köcheln lassen. Dann herausnehmen, schälen, achteln und beiseitestellen.
In der Zwischenzeit für die Senfsauce die **Schalotte** schälen und würfeln, die **Champignons** putzen und fein würfeln. Die **Butter** in einem Topf zerlassen, die Schalotten darin glasig dünsten und dann die Champignonwürfel hinzufügen. Kurz mit anschwitzen und mit dem **Mehl** bestäuben. Mit einem Schneebesen 250 g **Sahne** und den **Riesling** einrühren. Etwa 10 Minuten einkochen. Dann den **Geflügelfond** einrühren und nochmals etwa 15 Minuten einkochen lassen. Die **Crème fraîche** unterrühren und mit der **Worcestershiresauce** und dem **Zitronensaft** abschmecken. Schließlich den **Senf** unterrühren. Die restliche **Sahne** unterheben und mit **Salz** abschmecken.
Für den Skrei das **Pflanzenöl** in einer beschichteten Pfanne erhitzen. Die **Skrei-Filets salzen.** (Wenn möglich, schon 1–2 Stunden vorher, und den Fisch in Frischhaltefolie wickeln. Dadurch wird das Fleisch fester und fällt beim Braten nicht auseinander.)
Die Fischstücke mit der Hautseite nach unten in die Pfanne geben und bei schwacher Hitze braten. Wenn der Fisch fast gar ist, die kalte **Butter** dazugeben. **Rosmarin, Thymian** und zerdrückten **Knoblauch** in die Pfanne geben und die Fischfilets auf die hautlose Seite drehen. Öfter mit der heißen Butter aus der Pfanne übergießen.
Zum Servieren einen Saucenspiegel auf jeden Teller geben, den Skrei darauf anrichten. Die noch lauwarme Rote Bete dazulegen. Skrei und Rote Bete mit der Butter aus der Pfanne beträufeln und die **Schnittlauchröllchen** darüberstreuen.

Eigentlich kocht ja zu Hause ausschließlich Floriane. Aber wenn Gäste kommen, übernimmt Hans Jörg schon mal, zum Beispiel mit diesem Gericht. Und Floriane ignoriert dann ausnahmsweise die Sahne und die Crème fraîche.

„Aber im Großen und Ganzen
sind wir schon harmonisch."

Gabi und Hans Stefan Steinheuer, Restaurant „Zur Alten Post", Bad Neuenahr-Heppingen

Die große,

weite Welt

in Heppingen

„Schatz, das schaffen wir nie im Leben." Gabi Steinheuer war in Tränen aufgelöst, als sie und Hans Stefan Steinheuer, gerade mal Mitte 20, vom Banktermin in Heppingen zurückkamen, bei dem sie einen Kredit für den Aus- und Umbau des steinheuerschen Familienrestaurants beantragen wollten. Denn die Bank hatte ihre Pläne mit den Worten „Ja, glauben Sie denn, Sie werden eine ‚Schweizer Stuben'?" (damals eines der besten Restaurants in Deutschland) einfach abgetan. Gott sei Dank gab es da noch einen Berater, der an das Konzept der beiden glaubte und sie voll und ganz unterstützte. Sonst gäbe es Steinheuers Restaurant vielleicht nicht – und ganz sicher wäre es heute nicht eines der besten Restaurants in Deutschland. Aber vor dem Erfolg stand, neben dem finanziellen Aufwand, auch die gemeinsame Kraft von Gabi und Hans Stefan Steinheuer. Sie hat nicht nur ein berühmtes Restaurant, sondern auch eine liebevolle Familie mit drei Kindern ermöglicht. In Heppingen, im Rheinland. Dabei wollte Gabi eigentlich immer die große, weite Welt kennenlernen. Aufgewachsen in finanziell bescheidenen Verhältnissen, konnte sie sich ihr Traumstudium Architektur nicht leisten. Der zweite Traum: Stewardess. Dafür war sie allerdings noch zu jung, also sollte die Basis erst einmal eine Hotellehre sein. Dort war sie dann aber so erfolgreich, dass ihr erster Küchenchef, Albert Bouley, ihr einen Serviceplatz im damaligen Zwei-Sterne-Restaurant „Erbprinz" vermittelte – wo fünf Monate später auch Hans Stefan in der Küche anfing.

Gabi, dieses Kennenlernen war dein Schicksal – aber es hat dich letztendlich nach Heppingen, also nicht gerade in die große, weite Welt, geführt?

Gabi Tja. Nach zwei Jahren, die wir zusammen im „Erbprinz" waren, und dann noch insgesamt drei Jahren in den „Schweizer Stuben" wollten wir ja eigentlich noch an die Côte d'Azur. Aber dann kam unsere Désirée dazwischen. Und: Dort hätten wir ja nicht viel verdient. Vielleicht 1.000 Mark, das heißt, wir hätten sogar noch Geld mitnehmen müssen – und das mit Kind. Also fiel die Entscheidung auf Heppingen – und darauf, das Gasthaus von Hans Stefans Familie zu übernehmen.

Hans Stefan Es kommt eben im Leben oft einmal anders. Aber vielleicht war das auch eine positive Fügung. Der Beruf, den wir haben, bringt ja auch viele Möglichkeiten, zum Beispiel, öfter mal im Ausland zu kochen. Wäre ich Schreiner, ein Beruf, den ich sehr schätze, weil er so ungeheuer viel Handwerk benötigt, könnte ich zwar auch schöne Dinge machen, würde aber nie die Internationalität erleben, die man als Koch oder im Service erfahren kann.

Aber Gabi, die unbedingt reisen wollte, konnte ja wenig mit dir reisen.

Hans Stefan Das stimmt. Früher hatte sie wegen unserer Kinder weniger Möglichkeiten. Und ich bin ihr sehr dankbar, dass sie so für die Kinder da war. Aber wir sind dann später eben doch in das eine oder andere Land gefahren und geflogen und ich konnte ihr die Dinge zeigen, die ich dort kennengelernt hatte.

Gabi Seine Patentante hat das mal sehr pragmatisch ausgedrückt: „Ich weiß gar nicht, was du willst. Dein Mann hat dir die große, weite Welt doch auch schon zu Füßen gelegt: Du durftest doch schon George W. Bush, Kofi Annan und Madeleine Albright bedienen, die kamen sogar nach Heppingen." (lacht)

„Eigentlich würde ich mir gerne mehr von dir beibringen lassen."

Gabi Steinheuer

Es gibt nur noch wenige Sternerestaurants, die eigenständig sind, also nicht in ein Hotel integriert sind oder von einem Sponsor unterstützt werden. Ihr führt noch einen echten Familienbetrieb. Gab es Momente, in denen ihr beide gedacht habt: „Warum ausgerechnet dieser Beruf?"

Gabi Uns geht es sicher besser als vielen, aber wir müssen ja auch richtig viel dafür arbeiten. Und dann denkt man schon manchmal: „Wofür habe ich mir den härtesten Job ausgesucht?" Für meine Kinder hätte ich gerne mehr Zeit gehabt. Manchmal hat am Sonntag Carolin, die Mittlere, von oben aus der Wohnung angerufen und sich beschwert: „Wir warten hier schon seit drei Stunden, wann gehen wir denn jetzt endlich Eis essen?" Aber andererseits: Wenn wir mit anderen Leuten zusammensitzen, die nichts mit Gastronomie zu tun haben, hören die immer unseren Geschichten zu und haben oft selbst gar nichts zu erzählen. Da passiert nix. Bei uns dagegen ist immer Halligalli.

Du hättest gerne mehr Zeit mit der Familie gehabt – gab es denn überhaupt echte Familienessen?

Gabi Ja, gerade am Anfang hatten wir es natürlich gut. Da hat die Omi für uns alle gekocht. Und da der Opa keine Lust hatte, bis nach dem Mittagsservice zu warten, gab es für uns alle Mittagessen auch zu einer ganz normalen Zeit. Nur Hans Stefan konnte natürlich nicht dabei sein, weil er in die Küche musste. Dafür gab es an seinem freien Tag immer seine Leibgerichte.

Hans Stefan Ja, solange die Kinder klein waren, hat meine Mutter eigentlich immer gekocht. Das war natürlich auch eine Entlastung für Gabi.

Gabi Stimmt, es gab um mich herum lauter Menschen, die gut gekocht haben. Seine Mutter, Hans Stefan selbst und dann war und ist da auch noch Hans Stefans

Patentante. Die hat seine Leibgerichte gekocht, da habe ich mich lieber nicht eingemischt.

Hans Stefan (schwärmt) So ganz bestimmte rheinische Gerichte, wie zum Beispiel Bunne Dünn oder Döppekuchen, das lassen sich die Kinder auch heute noch gerne von der Tante machen.

Und heute, wer kocht bei euch zu Hause?

Hans Stefan Im Großen und Ganzen ich. Gabi versucht jetzt immer, ein bisschen Kochkurs bei mir zu machen, und beschwert sich dann, dass ich sie zu wenig machen lasse.

Gabi Na ja, unser Zusammenkochen sieht dann so aus: „Schäle mal die Zwiebeln, schneide mal die Champignons!" Dann will ich irgendwas machen, aber an meinem Mann komme ich ja schon körperlich nicht so ganz vorbei. Also spüle ich den Kochtopf und decke den Tisch.

Hans Stefan Es geht eben berufsbedingt einfach schneller, wenn ich es koche.

Gabi Aber wenn du unterwegs warst und bist, muss ich ja ohnehin kochen. Und dann mache ich eben eher süddeutsche Gerichte, die weder Papa noch Tante machen. Ich kann durchaus auch ein Schnitzelchen braten oder Dampfnudeln machen. Aber früher hatte ich selbst auch nur einen freien Tag. Ich gestehe, da habe ich lieber gleich bei uns im Kühlhaus eingekauft.

Kannst du dich erinnern, was Gabi zum ersten Ma(h)l für dich gekocht hat?

Hans Stefan Nee, wir sind eigentlich im „Katzenbergers Adler" in Rastatt essen gewesen. Ich kann mich nicht erinnern, dass sie für mich gekocht hat. Aber wir haben zusammen gefrühstückt.

Gabi Ja, siehst du, und das war auch das erste Essen, das ich dir gemacht habe! Und er war begeistert von meinem Rührei, weil es so schön saftig war. Allerdings war ich an dem Tag schon kurz davor, ihm die Freundschaft

zu kündigen. Ich hatte ihn nämlich für 10 Uhr eingeladen und gekommen ist er um eins.

Hans Stefan Daran kann ich mich gar nicht mehr erinnern. Aber Gabi ist wirklich eine hervorragende Frühstücksköchin, das stimmt.

(Anmerkung der Autorin: Und die Unpünktlichkeit der Köche im Privatleben scheint weit verbreitet zu sein.)

Gabi, hast du Hans Stefan je um Rat gefragt beim Kochen?

Gabi Ja, wenn ich für die Kinder kochen musste, habe ich schon immer mal wieder gefragt. Oder ich habe Fisch oder Fleisch von unten geholt und er hat mir dann gesagt, wie ich es am besten mache. Das hat dann auch immer geklappt.

Aber privaten Kochunterricht hast du dir nicht geben lassen?

Gabi Doch, aber das hatten wir erst vor einiger Zeit, als Hans Stefan krank war. Er kam aus dem Krankenhaus und musste still liegen und sitzen. Und das Krankenhaus-essen mochte er nicht. Also haben Carolin und ich nach seinen Anweisungen gekocht.

Hans Stefan Ich saß da auf meinem Thron, denn man muss nach einer Hüftoperation ja höher sitzen. Und unter Anweisungen haben die beiden das ganz gut zustande gebracht.

Gabi Es gab Stubenküken. Er hat uns genau gesagt, wie wir es machen müssen: „Den Backofen einschalten, in der Zwischenzeit müsst ihr das und das herrichten, kocht schon mal das Wasser für das Gemüse." Alles nach Anleitung, das hat super geklappt. Und wir sind auch sehr gelobt worden dafür, dass wir gut abgeschmeckt hätten. Eigentlich würde ich mir gerne mehr von dir beibringen lassen.

Hans Stefan Ja, das müssen wir wohl mal beginnen. Das kommt jetzt im dritten Schub.

Apropos dritter Schub: Jetzt, wo die Kinder aus dem Haus sind, habt ihr mehr Zeit für euch?

Gabi Wir haben ja noch immer das Geschäft. Aber ich bestehe mittlerweile darauf, dass wir beide gemeinsam Mittag essen. Ich hasse es, alleine am Tisch zu sitzen. Allerdings wird es dann schon mal halb vier, bis ich was kriege.

Hans Stefan Und mir bekommt es eigentlich nicht. Ich esse dann schon mittags zu viel. Als Koch isst man eher immer so zwischendurch und wenn ich dann auch noch zu den festen Mahlzeiten esse ...

Bekommt Gabi denn nichts von den Menüs zu essen, die es bei euch gibt?

Gabi Natürlich, wenn wir ein neues Menü haben, dann bekomme ich immer etwas zum Probieren und Kennenlernen, aber nie das Menü als Ganzes. Wenn ich sage, ich würde gerne mal probieren, bekomme ich etwas. Das geht auch immer schnell, mitten im Service.

Und das ist auch die Antwort auf die Frage: „Sie sind mit einem Koch verheiratet, wie können Sie so schlank bleiben?"

Gabi Stimmt, aber das habe ich sogar noch anders gehört: „Sie sind ja so schlank. Das ist aber keine gute Werbung für Ihren Mann!" Da war ich sprachlos – schließlich bin ich doch kein Hungerhaken! Aber jetzt sage ich dann immer: „Doch, das ist eben genau die gute und gesunde Küche, da bleibt man schlank."

Darf Gabi dich denn auch mal kritisieren, Hans Stefan?

Hans Stefan Das macht sie oft genug. Die Frage ist nur, ob das immer angebracht ist.

Gabi (ein bisschen nachdenklich) Irgendwie durfte ich früher mehr sagen, da war er noch nicht so „allmächtig".

Hans Stefan Steinheuer

Hans Stefan Ich kann Kritik eigentlich sehr gut akzeptieren. Aber manchmal kritisiert sie Dinge, da fällt sie so in eine Mutterrolle – dabei bin ich schon groß!

Hm, ich glaube, das ist ein allgemeines Mann-Frau-Dilemma. Aber wie sieht es denn mit Kritik an deiner Küche aus?

Hans Stefan Gerade wenn es ums Portionieren und Anrichten geht, empfinde ich Kritik als sehr hilfreich. Sie weiß viel eher, wie es beim Gast ankommt. Und gerade beim Kochen finde ich es sehr schlecht, wenn man sich nur auf seine eigene Meinung verlässt. Ich denke, eine Küche ist umso besser, wenn sie sich gerade dem internen Diskurs stellt. Nur von dem einen akzeptiert man es eben besser als von dem anderen.

Wobei die Ehefrau sicherlich immer die ehrlichste Kritikerin ist.

Hans Stefan Ja. Was man aber gerade in unserem Beruf und in unserer Situation nicht vergessen darf: Ein Partner muss erst einmal bereit sein, am Tag 15 Stunden hier zu verbringen. Da kann es natürlich Abnutzungserscheinungen geben, aber das ist bei uns nicht so. Im Großen und Ganzen leben wir doch sehr harmonisch und haben so alle Strapazen überstanden. Und dann gibt es eben mal Dinge, da setze ich mich durch in meiner Argumentation, und Dinge, da gehe ich auch ohne Weiteres einen Schritt zurück.

Eure Kinder sind in der Gastronomie aufgewachsen – und weiter in diese Richtung gegangen?

Hans Stefan Die Désirée wollte partout nichts mit Gastronomie anfangen, hat sich dann mit 17 plötzlich doch dafür entschieden und ist heute Restaurantleiterin. Carolin hat BWL studiert, mit dem Schwerpunkt PR und Marketing, und ist heute bei einer bekannten Gastro-Agentur. Und Benedikt ist der klassische Betriebswirtschaftler, hat mit 18 sein Abitur gemacht, studiert und ist jetzt mit 24 schon zweieinhalb Jahre bei PWC.

Gabi Dabei hat Benedikt schon als ganz Kleiner immer einen Löffel in der Hand gehabt und stand schon mit fünf gerne in der Küche. Aber dann kam der Fußball und damit war er übers Wochenende immer unterwegs. Die Mädchen mussten, als sie alt genug waren, immer mitarbeiten und haben das auch gerne gemacht (gegen Taschengeld natürlich). Aber unser Sohn hatte nie Zeit.

Hans Stefan Stimmt, nur an Silvester hat er schon mal Smoking und Fliege oder schwarzen Anzug angezogen und direkt mal die Chefposition eingenommen. Aber das macht er dann auch ganz gut.

Gabi Manchmal hast du aber auch schon gesagt: „So ein Pascha!" Aber ganz ehrlich: Mein Sohn sieht schon aus wie der Papa – und er ist seinem Papa auch ganz schön ähnlich ...

Hans Stefan (lacht) Und sie liebt ihn abgöttisch!

Hans Stefan, ihr seid schon so lange zusammen, habt immer zusammengearbeitet, drei Kinder großgezogen. Was liebst du an Gabi heute?

Hans Stefan Ich bewundere nach wie vor, wie sie diese ganzen Dinge unter einen Hut bekommt, diese Riesenfürsorge für die Kinder und den Ehemann. Sie fühlt sich immer verantwortlich, positiv mitzuwirken, dass die Familie hier und am Bodensee eine Einheit bleibt. Gabi hat schon immer so viel Herzlichkeit versprüht und war immer der Darling – und das ist sie heute noch. Und dass sie nach wie vor blendend aussieht, das sieht ja jeder!

Stubenküken

Hier das Rezept des Stubenkükens, das Gabi und ihre Tochter unter Anleitung von Hans Stefan gezaubert haben.

Für 5 Personen

5 Stubenküken
Salz
frisch gemahlener schwarzer Pfeffer
200 g Schalotten
200 g Perlzwiebeln
250 g Rosenkohl
250 g Fingermöhren
10 junge Lauchstangen
600 g kleine festkochende Kartoffeln
(Sorte Belana)
50 ml Pflanzenöl zum Braten
50 g Butter zum Braten
2 Rosmarinzweige
3 Lorbeerblätter

Zubereitungszeit: etwa 45 Minuten

Die **Stubenküken** von allen Seiten **salzen** und **pfeffern**. Die **Schalotten** schälen und in Ringe schneiden. Die **Perlzwiebeln** schälen und kurz blanchieren. Den **Rosenkohl** waschen, putzen und ebenfalls blanchieren. Die **Fingermöhren** schälen und putzen, den **Lauch** putzen und waschen. Beides bissfest garen. Die kleinen **Kartoffeln** unter fließendem kaltem Wasser abbürsten, in der Schale in **Salzwasser** gar kochen, anschließend kurz abkühlen lassen und pellen.

Den Backofen auf 170 °C Ober-/Unterhitze vorheizen. Die Stubenküken in einem Bräter von beiden Seiten in **Öl** und **Butter** anbraten und dann mit der Rückenseite auf ein Backblech setzen. Das Innere der Stubenküken mit dem **Rosmarin** füllen und je ½ **Lorbeerblatt** dazugeben. Das Stubenküken im Ofen 10 Minuten angaren. Danach das gegarte Gemüse und die Kartoffeln dazugeben und mit **Salz** und **Pfeffer** würzen. Die Küken im Backofen etwa 10 Minuten fertig garen.

Geschmelzte Dampfnudeln

auf Kartoffeln

Für 4 Personen
Für die Dampfnudeln

400 ml Milch
30 g frische Hefe
20 g Zucker
500 g Mehl
80 g Butter
1 Prise Salz

Für die Kartoffeln

500 g festkochende Kartoffeln
400 ml Rinderbrühe
3 Lorbeerblätter
Salz
frisch gemahlener weißer Pfeffer

Außerdem
100 g Butter
50 g Semmelbrösel

Zubereitungszeit: etwa 1 ½ Stunden inkl. Geh- und Garzeit

Die **Milch** lauwarm erwärmen, die **Hefe** hineinbröckeln und den **Zucker** darin auflösen. Dann das **Mehl** einrühren, zu einem Teig vermischen und etwa 30 Minuten gehen lassen. Anschließend die **Butter** zerlassen und mit dem **Salz** zum Teig geben. Gründlich verkneten und dann zu Knödeln formen.

Den Backofen auf 170 °C Ober-/Unterhitze vorheizen. Die **Kartoffeln** schälen und in Scheiben schneiden. In einen breiten, ofenfesten Topf legen, **Rinderbrühe** und **Lorbeerblätter** dazugeben, mit **Salz** und weißem **Pfeffer** abschmecken.

Die Knödel auf die Kartoffeln legen, mit einem Deckel schließen und aufkochen. Anschließend im Ofen 20 Minuten garen. Die **Butter** erhitzen und mit den **Semmelbröseln** verrühren.

Sobald die Kartoffeln gar sind, sind auch die Dampfnudeln aufgegangen. Die Butter-Semmelbrösel auf den Knödeln verteilen. Die Dampfnudeln zusammen mit den gegarten Kartoffeln servieren.

Dampfnudeln – gar nicht süß, so liebt
Familie Steinheuer das Rezept vom Chef.

Freiraum schaffen
fürs Lieblingsbrot

Clarissa und Michael Käfer, „Feinkost Käfer", München

Unterwegs in

Feinkostmission

Wenn man mit DEM Feinkostpapst verheiratet ist, gibt es zu Hause bestimmt nur Hummer und Kaviar, oder? Möchte man meinen, aber dass das ganz und gar nicht so ist und man auch als „Käfer" zu Hause gerne mal einfach genießt, wird schnell klar, wenn man mit Clarissa und Michael Käfer spricht. Seit 2007 ist das Paar glücklich verheiratet, 2011 kamen die reizenden Zwillingssöhne dazu und haben das Glück perfekt gemacht. Seitdem die beiden zusammenleben, ist übrigens auch der Kühlschrank zu Hause wieder gefüllt. Mehr davon erzählt Clarissa Käfer im Gespräch. Die zierliche Powerfrau arbeitet in der Firma als Geschäftsführerin des kaufmännischen Bereichs der Käfer GmbH & Co. KG und so ganz nebenbei – aber aus vollem Herzen – hat sie mit ihrem Mann auch noch die Clarissa & Michael Käfer Stiftung für Ältere und Hilfsbedürftige in München und Umgebung gegründet. Daneben ist sie Schirmherrin für das Ronald-McDonald-Haus München am Deutschen Herzzentrum. Sie ist heute fester Teil von „Käfer", obwohl sie, ursprünglich aus dem Consulting kommend, nie etwas mit Gastronomie zu tun hatte, bevor sie ihren Mann beruflich kennenlernte. Der merkte allerdings sehr schnell, wie er heute noch heute grinsend erklärt: „Diese Frau ist ganz sicher ein Gewinn für die Firma – aber vor allem wäre sie das für mich!"
Und das hat ja gut geklappt, Herr Käfer.

Frau Käfer, für Sie war Gastronomie Neuland. Wie groß war die Umstellung?
Clarissa Hier bei uns musste ich erst einmal verstehen, dass die Abläufe nicht so einfach in klare Strukturen zu bringen sind. Wir haben viele Bereiche – Gastronomie, Einzelhandel, Partyservice, Lizenzgeschäft. Darunter gibt es über 20 Gesellschaften. Ich musste lernen, dass es nicht nur für jeden Bereich, sondern für jeden einzelnen Betrieb einen individuellen Ablauf gibt. Und dass ich es mit ganz individuellen Persönlichkeiten zu tun hatte.

Dazu gehören sicherlich auch Küchenchefs. Wie leicht ist es, mit Köchen – viele davon renommierte Spitzenköche – umzugehen?
Michael Ich denke, für dich war es zunächst schon schwierig, die Köche zu verstehen, oder? Zu verstehen, dass sie eben spezielle Menschen sind und dass man da oft sehr feinfühlig sein muss. (lacht) Ein manchmal etwas rauher Ton ist ja meistens nicht böse gemeint und fünf Minuten später schon vergessen.
Clarissa Für mich sind es die „Götter in Weiß". Inzwischen weiß ich, wie wichtig die Küche ist. Und es ist mir auch

bewusst, was die Köche leisten und welche Verantwortung sie tragen. Sehr beeindruckt war ich von einem Küchenchef, der allen 30 Mitarbeitern aus der Küche nach Dienstschluss die Hand schüttelt: „Bei allem Stress und rauhem Ton gehen alle wieder mit einem guten Gefühl nach Hause." Unser Küchendirektor hat mir das mal auf seine ganz eigene Art erklärt: „Wissen's, a Selbstbedienungsrestaurant gibt's, aber a Selbstkochrestaurant gibt's ned. Jetzt wissen's, dass mia wichtig san."

Da hat er recht. Und zu Hause gibt's ohnehin keins von beiden. Wer kocht denn bei Ihnen zu Hause?
Clarissa Mein Mann ist natürlich oft unterwegs. Außerdem isst er häufig tagsüber bei einem Probeessen. Deshalb gibt es bei uns kein Drei-Gänge-Abendessen. Beziehungsweise fällt es vor allem für Michael oft ganz klein aus, weil er dann nichts mehr essen will. Das ist manchmal schade, denn noch lieber, als zu kochen, backe ich. Mein ganz spezieller Apfelkuchen oder eine Biskuitrolle, die man halb mit Erdbeeren und halb mit Weintrauben füllt – die geht ganz schnell und schmeckt wunderbar. Aber mein

„Meine Mutter ist mein lebendes Kochbuch."

Clarissa Käfer

Mann achtet sehr auf seine Linie. Beim Kochen, das mir nicht so leicht von der Hand geht, habe ich inzwischen einerseits eine tolle Küchenmaschine und andererseits auch meine ganz persönliche Geheimwaffe: Meine Mutter kocht sensationell gut. Wenn ich also etwas wissen will, muss ich sie nur anrufen. Sie ist mein lebendes Kochbuch.

Gibt es also nicht doch Gerichte, mit denen Ihre Frau Sie kulinarisch verführen kann, Herr Käfer?

Michael Natürlich, ich kann ja auch den süßen Sachen, die sie so wahnsinnig gut macht, nicht wirklich widerstehen. Oder den Schinkennudeln. Das klingt so banal, aber die richtig gut hinzubekommen, ist nicht so leicht. Die Nudeln dürfen nicht zu frisch sein, der Schinken gehört richtig angebraten. Insgesamt stimmt es aber. Ich esse halt doch selten zu Hause. Wenn allerdings an Weihnachten Clarissa zusammen mit meiner Schwiegermutter für die ganze Familie kocht, bin ich immer ganz begeistert.

Ich höre schon, da spricht doch der Genießer! Der auch selbst kocht?

Michael Ich bin eher so für die kalten Dinge zuständig, schön dekoriert. Und natürlich kann ich auch grillen. Und von meiner Großmutter habe ich gelernt, richtig Spätzle zu schaben.

Michael Käfer ist selbst kein Spitzenkoch, aber natürlich immer von den feinsten Lebensmitteln und den besten Köchen umgeben. Hat man als Frau da auch Hemmungen, wenn man das erste Ma(h)l für ihn kocht?

Clarissa Ehrlich gesagt, beim Kochen war es nicht so schlimm. Ich habe damals als Hauptspeise ein Pilzrisotto gemacht, weil ich das selbst so gerne esse. Wirklich Bedenken hatte ich beim Aufdecken und Dekorieren. Und

obwohl ich das auch von zu Hause kannte – meine Mutter hat schon immer sehr viel Wert darauf gelegt, dass alles wirklich schick dekoriert ist –, habe ich mir bei Michael am Anfang Gedanken gemacht: „Wie viele Kerzen packst du jetzt auf den Tisch, ist das alles auch richtig so?"

Michael Es war natürlich alles perfekt und hat wunderbar geschmeckt. Du hast da wirklich viel von zu Hause mitbekommen. Ich erinnere mich noch an das erste Mal, als wir bei Clarissas Mutter eingeladen waren. Das ganze Haus war dekoriert mit Blumen und Kerzen und allem. Sie hat sich wirklich eine gigantische Mühe damit gemacht.

Was gibt es denn bei Ihnen zu Hause immer im Kühlschrank?

Michael Wiener Würstchen, die sind eigentlich immer da, ein bisschen Käse und Aufschnitt. Was wir wirklich immer zu Hause haben, ist unser tolles Käferbrot. Und natürlich die Klassiker: Milch, Joghurt, viel Salat und Gemüse. Gerade mit den Kindern hat sich da vieles geändert.

Clarissa Geändert ist gut. Als ich Michael kennengelernt habe, war in seinem Kühlschrank einfach nichts. Na gut, hatte ich mir gedacht, er ist nicht zum Einkaufen gekommen und keiner hat etwas bestellt. Aber in der zweiten Woche war da auch nur eine Flasche Champagner dazugekommen. Deshalb habe ich irgendwann die Sache selbst in die Hand genommen und seitdem ist der Kühlschrank auch voll.

Ihr Mann schwärmt von seinem Brot. Aber wann isst er das dann, wenn er immer so diszipliniert ist?

Clarissa Tja, das ist so ein Phänomen. Wie gesagt, will er ja abends nicht mehr so viel essen. Und dann höre ich es plötzlich in der Küche rascheln. Wenn ich ihn dann dabei erwische, dass er sich „nur ganz schnell noch" ein Brot macht, muss ich oft lachen und versuche zu erklären, dass

„Ich glaube, für meine Frau war unsere erste New-York-Reise ein unerwartetes Erlebnis."

Michael Käfer

Brot, auch wenn man es ganz schnell mal im Stehen isst, nicht weniger Kalorien hat. Aber das ist natürlich nicht fair von mir. Ich habe Glück, dass ich da gar nicht aufpassen muss, und ich finde es ja gut, dass er auf sich achtet.

Genießen Sie denn kulinarisch, wenn Sie im Urlaub sind?

Michael Wir haben eine kleine Bleibe am Tegernsee und das irrsinnige Glück, dass wir dort gelegentlich eine Dame haben, die sensationell bayerisch kocht: Apfelstrudel, Millirahmstrudel, all so was. Und manchmal kochen wir da natürlich auch selbst. Aber ehrlich gesagt, sind wir gar nicht so oft im Urlaub. Eher öfter mal auf einem Städtetrip.

Gehen Sie dann auch oft in neue Restaurants?

Michael Das auch, aber vor allem kommt dann der Feinkosthändler in mir durch. Ich glaube, für meine Frau war unsere erste New-York-Reise ein unerwartetes Erlebnis. Statt Sightseeing und tolle Modeläden habe ich sie durch New York geschleppt und wir haben uns jede Metzgerei und jeden Obstladen angeschaut, der irgendwie spannend war.

War es wirklich ein Schock, Frau Käfer?

Clarissa Ein Schock vielleicht nicht, aber durchaus gewöhnungsbedürftig. Und es war ja nicht nur New York, das ist in jeder Stadt so. Ich kann mich noch erinnern: Mein Mann kam zu mir und schlug vor, unseren Hochzeitstag in Paris zu verbringen. Ich war begeistert. Und dann sitzen wir im Flugzeug und ich sehe bei ihm einen Terminplan: 4 Uhr morgens der Großhändler Rungis, 7 Uhr das Restaurant XY auf dem Großmarkt, 8 Uhr irgendein Einzelhändler. So ging das weiter, komplett durchgetaktet. Aber inzwischen habe ich mich daran gewöhnt.

Michael Und Clarissa fotografiert dann alles, alle interessanten Ideen. Das traue ich mich oft nicht. Aber sie ist da ganz rigoros, fotografiert, schreibt Notizen dazu. Und dann macht sie mir ein ganzes Buch daraus, das ich im Anschluss meinen Mitarbeitern zeigen kann, damit wir an neuen Themen arbeiten.

Clarissa Auf diese Weise sammeln wir aber auch unsere Erinnerungen. Denn auch wenn ich vielleicht gerne mal ganz klassisch Sightseeing machen würde: Es sind ja doch unsere gemeinsamen Erlebnisse und es ist unser gemeinsames Geschäft.

Apfelkuchen

Für eine Form von 22 cm Durchmesser

1 Vanillestange
200 ml Milch
2 ½ EL Mehl plus etwas für die Arbeitsfläche
100 g Zucker plus 2–3 EL zum Bestreuen
1 Prise Salz
3 Eigelb
1 TL abgeriebene Schale und Saft von ½ Biozitrone
250 g Blätterteig (siehe Tipp)
1 kg säuerliche Äpfel (z. B. Boskop)
1 EL Butter oder Margarine

Zubereitungszeit: etwa 50 Minuten inkl. 25 Minuten Backzeit

Die **Vanillestange** längs aufschlitzen, mit der **Milch** in einen Topf geben, kurz aufkochen, vom Herd nehmen und die Vanillestange entfernen. **Mehl, Zucker** und **Salz** in einer Schüssel vermischen, die **Eigelbe** und die **Zitronenschale** darunterrühren.

Die heiße Milch ganz langsam und unter ständigem Schlagen in die Schüssel gießen. Alles wieder zurück in den Topf geben und bei schwacher Hitze so lange weiterschlagen, bis die Creme dick wird und fast zu kochen beginnt.

Den Topf vom Herd nehmen und die Creme in eine Schüssel füllen. Alles gut abkühlen lassen, dabei immer wieder umrühren, damit sich keine Haut bildet.

Den **Blätterteig** auf einer leicht **bemehlten** Arbeitsfläche dünn ausrollen. Den Boden einer mit kaltem Wasser ausgespülten Springform damit auslegen und einen 1 cm hohen Rand formen. Die Creme gleichmäßig auf dem Teigboden verteilen. Den Backofen auf 250 °C Ober-/ Unterhitze vorheizen.

Die **Äpfel** waschen, schälen und die Kerngehäuse herausschneiden. Äpfel in Viertel und dann in feine Spalten schneiden. Sofort mit **Zitronensaft** beträufeln, damit sie sich nicht verfärben.

Die Apfelspalten kreisförmig und möglichst dicht aneinander auf die Creme legen. Die **Butter** oder **Margarine** zerlassen, die Apfelspalten damit bepinseln und mit 2–3 EL **Zucker** bestreuen.

Den Kuchen im Ofen etwa 25 Minuten backen. Die Oberfläche soll leicht gebräunt sein.

Tipp Natürlich kann man Blätterteig auch selbst machen. Clarissa Käfer empfiehlt für zu Hause aber, den Teig bei einem Bäcker oder Konditor Ihres Vertrauens zu bestellen.

Es sind ja oft die Klassiker, die man zu Hause besonders gerne isst. Das ist auch bei Käfers nicht anders. Hier also Clarissa Käfers Apfelkuchen.

Obatzter

für den bayerischen Brotzeitteller

Michael Käfer liebt eine kleine Brotzeit mit seinem eigenen Brot. Und als echter Münchner muss ein Brotzeit-schmankerl natürlich auch münchnerisch sein. Damit es ein perfektes Paket wird, hier also ein echter Münchner Brotzeitteller mit Obatzter à la Michael Käfer.

Für etwa 4 Personen
250 g reifer Camembert
50 g Frischkäse
40 g zimmerwarme Butter
2 TL gehackter Kümmel
knapp 3 TL edelsüßes Paprikapulver
10 ml Weißbier
Salz
frisch gemahlener schwarzer Pfeffer
1 kleiner Bund Schnittlauch

Zubereitungszeit: etwa 45 Minuten inkl. Ziehzeit
Camembert, Frischkäse und **Butter** zusammen mit einer Gabel zerdrücken. Den gehackten **Kümmel** und das **Paprikapulver** zugeben und unterheben. Dann das **Weißbier** daruntermengen und die Masse mit **Salz** und **Pfeffer** abschmecken.
Zugedeckt bei Zimmertemperatur 30 Minuten durchziehen lassen. **Schnittlauch** waschen, trocken schütteln und in Röllchen schneiden. Obatzter damit bestreuen und mit Brezen (wie im Bild als Teil eines Brotzeittellers) oder mit einem gerösteten Bauernbrot servieren.

„Wir zwei –
und Berlin."

Svenja und Michael Kempf, „Facil", Berlin

Zwei Gegensätze

genießen

gemeinsam

Svenja Kempf ist Controllerin und liebt ihren Beruf. Zahlen, Statistiken, das ist ihre Welt. Als sie also 2006 durch ein Praktikum im Berliner „Mandala Hotel" – ein Praktikum für Business Development – Michael Kempf kennenlernte, war er „wohl nicht gerade ihr Beuteschema", wie der Zwei-Sterne-Koch selbst grinsend erzählt. Aber Svenja kommt aus einer frankophilen Familie, die gutes Essen und guten Wein sehr liebt. Also wollte sie ihren Eltern etwas Gutes tun und nutzte ihre Bekanntschaft zum Spitzenkoch, um ihn am Ende des Praktikums zu bitten, ihr ein ganz bestimmtes Olivenöl zu besorgen. Was er tat, es aber selbst nicht übergab. Sie schrieb ihm eine Mail, die er ihr (unwissentlich) genau an ihrem Geburtstag beantwortete. Und so kam es doch noch zu einem ersten Date, zu vier weiteren, zur ersten gemeinsamen Wohnung und schließlich zu Michaels Heiratsantrag in Amsterdam. Für Svenja hat Michael Kempf in seinem Leben etwas geändert: weniger Events, bei denen er kocht, nicht immer mit dem Kopf durch die Wand – und die wenige Freizeit mit Svenja auch wirklich genießen: „Sonst kann man so eine Frau auch nicht halten."

Svenja, du wolltest ja eigentlich keinen Koch, gerade durch dein Praktikum kanntest du die Arbeitszeiten. Wie geht es dir heute damit?

Svenja Am Anfang ist man ja erst einmal einfach nur verliebt. Da braucht es ein paar Monate, bis man begreift, dass diese wenige Freizeit immer so bleibt. Und dann kam auch bei mir schon mal die Frage: „Oh Gott, will ich das wirklich?" Aber inzwischen mag ich auch die Freiheiten, die ich dadurch genieße, die Zeit für mich. Oder ich kann mir im Fernsehen ansehen, was ich will und muss mir keine blöden Kommentare anhören. Wenn ich anderen Paaren zuhöre, wie sie von ihrem „Wie war dein Tag, meiner war so"-Alltag erzählen, bin ich sogar sehr glücklich, dass wir das nicht haben.

Michael Ich glaube, meine Süße braucht auch mal Zeit, um runterzukommen. Dann ist es ganz gut, dass ich nicht da bin. Und die gemeinsame Zeit nutzen wir eben intensiv aus.

Verbunden hat euch sicher auch die gemeinsame Liebe zu gutem Essen. Du, Svenja, hast ja schon zu Hause gerne mal gekocht. Nur für einen Sternekoch ist das doch etwas anderes – das erste Ma(h)l …

Svenja Ja, ich hatte totale Angst und habe mich auch lange davor gedrückt. Aber ich muss gestehen, was es dann letztendlich war, weiß ich gar nicht mehr.

Michael Ich auch nicht, ehrlich gesagt.

Svenja Aber ich habe sowieso schnell festgestellt: Anspruchsvoll sind sie ja nicht, diese Köche. Sie genießen es einfach, wenn etwas für sie gemacht wird. Nur die Produktqualität muss stimmen. Das habe ich auch durch Michael gelernt: noch mehr auf die Qualität zu achten und nicht einfach nach dem Billigsten zu greifen.

Was hat er denn zum ersten Ma(h)l für dich gekocht?

Svenja Blutwurst mit Kartoffelbrei – das klassische Himmel un Ääd.

Nicht gerade das romantischste Essen!

Svenja Nein, die ganze Situation war überhaupt nicht romantisch. Denn in meiner damaligen ersten kleinen Wohnung war auch die Küche sehr klein und hatte keine Tür. Und als Michael die Blutwurst dann ganz scharf angebraten hat, zog der Qualm durch die ganze Wohnung. Aber lecker war es hinterher!

Michael Du hast recht, aber das hatte ich ganz vergessen. Ich hatte gedacht, es sei für dein Abschiedsessen gewesen, bevor du zu deinem Praktikum nach Frankreich fahren musstest. Nachdem wir nach vier Wochen in unserer ersten gemeinsamen Wohnung endlich auch eine Küche hatten, haben wir für Svenja nämlich mit unseren Freunden zur Verabschiedung ein Vier-Gänge-Menü zum Thema „Frankreich" gemacht – ohne Qualm!

Ihr kocht gemeinsam mit Freunden?

Michael Ja, das ist bei uns eine Tradition mit unseren Nachbarn, mit denen wir eng befreundet sind. Wir haben regelmäßige Kochtreffen und suchen uns jedes Mal ein anderes Thema aus. Jedes Pärchen ist dann verantwortlich für einen Gang.

Kochtreffen – sind deine Freunde auch Profiköche?

Michael Nein, gar nicht. Das sind alles super Hobbyköche und im wahren Leben Architekten und Controller. (Er überlegt kurz.) Obwohl – zwei davon sind mittlerweile in die Gastronomie abgedriftet. Der Architekt hat inzwischen einen Cupcake-Laden im Nikolaiviertel und ein anderer, der in der Beratung tätig war, hat mit 46 Jahren eine Kochlehre bei mir gemacht.

Wenn du alle so ansteckst: Wirst du deine Frau auch in die Gastronomie ziehen?

Michael Bloß nicht! Sie ist Controllerin und hat auch noch ihr Masterstudium gemacht.

Svenja Nein, auf keinen Fall. Ich bin sehr stolz auf ihn und das, was er erreicht hat, aber ich bin eine eigenständige Person.

Ihr kocht gemeinsam. Hast du, Svenja, auch Michael schon mal etwas beigebracht?

Svenja Ich ihm beim Kochen?

Ja, warum nicht?

Svenja Stimmt eigentlich. Ich habe ihm gezeigt, wie man Käsefondue macht. Das hat er vorher nur einmal versucht, da ist es ein bisschen klumpig geworden. Also habe ich ihm Tricks gezeigt, wie man es richtig machen muss.

Michael Und der Karpfen blau! Als Süddeutscher kannte ich das nicht, aber in Niedersachsen, wo Svenja herkommt, ist das Tradition. Das hat sie mir Weihnachten 2007 beigebracht. Ich muss allerdings gestehen: Rein geschmacklich wird das nie mein Highlight werden.

„Eigentlich ist Michael ein bisschen neidisch auf den neuen Herd meiner Mutter."

Svenja Kempf

„Wenn ich zu lange in der Küche stehe, tue ich uns beiden nichts Gutes."

Michael Kempf

Und hast du auch etwas von ihm gelernt?

Svenja Ja, natürlich, diverse Sachen, für die ich auch sehr dankbar bin. Richtig schneiden zum Beispiel. Oder Saucen. Michael ist ja Schwabe, er lebt also für Saucen und kennt all die kleinen Tricks: wie man die Sauce einkochen lässt, sie durch ein Sieb streicht oder was man noch alles damit anstellen kann.

Michael, wenn du zu Hause – ohne Freunde – kochst: Was gibt es dann?

Michael Eher einfache Sachen wie Eintöpfe. Aber ehrlich gesagt, gehen wir relativ viel essen. Hier in Berlin gibt es dazu ja jede Möglichkeit. Wir haben so wenig Zeit miteinander, da will ich nicht, dass einer von uns stundenlang in der Küche steht. Aber meine Spezialität ist das Frühstück am Wochenende. Da fällt dann das Mittagessen aus und ich mache alles, was mit Eiern zu tun hat, von Armen Rittern und Pancakes über Pfannkuchen oder einfach pochiert, mit verschiedenen Saucen dazu. Außerdem gibt es selbst gemachte Säfte, verschiedene Gemüsesalate. Oder eben auch Gemüseburger. Ich steh' total darauf, den Tag frisch zu beginnen.

Ihr habt mir beide schon von Svenjas Mutter erzählt, die ja ambitionierte Hobbyköchin ist. Hatte sie Angst, für dich, Michael, zu kochen?

Svenja Erstaunlicherweise nicht so sehr. Aber sie wollte schon vorher von mir wissen, wie er so ist und was er gerne isst. Das erste Ma(h)l bei meiner Mutter war in der Adventszeit und da hat sie sich noch mehr ins Zeug geschmissen als sonst. Er hat es voll und ganz genossen und seitdem freut sie sich, wenn sie für ihn kochen darf.

Michael Ihre Mutter ist eine ganz tolle Köchin. Sie hat einige Kochbücher und Zeitschriften, auch von Sterneköchen, und probiert sehr gerne neue Rezepte und Ideen aus. Aber sie kocht nicht immer eins zu eins nach, sondern packt Elemente aus den Rezepten und macht dann ihre eigenen vier oder fünf Gänge. Und sie hat eine tolle Profiküche!

Das klingt beeindruckt ...

Svenja Eigentlich ist Michael ein bisschen neidisch auf den neuen Herd meiner Mutter. Sie kann auf ihm die Töpfe hin- und herschieben, wie sie will, es sind viele Induktoren darüber verteilt – den hätte Micha auch gerne.

Aber entgegen aller Vermutungen haben die meisten Köche zu Hause nicht die Highend-Geräte.

Svenja Nee, wozu auch, so oft benutzen wir den Herd ja doch nicht.

Michael, wenn sich Svenja etwas Besonderes von dir wünschen würde: Was wäre das?

Michael Mehr Zeit!

Oh – das ist allerdings ein schwieriges Rezept.

Michael Ja, das ist ein verdammt schwieriges Rezept. Aber im Ernst. Wenn ich zu lange in der Küche stehe, tue ich uns beiden nichts Gutes. Wir möchten einfach Zeit miteinander verbringen. Svenja ist ein totaler Käsefan, also mache ich so was wie Käsefondue ...

Svenja ... jetzt ohne Klumpen!

Michael Oder Raclette – vor allem etwas, bei dem man auch noch kuscheln kann!

Kichererbsensalat „Svenja"

Svenja Kempf hat sich so lange vor dem ersten Ma(h)l gedrückt, dass sie gar nicht mehr weiß, was es war. Aber ihren Kichererbsensalat liebt Michael auf alle Fälle heute noch und isst ihn gerne immer wieder.

Für 4 Personen

200 g getrocknete Kichererbsen
Salz
2 rote Zwiebeln
1 Knoblauchzehe
100 g Kirschtomaten
50 g getrocknete Tomaten in Olivenöl
2 Basilikumzweige
2 Minzezweige
2 Korianderzweige
50 g grüne Oliven ohne Stein
3 EL Olivenöl
3 EL Walnussöl
Saft und Zesten von 1 Biozitrone
Meersalz
Piment d'Espelette
gemahlener Kreuzkümmel

Zubereitungszeit: etwa 45 Minuten plus 30 Minuten Ziehzeit sowie Einweichen über Nacht

Die **Kichererbsen** über Nacht in reichlich kaltem Wasser einweichen. Dann in kochendem **Salzwasser** etwa 40 Minuten weich garen. Auf einem Sieb gut abtropfen lassen, das Kochwasser aufheben.

Währenddessen die **Zwiebeln** schälen und in feine Streifen schneiden. Den **Knoblauch** schälen und fein würfeln. Die **Kirschtomaten** waschen und vierteln. Die getrockneten **Tomaten** gut abtropfen lassen und in feine Streifen schneiden. **Basilikum-, Minze-** und **Korianderblättchen** abzupfen, waschen, trocken schütteln und in feine Streifen schneiden. Die **Oliven** gut abtropfen lassen und in Scheiben schneiden. Zwiebeln, Knoblauch, Kirschtomaten, getrocknete Tomaten, Kräuter und Olivenscheiben zusammen mit etwas von dem Kochwasser zu den Kichererbsen geben. Mit **Oliven-** und **Walnussöl** vermischen. **Zitronenzesten** und **Zitronensaft** zum Salat geben und mit **Meersalz, Piment d'Espelette** und **Kreuzkümmel** abschmecken.

Den fertigen Salat 30 Minuten ziehen lassen und dann nochmals abschmecken.

Burger von der Karotte

mit Kräuterschmand und Röstzwiebeln

Für 4 Burger

400 g Biokarotten
200 g grobe Haferflocken
2 EL körniger Senf
2 Eigelb
Salz
gemahlener Kreuzkümmel
Piment d'Espelette
etwas Mehl
Pflanzenöl zum Braten und zum Frittieren
3 weiße Zwiebeln
100 g Schmand (oder Crème fraîche)
abgeriebene Schale von ½ Biozitrone
frisch gemahlener weißer Pfeffer
¼ Bund Koriander
3 Minzezweige
4 Vollkornbrötchen
1 Flaschentomate
2 EL gehackte Vogelmiere

Zubereitungszeit: etwa 45 Minuten

Die **Karotten** schälen und grob reiben. Die **Haferflocken,** den **Senf** und die **Eigelbe** dazugeben. Mit **Salz, Kreuzkümmel** und **Piment d'Espelette** abschmecken. Die Masse mindestens 20 Minuten abgedeckt ziehen lassen. Dann erneut abschmecken, in 4 Teile portionieren und mit befeuchteten Händen Burger formen.

Die Burger leicht **mehlieren.** Den Backofen auf 160 °C Umluft (oder 170 °C Oberhitze) vorheizen.

Das **Pflanzenöl** in einer Pfanne erhitzen und die Burger von beiden Seiten goldbraun anbraten. Auf ein Backblech setzen und im Backofen etwa 6 Minuten fertig garen.

Die **Zwiebeln** schälen, vierteln und in sehr feine Streifen schneiden. In ungesalzenem Wasser etwa 4 Minuten kochen. Abschütten und zum Trocknen auf ein Küchentuch legen. Etwas **Öl** in einem Topf auf 160 °C erhitzen und die Zwiebeln darin goldgelb frittieren. Mit einer Fleischgabel ab und zu rühren, sonst entsteht ein „Nest". Die Zwiebeln zum Abtropfen auf Küchenpapier legen und **salzen.**

Den **Schmand** mit abgeriebener **Zitronenschale, Salz** und weißem **Pfeffer** abschmecken. Den **Koriander** und die **Minze** waschen, gut trocken schütteln und sehr fein schneiden. In den Schmand rühren.

Die **Brötchen** halbieren und toasten. Die **Flaschentomate** waschen, Kerne entfernen und das Fruchtfleisch in feine Scheiben schneiden.

Die untere Hälfte des Brötchens mit dem Kräuterschmand bestreichen. Darauf eine Tomatenscheibe und wiederum darauf den Karottenburger legen. Mit Kräuterschmand bestreichen und eine weitere Tomatenscheibe darauflegen. Etwas **Vogelmiere** und die Röstzwiebeln darauf verteilen. Die obere Brötchenhälfte mit Kräuterschmand bestreichen und daraufsetzen.

Das ganz große Frühstück, das ist Michaels Spezialität. Und da darf es eben auch mal deftig zugehen – mit köstlichen vegetarischen Burgern.

„Na, na, na – mit Bier hat's doch schon damals nicht geklappt!"

Susanne und Thomas Dorfer, „Landhaus Bacher", Mautern (A)

Lange Wege

zur großen Liebe

Susanne Dorfer-Bacher muss man nicht fragen, ob sie gewusst hat, worauf sie sich mit einem Koch einlässt. Als Tochter von Lisl Wagner-Bacher, der Grande Dame der österreichischen Spitzenküche, und Klaus Wagner, der sich um Service und Wein im „Landhaus Bacher" in der Wachau kümmert, hat sie die Gastronomie sozusagen mit der Muttermilch aufgesogen. Sowohl Susanne als auch ihre Schwester Christina wussten schon früh, dass sie ebenfalls in die Gastronomie wollen. Christina in Richtung Küche und Susanne in Richtung Wein. Ein kochender Ehemann war da gar nicht nötig. „Wir wussten immer, dass wir das Landhaus auch zu zweit weitermachen", sagt Susanne. Und außerdem hätte sie sich sowieso nie explizit einen Koch gesucht, denn: „Viele Köche sind halt schon … extrem. Und ich habe immer gedacht: Mann reicht schon, Mann und Koch, das ist zu viel." Aber als Thomas Dorfer, der charmante und begabte Kärntner, als Commis de Cuisine im „Landhaus Bacher" zu arbeiten begann, war das Schicksal eigentlich schon besiegelt. Allerdings nicht im ersten Anlauf. Denn es dauerte noch ein paar Jahre, bis die beiden dann wirklich zusammenkamen.

Thomas, hattest du in deiner ersten Zeit im „Landhaus Bacher" Angst, mit der Tochter des Hauses anzubandeln?

Thomas Natürlich hab' ich immer gedacht, als Tochter von der Chefin würde die doch nie etwas mit einem jungen Koch anfangen. Dabei hat sie mir ja schon immer gefallen. Aber sie hat damals auch einen Freund gehabt und so ist nichts draus geworden.

Susanne Na ja, wir sind schon mal zusammen fort. So schüchtern bist du ja nicht. Und ich habe ein Bier getrunken – und du eins nach dem anderen. Da habe ich mir gedacht: „Wenn der so viel trinkt, kann er nichts von mir wollen."

Da sieht man es: Wir verstehen die Männer immer falsch! Wahrscheinlich war er nur total nervös. Aber jedenfalls ist Thomas dann aus Mautern weg und nichts war passiert …

Thomas Ich bin dann auf Wanderschaft gegangen. Zuerst in die Schweiz, dann nach Deutschland ins Restaurant „Bareiss". Da war ich relativ lange Souschef und habe in der Zeit auch den Grand Prix Taittinger gewonnen.

Dazu gab es den ersten Zeitungsartikel über mich, auf den ich natürlich sehr stolz war. Da ich den Kontakt zum „Landhaus Bacher" und zu meiner Exchefin immer gehalten hatte, musste ich den Artikel natürlich dort hinschicken – und habe einen sehr netten Antwortbrief erhalten. Damals schrieb man noch Briefe, stell' dir vor! Für diesen Brief wollte ich mich wiederum bedanken – und hatte per Zufall Susanne am Telefon. So habe ich ihre Handynummer bekommen, und das war der wirkliche Anfang.

Susanne, was hat deine Meinung geändert?

Susanne Wirklich unsympathisch war er mir ja vorher schon nicht. Und als ich bei dem Presseartikel das Foto mit seinem Lachen drauf gesehen habe, hab' ich mir schon gedacht: „Warum hast du damals eigentlich nicht reagiert?"

Damals wäre es zumindest einfach gewesen. Denn jetzt war er im Schwarzwald und du in der Wachau.

Thomas Ja, das hat es nicht leichter gemacht. Wir haben erst etwa zwei Monate nur SMS geschrieben, dann immer öfter telefoniert und uns dann schließlich

„Und dann will er so mit mir reden wie mit seinen Leuten in der Küche."

Susanne Dorfer

erst in der Mitte, auf neutralem Boden in München getroffen. Dann im Dezember war ich zwei ganze Tage in Mautern (natürlich in einer Pension!) und da hat es richtig gefunkt. Also bin ich die nächsten sieben Monate dreimal im Monat am Sonntagabend mit dem Auto von Baiersbronn zum Stuttgarter Bahnhof und mit dem Nachtzug nach St. Pölten gefahren. Da hat mich Susanne um 8.17 Uhr (das weiß ich noch genau) abgeholt, wir haben den Montag und Dienstag miteinander verbracht und am Dienstagabend hat sie mich wieder zum Bahnhof gebracht. In Stuttgart bin ich dann irgendwann um 5 Uhr in mein Auto gestiegen, habe mich in meiner Wohnung eine Stunde aufs Ohr gelegt und bin arbeiten gefahren.

Susanne Ja, die Fahrzeiten, die er damals auf sich genommen hat, das war schon sehr lieb. Da wusste ich auf alle Fälle, dass er es ernst meint.

Mit deiner Mutter und dieser langen Geschichte des Zusammenkommens gab es bei euch kein klassisches erstes Ma(h)l. Kochst du überhaupt, Susanne?

Susanne Eigentlich habe ich erst angefangen zu kochen, als die Kinder kamen. Es gab ja auch vorher keine Notwendigkeit. Zu Hause hat immer die Mama gekocht, mich immer verwöhnt. Und am Ruhetag sind wir meistens essen gegangen. Aber heute koche ich vor allem, wenn wir im Januar und Februar Urlaub haben, das Restaurant also geschlossen ist.

Thomas Ich denke, irgendwie hat sich Susanne selbst die Verantwortung auferlegt, dass man als Mutter auch kochen können muss. Und sie kocht wirklich super, gerade Hausmannskost. Sie kann eine wirklich super

Hühnersuppe oder ein tolles Brathendel oder überbackene Schinkenfleckerln – das sind natürlich auch die Lieblingsgerichte unserer Kinder.

Holst du dir denn keine Tipps von Thomas?

Susanne Tipps hole ich mir schon. Aber gemeinsam kochen, das geht gar nicht. Furchtbar, das würde ich nicht aushalten. Wenn du es nicht genau so machst, wie er es haben will, wird er ungeduldig. Und dann will er so mit mir reden wie mit seinen Leuten in der Küche. Er kann dann überhaupt nicht verstehen, dass ich etwas nach dreimaliger Erklärung noch immer nicht „richtig" mache. Also koche ich lieber allein. Abgesehen davon gibt's noch ein anderes Problem: Thomas kocht zu Hause – in unserer Miniküche – genauso wie unten. Und ich muss dann aufräumen.

Thomas Na ja, wir wohnen ja oberhalb des Restaurants und haben dort nur so eine „Satellitenküche" mit zwei Herdplatten. Da kann ich mich nicht ausbreiten. Unten habe ich richtig Platz.

Irgendwie gehen ja viele Menschen davon aus, dass man, ist man mit einem Koch verheiratet, automatisch auch super kochen kann und wahnsinnig anspruchsvoll ist. Bei dir muss das ja gleich doppelt schwer sein.

Susanne Stimmt, als wir uns beispielsweise damals in München getroffen hatten, waren wir auch bei einem Freund von Thomas, der Koch im „Tantris" war. Und der war total aufgeregt, dass ich dabei bin – nur weil ich die Tochter meiner Mutter bin. Das habe ich damals gar nicht verstanden. Aber auch in der Hotelfachschule haben alle gemeint, ich müsste doch toll kochen können. Dabei finde ich, dass man gerade, wenn man normal aufwächst, mit

einer Mutter, die einfach zu Hause kocht, doch viel näher dran ist als bei uns in so einer Großküche. Hier ist immer so viel los – da kann man nicht einfach mal zuschauen. Aber ich muss auch zugeben: Mich hat von Anfang an das Thema „Wein" mehr interessiert.

Macht Kochen wirklich gar keinen Spaß?

Susanne Doch, heute schon. Und inzwischen auch für Thomas, nicht nur für die Kinder. Wenn er montags oder dienstags irgendwo unterwegs ist, wo ich nicht mitkann, koche ich gerne für ihn, wenn er heimkommt. Er sagt

zwar dann immer, er braucht nichts mehr. Aber ich will ihn dann schon etwas verwöhnen, ohne dass er es selbst machen muss.

Thomas Und ich genieße es sehr.

Und steht ihr auch mal zusammen am Herd?

Thomas Nein, ich koche mit ihr nicht. Da hätte ich zu wenig Geduld. Aber Susanne kocht auch wirklich super – die paar Gerichte, die sie macht. Wenn wir im Januar und Februar geschlossen haben, verwöhnt sie die ganze Familie. Das ist eine Zeit, in der ich tatsächlich

„Im Januar und Februar ist Susanne die Chefin am heimischen Herd."

Thomas Dorfer

ausspanne und keine große Lust zu kochen habe. Höchstens, dass ich dann schon etwas vorbereitet habe, was wir auftauen können. Aber eigentlich ist in der Zeit Susanne die Chefin am heimischen Herd.

Was ist denn das Gericht, dass er von dir am liebsten isst?

Susanne Meine Hühnersuppe mag er total gerne. Und ehrlich gesagt, ich glaube sogar, dass meine besser ist als seine.

Thomas Sie ist vor allem für mich gemacht!

Ob die Partnerin nun kochen kann, ist für die meisten Köche nicht so wichtig, aber sie sollte genießen können. Bei deinem Hintergrund selbstverständlich, oder?

Susanne Oh, da hat Thomas in mir schon einen extremen Fall. Es gibt so viele Sachen, die ich nicht esse. Innereien wie Leber zum Beispiel. Also wenn man meinen familiären Hintergrund bedenkt, bin ich schon eine fade Esserin. Aber als ich mit Thomas zusammengekommen bin, hat mir meine Mama gesagt: „Also, jetzt muss das besser werden und du musst einfach üben: Eine neue Zutat pro Monat muss sein." Das hat zwar nicht immer funktioniert, aber es ist schon viel besser geworden.

Thomas Viel! Und man muss ja zugeben: Jeden Monat eine Zutat bedeutet zwölf neue Zutaten im Jahr. Dann wären wir ja jetzt schon bei über 150 neuen Zutaten! Wir einigen uns schon auf die, die Susanne mag.

Aber ich habe gehört, Thomas hat einen anderen Tick – er braucht die richtigen Teller.

Susanne Ja, da wird er immer ganz närrisch, wenn das nicht passt.

Thomas Das ist halt etwas, auf das man in der Gastronomie schaut. Wir kochen zum Beispiel einmal im Jahr bei Freunden daheim. Nicht unbedingt was Besonderes, viel wird gegrillt. Aber als Vorspeise bringe ich immer etwas, was ich im Restaurant vorbereitet habe. Und die Teller dort gefallen mir nicht. Die sind einfach zu klein. Dann gibt es nicht genügend und man muss auf verschiedenen Tellern anrichten. Ich meine, wenn du ein Gericht im Restaurant auf einem 32er Teller anrichtest, schaut das edel aus. Wenn du das dann auf einem normalen 22er Teller anrichtest, dann bin ich einfach nicht zufrieden.

Susanne Das Beste daran ist, dass wir genau aus diesem Grund eine Hochzeitsliste hatten, mit lauter Porzellanwünschen. Und Thomas hat sich das schon super vorgestellt. Aber: Die meisten Dinge haben wir noch nie verwendet. Am Anfang waren die Kinder noch nicht so pflegeleicht und heute genießen wir schon auch mal die Zeit zu zweit und essen mit Freunden lieber außerhalb.

Thomas Und deshalb könnten wir nächstes Jahr die Teller einfach zu unseren Freunden mitnehmen.

Meine letzte Frage an dich, Thomas: Wenn Susanne ein Gericht oder ein Lebensmittel für dich wäre, was wäre sie denn dann?

Thomas (wie aus der Pistole geschossen) Ein Paradeiser im Hochsommer! Süß und saftig – und mit etwas Salz und einem rassigen Olivenöl auch mit dem richtigen Pfiff!

Lieblings-schinkenfleckerl

Susanne-Spezial

Eigentlich ist sie ja eher für den Wein zuständig, aber wenn Susanne diese Schinkenfleckerl macht, schmilzt Thomas dahin.

Für 4 Personen
200 g Vollkornfleckerl
(österreichische Eiernudeln)
Salz
3 Eier
80 g weiche Butter plus etwas
für die Form und zum Belegen
250 g Beinschinken (am besten Wiener
Beinschinken von Thum)
2 Eiweiß
250 g Sauerrahm (saure Sahne)
125 g Schlagobers (Sahne)
frisch gemahlener schwarzer Pfeffer
frisch geriebene Muskatnuss
Semmelbrösel zum Bestreuen
geriebener Parmesan zum Bestreuen

Zubereitungszeit: etwa 1 Stunde 15 Minuten inkl. 45 Minuten Backzeit

Die **Vollkornfleckerl** in kochendem **Salzwasser** nach Packungsanweisung al dente kochen und gut abtropfen lassen. Den Backofen auf 180 °C Ober-/Unterhitze vorheizen.

1 **Ei** trennen und das Eigelb mit den beiden ganzen **Eiern,** der **Butter** und 1 Prise **Salz** schaumig rühren (auf Österreichisch nennt man das Abrieb). Den **Schinken** in kleine Würfel schneiden und unter den Abrieb rühren. Das übrige Eiweiß zusammen mit den 2 weiteren **Eiweißen** und 1 Prise **Salz** zu „schlampigem", also nicht zu steifem Schnee schlagen. Mit **Sauerrahm, Schlagobers,** den Fleckerln und dem Abrieb vorsichtig vermischen und mit **Salz, Pfeffer** und **Muskat** würzen. In eine **ausgebutterte** Form füllen und mit **Semmelbröseln** und **Parmesan** bestreuen, einige **Butterflocken** darauf verteilen. Im Backofen etwa 45 Minuten backen.

Barbecuesauce

Thomas-Spezial

Im Sommer mit den Kindern grillen, das ist für Dorfers als Familie das Größte. Dazu gibt es aber natürlich nur Papas selbst gemachte Barbecuesauce.

Für eine Grillparty
5 Zwiebeln
400 g geräucherter Speck
1,5 kg reife Marillen (Aprikosen)
etwas frische, gehackte Chilischote nach Geschmack
2 Dosen geschälte Tomaten (800 g)
1,5 kg Ketchup
100 ml süßer Reisessig
200 ml Sojasauce
150 ml Worcestersauce
480 ml süß-saure Chilisauce für Huhn
Salz
Zucker
schwarzer Kampot-Pfeffer

Zubereitungszeit: etwa 15 Minuten plus 1 ½ Stunden Kochzeit

Die **Zwiebeln** schälen und grob schneiden. Den **Speck** in einer Pfanne anbraten und die Zwiebeln darin rösten. **Marillen** waschen, trocken tupfen und entsteinen. Die **Chilischote** von Samen und Scheidewänden befreien und fein hacken. Marillen, gehackte Chili nach Geschmack, **Tomaten, Ketchup, Reisessig, Soja-, Worcester-** und **Chilisauce, Salz, Zucker** und **Kampot-Pfeffer** zu den Zwiebeln geben und langsam etwa 1 Stunde 30 Minuten bei schwacher Hitze köcheln lassen. Mixen, durch ein Sieb passieren und abschmecken.

Kleines Auto, große Ziele – immer zu zweit!

Barbara und Shane McMahon, „Shane's Restaurant", München

Irish Love

und Schlutzkrapfen

Die beiden haben sich einander wortwörtlich geangelt – denn kennengelernt haben sich Barbara und Shane McMahon in einem Anglerladen. Damals war Barbara Journalistin und Eventmanagerin mit eigener Agentur und Shane angestellter Küchenchef im Restaurant „Marron" in München-Schwabing. Beide waren mit dem Anglerladenbesitzer Helmut befreundet und hatten mit ihm immer mal wieder über eine gemeinsame Kochsession gesprochen. An dem bewussten Tag hielt Barbara sich gerade im Laden auf, als zufällig auch Shane hereinkam und Helmut meinte: „Das ist der Koch, von dem ich dir erzählt habe." Zu Shanes großer Verblüffung zückte Barbara daraufhin sofort ihren Terminkalender und meinte: „Also, wenn du das bist, dann lass' uns doch gleich einen Termin machen." Der Haken saß. Und drei Wochen später fand das gemeinsame Fischessen mit Freunden auch wirklich statt. Gelegenheit für die Powerfrau und den eigenwilligen Küchenchef, sich besser kennenzulernen. Da waren zwei Charakterköpfe aufeinandergetroffen.

Barbara, du hast sofort einen Termin gemacht, hat es bei dir also gleich gefunkt?

Barbara Nein, ich fand ihn anfangs nur nett und sympathisch. Und als er mich dann später bei unserem ersten richtigen Date versetzt hat, war er für mich eigentlich gleich abgeschrieben. Aber er hat sich dann doch noch mal ganz gut verkauft ... Ich fand es toll, dass Shane sich aufrichtig entschuldigen konnte – und dass er seinen ganz eigenen Kopf hat. Irgendwie hat mir das imponiert.

Shane, du hast dich also wirklich ins Zeug gelegt?

Shane Ja, bei dem Fischessen war ich schon da, als sie kam. Ich habe ihr die Tür aufgemacht, Barbara stand mit einer Flasche Prosecco in der Hand da und hat einfach geleuchtet! Da hat es schon ein bisschen gefunkt. Und als wir uns dann wieder getroffen haben, wusste ich: So eine Frau kriege ich nicht zweimal.

Nun hattet ihr damals ja völlig getrennte Arbeitswelten. Habt ihr sofort beschlossen zusammenzuarbeiten?

Barbara Bei uns fing die Zusammenarbeit erst allmählich an. Ich glaube, eine Ehe oder eine Partnerschaft zu führen, in der einer Gastronomie und der andere etwas komplett anderes macht, ist schwierig. Da bedarf es beidseitig

wirklich einiger Toleranz. Unser erster gemeinsamer Schritt bestand darin, dass ich Kochevents in unserem kleinen Kochatelier „Shane's Kitchen" vermarktet habe. Das war aber erst fünf Jahre nachdem wir uns kennengelernt haben.

Shane Ja, „Shane's Kitchen" war eigentlich Barbaras Idee. Ich war damals in einem Job, der mich nicht sehr glücklich gemacht hat. Und dann hat sie angerufen und mir gesagt, sie habe einen Laden in der Schleißheimer Straße gefunden, ideal für meine Kochevents und für die Selbstständigkeit. Das war genau der richtige Riecher.

Heute führt ihr „Shane's Restaurant" zusammen. Wie kam das?

Barbara Eigentlich eher zufällig. 2009 in der Wirtschaftskrise lief meine Agentur gerade nicht so besonders und gleichzeitig wurde Shane das Restaurant angeboten. So stand ich plötzlich schneller, als mir anfangs lieb war, mittendrin. Damals habe ich meine Hochzeiten und Veranstaltungen auch noch gemacht, aber schnell gemerkt, dass ich mich nicht zerteilen kann. Inzwischen bin ich in meiner Agentur nur noch im Hintergrund tätig, ich gebe jeden Tag Vollgas im Restaurant.

Shane Wir arbeiten zusammen, aber jeder hat seinen Bereich. Ich bin der Mann für alles mit dem Schwerpunkt Küche. Aber Buchhaltung, Rechnungen, Reservierungen,

„So eine Frau kriege ich nicht zweimal."

Shane McMahon

das ist alles Barbaras Seite. Und natürlich auch die Gäste. Sie kommt sehr gut an und ich muss ehrlich sagen: Ohne Barbara, no way, da wäre ich wahrscheinlich noch angestellt.

Als Kochfrau merkt man ja relativ schnell, dass der Mann nicht gerade viel Zeit hat. Hattest du damit je Probleme?

Barbara Nein, weil ich auch nicht so viel Zeit habe. Wir können uns beide unheimlich gut alleine beschäftigen. Aber wir genießen auch die Zeit zusammen. Wir machen uns keinen Druck. Und was mir an Shane auch ganz gut gefällt, nein, warum ich ihn liebe, ist, dass wir super miteinander lachen können. Das ist wichtiger als nur die Zeit.

In jeder Kochliebe kommt es irgendwann, das erste Ma(h)l – hattest du Angst davor?

Barbara Nee, denn ich wusste sowieso, dass ich mit seiner Kochkunst nicht konkurrieren kann, und habe mich gar nicht erst auf diese Nummer eingelassen. Beim ersten Mal habe ich Pasta gemacht. Allerdings weiß ich gar nicht mehr welche. Ich habe schon immer gerne Pasta für Freunde gemacht – für bis zu 30 Mann auf meinen 30 Quadratmetern. Und dann gab es immer als Erstes Bruschetta: Die Kirschtomaten geachtelt, eine kleine Schüssel mit Knoblauch und Olivenöl und Ciabatta, jeder konnte sich selbst bedienen. Und dann Pasta, mal ganz banal mit Tomatensugo – natürlich mit selbst gemachtem, gutem Sugo –, mal mit Thunfisch, mal mit Zucchini. Irgend so eine Pasta war es sicherlich auch für Shane.

Hat's ihm geschmeckt?

Barbara Na ja, es war sicher kein Essen, das so wahnsinnig lobenswert war. Er ist, glaube ich, nicht gerade in

Begeisterung ausgebrochen. Aber eigentlich ist er ganz easy und freut sich einfach, wenn man für ihn kocht. Weißt du noch, was es war?

Shane Also, ich kann mich eigentlich noch ganz gut erinnern, denn es hat mir tatsächlich nicht so toll geschmeckt, sorry. Das waren Pappardelle mit Panna da Cucina und Zucchini. Das habe ich eher ein bisschen runtergeschaufelt. Und ich dachte eigentlich, ich hätte das auch angedeutet. Aber du kannst dich ja Gott sei Dank nicht mehr erinnern. Das ist eigentlich typisch für Barbara. Sowas bringt sie sowieso nicht aus der Ruhe. Sie ist temperamentvoll und sagt: „Okay, das ist, was ich koche, und wenn's schmeckt, schmeckt's, und wenn nicht, dann Pech." Und eigentlich ist sie wirklich eine super Pastamacherin. Sie hat einmal in Italien gelebt und liebt das Land und die italienische Küche. Das schmeckt man.

Wer kocht denn heute bei euch zu Hause mehr?

Barbara Er – aber ehrlich gesagt, so viel Zeit haben wir ja nicht zu Hause. Und wenn wir mal Zeit haben, dann sehen (und essen) wir gerne auch mal etwas anderes. Shane kann sich dann inspirieren lassen.

Shane Bevor wir das Restaurant hatten, haben wir schon auch mal zusammen gekocht. Da hat sie auch gerne mitgeholfen: irgendwelche Fischgräten ziehen, Gemüse schnibbeln oder Salat machen. Aber jetzt kommen wir wirklich selten dazu.

Und wenn ihr Freunde einladet, wenn dazu einmal Zeit bleibt: Was gibt es dann?

Shane Das ist ganz unterschiedlich, aber eigentlich schon immer drei bis vier Gänge. Ich bin hundertprozentig sicher, dass die das auch von uns erwarten. Ich glaube, wenn ich denen einfach ein Risotto und ein paar Weine hinstellen

262

„So stand ich plötzlich schneller, als mir anfangs lieb war, mittendrin."

Barbara McMahon

würde, würde sicher der eine oder andere denken: „War das alles?" Vielleicht täusche ich mich da. Aber wir genießen den größeren Aufwand dann ja auch selbst.

Hast du Shane schon mal gebeten, dir was beizubringen, Barbara?

Barbara Das ist bei uns wahrscheinlich wie mit dem Englischen. Ich sollte mehr Englisch mit ihm sprechen, das würde mir guttun. Und ich sollte vielleicht auch mehr kochen lernen, das würde mir auch guttun. Aber wenn wir dann mal frei haben, will ich eigentlich nicht seine Schülerin sein. Wenn wir Kochkurse haben, bin ich manchmal dabei und lerne natürlich mit. Aber wenn ich dann Fragen stelle, nervt es ihn eher, dass gerade ich die Fragen stelle. Also schaue ich einfach zu und lerne still.

Shane Aber ich versuche schon manchmal, dir etwas beizubringen. Gerade gestern Abend haben wir ein schönes Frühlingsgemüse mit Steinbutt gemacht. Ich habe die Pfifferlinge geschwenkt und sie wollte wissen, wie ich das mache. Ich habe es ihr gezeigt. Ganz schnell vor und ganz schnell zurück. Aber irgendwie hat sie doch nicht so das Händchen dafür.

Vielleicht macht es ja aber auch die Übung? Unabhängig vom Kochtalent. Ist für einen Koch die kulinarische Einstellung seiner Frau wichtig?

Shane Barbara isst selbst alles. Das hat mir von Anfang an gut gefallen und es ist mir auch sehr wichtig. Ich könnte nie mit einer Vegetarierin oder Veganerin oder jemandem, der keinen Fisch isst, zusammen sein. Und Barbara empfindet den Produkten gegenüber große Liebe. Sie ist nicht eine, die blind durch die Küche läuft. Wenn sie eine schöne Aprikose oder einen tollen Fisch sieht, bleibt sie stehen und schwärmt: „Oh, wie schön ist das denn?"

Wenn du sauer auf Shane wärst: Gäbe es etwas Kulinarisches, mit dem er dich um den Finger wickeln könnte?

Barbara (lange Pause) Ich glaube, wenn er mich wirklich genervt hat, ist es mit Kochen alleine nicht getan. Dann will ich auch nichts essen. Was wir dann brauchen, ist Zeit miteinander und Entspannung.

Und wenn es einfach nur darum ginge, dir eine Freude zu machen?

Barbara (ohne Pause) Schlutzkrapfen!

Shane (gleichzeitig) Definitiv Tiroler Schlutzkrapfen. Die liebt sie. Das ist ein einfaches, ehrliches, klassisches Gericht und Barbara stirbt für so etwas.

Gibt es bei euch zu Hause etwas, das immer im Kühlschrank ist?

Barbara Diverse Käsesorten und auf jeden Fall Hüttenkäse – den mögen wir beide. Prosciutto di Parma, Karotten, Radieserl, Essiggurken, irische Butter. Alles, was man für eine gute Brotzeit braucht. Wir lieben beide gute Brotzeiten.

Und ganz zum Schluss: Wenn Barbara ein Gericht für dich wäre, Shane, was wäre sie dann?

Shane Barbara wäre für mich mein Lieblingsfisch. Die Rotbarbe. Ein Fisch mit Charakter. Mit Eigengeschmack. Ein Fisch, den ich liebe.

Barbaras Bavette

mit Brokkoli und Champignons

Barbara hat einmal in Italien gelebt – und auch wenn das erste Ma(h)l Shane nicht in so guter Erinnerung geblieben ist: Er findet, sie ist eine wunderbare Pastaköchin.

Für 4 Personen
4 kleine Schalotten
2 TL Pflanzenöl zum Braten
400 g Champignons
400 g Brokkoli
200 g Zuckerschoten
60 g Parmesan mit Rinde
400 g Panna da Cucina (dickflüssige italienische Kochsahne)
100 ml Brühe
frisch geriebene Muskatnuss
Salz
frisch gemahlener schwarzer Pfeffer
400 g Bavette (flache Spaghetti)
200 g Ricotta
2 TL abgeriebene Schale von 1 Biozitrone

Zubereitungszeit: etwa 30 Minuten

Die **Schalotten** schälen und fein würfeln. Das **Öl** in einer Pfanne erhitzen und die Schalotten darin andünsten. Die **Champignons** putzen, klein schneiden, dazugeben und leicht anbraten.
Den **Brokkoli** in kleinen Röschen vom Strunk schneiden und waschen. Die **Zuckerschoten** putzen, waschen, halbieren oder dritteln. Die Rinde vom **Parmesan** abschneiden und den Käse reiben. **Panna da Cucina** und **Brühe** mit der Käserinde in einem Topf einkochen lassen. Mit **Muskat, Salz** und **Pfeffer** würzen.
Die **Nudeln** in kochendem **Salzwasser** nach Packungsanleitung bissfest kochen. Während der letzten 3 Minuten die Brokkoliröschen und die Zuckerschoten dazugeben und mitkochen. Nudel-Gemüse-Mischung abgießen, dabei 100–150 ml Nudelwasser auffangen. Nudeln, das Gemüse und das Nudelwasser zur Käsesauce geben. Aufkochen lassen. Die Hälfte des geriebenen Parmesans und den **Ricotta** dazugeben, die Käserinde entfernen. Die Schalotten-Champignon-Mischung dazugeben und dann die **Zitronenschale** daruntermischen. Die zweite Hälfte des Parmesans zum Darüberstreuen auf den Tisch stellen.

Shanes Schlutzkrapfen

Für 2–4 Personen

Für den Teig
100 g Buchweizenmehl
100 g Weizenmehl und
etwas für die Arbeitsfläche
1 Prise Salz
1 Schuss Olivenöl

Für die Füllung
300 g mehligkochende Kartoffeln
Salz
½ Bund Schnittlauch
1 Ei
frisch gemahlener schwarzer Pfeffer
frisch geriebene Muskatnuss
1 EL Sauerrahm (saure Sahne)

Zum Anrichten
2 EL Butter
50 g Parmesan

Zubereitungszeit: etwa 1 Stunde 15 Minuten

Für den Teig die beiden **Mehlsorten** vermengen und auf einer Arbeitsplatte zu einem Haufen formen. In die Mitte eine Mulde drücken und das **Salz** hineingeben. 125 ml lauwarmes Wasser in die Mulde gießen und alles mit den Händen gut vermengen. Mit einem Schuss **Olivenöl** zu einem glatten, geschmeidigen Teig verkneten. Sollte der Teig zu fest sein, mit etwas Wasser verdünnen. Den Teig etwa 30 Minuten im Kühlschrank in Frischhaltefolie gewickelt ruhen lassen.

In der Zwischenzeit für die Füllung die **Kartoffeln** unter fließendem Wasser gründlich abbürsten. In reichlich **Salzwasser** weich kochen, kurz abkühlen lassen, pellen und noch heiß durch eine Kartoffelpresse drücken. Den **Schnittlauch** waschen, trocken schütteln, in feine Röllchen schneiden und unter das Kartoffelpüree mischen. Das **Ei** unterrühren. Das Kartoffelpüree mit jeweils 1 Prise **Salz, Pfeffer** und **Muskat** würzen. Dann den **Sauerrahm** einrühren.

Den Teig für die Krapfen auf einer **bemehlten** Arbeitsfläche dünn ausrollen. Mit einem Weinglas oder einem Ausstecher Kreise ausstechen. Mit einer Spritztülle je ½ EL der Füllung in die Mitte setzen. Mittig zusammenfalten, sodass Halbmonde entstehen. Die aufeinandergeklappten Ränder fest zusammendrücken, es sollen keine Luftblasen entstehen. Falls nötig, mit etwas Wasser verkleben. In einem Topf reichlich **Salzwasser** zum Kochen bringen. Die Schlutzkrapfen hineingleiten lassen und etwa 10 Minuten im wallenden Wasser garen.

In der Zwischenzeit in einer Pfanne die **Butter** zerlassen und leicht bräunen. Es entsteht eine Nussbutter. Den **Parmesan** fein reiben. Sobald die Schlutzkrapfen fertig gegart sind, steigen sie an die Wasseroberfläche. Mit einem Schaumlöffel herausheben, abtropfen lassen und in der Nussbutter schwenken. Die Schlutzkrapfen auf vorgewärmten Tellern anrichten. Mit der restlichen Nussbutter aus der Pfanne beträufeln und mit dem Parmesan bestreuen.

Tipp Zum Formen der Schlutzkrapfen gibt es ein praktisches Hilfsmittel: eine Schlutzkrapfenform aus Plastik, die in Tirol in beinahe jedem Haushalt zu finden ist und auch in Deutschland als Maultaschenform zu haben ist. Man legt die Teigkreise mit der Füllung in die Mitte der Form und drückt diese fest zusammen. Durch den so entstehenden Druck werden die Schlutzkrapfen an den Rändern perfekt verschlossen.

Wenn es darum geht, Barbara zu Hause eine kulinarische Freude zu machen, gibt es nur eins: Tiroler Schlutzkrapfen, nach dem Rezept von Shanes österreichischer Oma. Übrigens: Wenn Sie die Schlutzkrapfen ganz authentisch nach Tiroler Art auf den Tisch bringen wollen, servieren Sie dazu nichts weiter als einen grünen Salat und ein großes Glas Milch.

„Zwei Trettls sind ganz schön anstrengend."

Dany und Roland Trettl

Wurzeln + Träume

= Liebe fürs Leben

‚"Aber woran erkennt man den Mann oder die Frau seines Lebens?', fragte Brida. ‚Du musst etwas riskieren', war die Ant-wort. ‚Dabei wirst du oft scheitern, du wirst enttäuscht werden, desillusioniert. Aber wenn du nie aufhörst, nach deiner Liebe zu suchen, wirst du sie am Ende finden.'" Das ist ein Zitat aus „Brida" , einem Buch des brasilianischen Schriftstellers Paulo Coelho. Als sich Dany und Roland Trettl 2009 in Salzburg begegneten, fanden sie schnell heraus, dass sie beide gerade dieses Buch lasen und beide auf Seite 91 das letzte Lesezeichen gemacht hatten. „Brida" ist ein Buch über die Liebe, die Liebe fürs Leben – kann es denn schicksalhafter zugehen? Kaum, und es gab noch mehr Vorzeichen: Bevor sich Dany und Roland am 13. Februar 2009 in einem Club in Salzburg kennenlernten, hatte Danys Bruder im Fernsehen einen Beitrag mit Roland Trettl gesehen und sofort gesagt: „Das ist der richtige Mann für dich!" Das hatte sie allerdings schon längst wieder vergessen, als ihr Roland von einem Bekannten vorgestellt wurde – mit dem Zusatz „Der kann auch ganz gut kochen." Für Dany kaum zu glauben.

Roland Tatsächlich war Danys erster Kommentar: „Das glaub' ich nicht – der schaut ja gar nicht aus wie ein Koch!" Ich fand das eigentlich gut. Endlich mal jemand, der mich nicht erkennt!

Dany Na ja, ich hatte eben ein ganz anderes Bild von einem Koch. An diesem Abend war auch Martin noch dabei. (Der Elsässer Martin Klein, heute Küchenchef im „Hangar 7", war damals Rolands Souschef.) Das war für mich der klassische Koch. So fein und so französisch tüdeldü. Roland dagegen war so ... Keine Ahnung. Ich hätte ihm alles zugetraut, aber nicht Koch!

Die Herausforderung hat Roland ja gleich ange-nommen und sich mit dir für den nächsten Abend quasi für ein Gegengeschäft verabredet: eine Yogastunde mit dir als Yogalehrerin und danach ein von Roland gekochtes Essen. Was gab's denn?

Dany Ein Riesenstück Fleisch. Ich glaube, damit wollte er mich testen. Dazu hat er noch ein Risotto gekocht, in dem er ständig herumgerührt hat. Das konnte ich gar nicht mit ansehen: „Das ist noch nicht fertig, jetzt lass es in Ruh'!" Für mich war es damals einfach noch sehr unge-wohnt, dass ein Mann wirklich kochen kann.

„Das glaub' ich nicht – der schaut ja gar nicht aus wie ein Koch!"

Dany Trettl

Roland Eigentlich traust du mir doch noch immer nicht ganz. Ich muss ihr immer mal wieder erklären, dass ich mal Koch gelernt habe und schon weiß, was ich tu.

Dany Aber du musst doch zugeben, dass es schon viel besser geworden ist.

Roland (trocken) Ja, stimmt, besser geworden ist es. Inzwischen lässt sie mich auch schon mal alleine kochen!

Und was war das mit dem Riesenstück Fleisch und dem Test?

Roland Eckart Witzigmann hat mir immer gesagt: „Bevor du dich auf eine Frau einlässt, geh' mit ihr essen und teste sie aus. Denn wenn sie dann beim Essen dauernd sagt, sie will keine rohen Karotten oder so einen Sch… oder eben kein wirklich schönes, großes Fleisch – dann lauf' einfach."

Was für ein Glück, dass Dany den Test bestanden hat – und das, obwohl sie davor auch schon völlig vegetarisch gelebt hat.

Dany Allerdings haben wir zu Hause das Fleischthema schon so ziemlich eliminiert.

Roland Na ja, nicht ganz.

Dany Gut, und wir essen auch noch Fisch. Aber ich finde es toll, dass wir jetzt wieder ganz neue Sachen entdecken, mit denen wir früher nie gekocht haben.

Roland Dazu muss man natürlich auch sagen: Wir befassen uns beide sehr intensiv mit dem Thema „Lebensmittel". Und da fängt man zwangsläufig an, teilweise vom Glauben abzufallen. Wenn man hinterfragt, wie Tiere behandelt werden, das Thema „Genmanipulation" oder auch das Riesenthema „Zucker". Und auch bei uns gibt es das Thema „Intoleranz". Dany meint nämlich, sie habe eine gewisse Laktose-Intoleranz. Ich wundere mich nur, dass es bei Dingen, die ihr schmecken, doch geht. (grinst) Wenn's zum Beispiel Raclette gibt, haut sie ungehemmt rein.

Dany Ja, klar, weil es Raclettekäse ohne Laktose gibt. Ich sage ja nicht, dass ich gar keine Milchprodukte vertrage, aber zu viel davon und ich fühle mich einfach nicht mehr gut. Und wenn Roland mir seinen verschimmelten Ziegenkäse anbietet – der schmeckt wirklich …

Roland … einfach super!

Dany Na ja, also von dem nur ein winziges Stück und ich bin eine halbe Stunde für gar nichts mehr zu gebrauchen. Aber Käse ist eh' unser schlimmstes Thema. Denn Roland liebt Käse.

Roland Käse ist einfach so ein geiles Genussmittel. Ich kann und will einfach nicht aufhören, Käse zu essen. Tatsächlich sind wir allgemein mit Milchprodukten zurückgegangen. Ich finde, man muss sich schon fragen, ob es zum Beispiel wirklich so normal ist, dass man als Erwachsener Milch – und noch dazu von einem anderen Lebewesen – trinkt.

Der vegetarische Einfluss kam ja von dir, Dany. Hat sich denn bei dir kulinarisch auch etwas geändert, seitdem du mit Roland zusammen bist?

Dany Ich muss zugeben, dass ich beim Thema „Essen" schon ein bisschen anstrengend war. Obwohl anstrengend vielleicht nicht das richtige Wort ist. Es gab halt ein paar Sachen, die ich nicht mochte. Aber wenn Roland sie jetzt macht, finde ich sie toll. Nur ein Beispiel: Er brät Spargel! Und plötzlich mag ich Spargel, auf den ich vorher gut verzichten konnte.

Die Kochkunst eines Profis anzuzweifeln, wie Dany das gemacht hat, ist ja schon mutig. Kann Dany denn selbst so gut kochen?

Roland Sie kocht super. Das muss ich wirklich sagen, nur anders als ich.

Nimm dir **Zeit** um glücklich zu sein

„Inzwischen lässt sie mich auch schon mal alleine kochen!"

Roland Trettl

Dany Ich würde selbst sagen: chaotischer. Erstens hab' ich keinen wirklichen Plan. Und zweitens mache ich Sachen, die er so ganz bestimmt nicht machen würde.

Roland Oh ja! Zum Beispiel einen Auberginenschmarrn. Ich hab' ihr zugeschaut und nur gestaunt. Da steckt sie eine Aubergine in den Ofen – und was passiert? Die explodiert natürlich Vollgas. Dann haben wir das bisschen, das noch übrig war, von den Wänden gekratzt …

Dany Na, runtergekratzt habe ich es nicht!

Roland … und daraus hat sie dann den Schmarrn gemacht. Der war dann aber so gut, dass ich ihn sogar in ein „Ikarus"-Menü eingebaut habe. Dany kann einfach super abschmecken, besser als mancher Koch – und das ist die wichtigste Grundlage.

Aber um Rat fragst du Roland eher nicht, vermute ich jetzt mal.

Dany Nein! Das würde ich nur machen, wenn es etwas Wichtiges wäre. Aber durch ihn lerne ich ständig neue Produkte kennen, die er mitbringt und mit denen er auch zu Hause kocht. Und da wir eine offene Küche haben, bekomme ich alles mit. Da muss ich nur zuschauen, gar nicht fragen.

Könnt ihr euch denn eigentlich noch erinnern, was Dany zum ersten Ma(h)l für dich, Roland, gekocht hat?

Dany Das haben wir auch schon überlegt, aber uns beiden fällt es nicht mehr ein. Da kann es wohl nicht so berauschend gewesen sein. Ich weiß nur noch, dass du ganz am Anfang mal total krank warst. Und da habe ich dir eine feine Hühnersuppe gemacht.

Roland Stimmt! Und die war sooo super. Es war die beste Hühnersuppe der Welt!

Dany Oh, danke! Und dann hatten wir früher auch ein echtes Ritual. Roland war ja für das „Ikarus" noch sehr viel mehr in der Welt unterwegs. Immer, wenn er dann von einer Reise zurückkam, habe ich ihm Spaghetti bolognese gemacht.

Roland Das war toll – da bin ich gleich wieder richtig zu Hause angekommen.

Dany Was ganz lustig ist: Irgendwann habe ich die Bolognesesauce ohne Fleisch, mit Soja, gemacht – und das hat er bestimmt drei Monate nicht gemerkt!

Roland Na ja, das merkt man auch nicht. Ob jetzt Soja oder Faschiertes (Hackfleisch) in der Sauce ist. Da sind so viele Geschmackskomponenten dabei, die gut abgeschmeckt und tomatisiert sind, das kann man nicht merken. Einen Soja-Fleischersatz in größeren Stücken würde ich natürlich sofort schmecken. Das ist ja schon von der Textur her, als ob man in eine Schuhsohle beißt.

Dany (grinst) Jetzt redet er sich wieder raus.

Dany, du hast gerade seine Reisen erwähnt. Als ihr euch kennengelernt habt, war er in der ganzen Welt unterwegs und für den Restaurantbetrieb verantwortlich. Das ist ja fast noch schlimmer, als „nur" ein Restaurant zu haben.

Dany Das war für mich nie ein Problem und vielleicht ging es gerade darum so gut mit uns. Roland hatte und hat immer seine Freiheit. Das gilt bei uns aber gegenseitig. Ich brauche auch meine Freiräume. Schon damals haben wir unsere wenige gemeinsame Zeit einfach sehr intensiv genutzt. Und heute, da wir (etwas) mehr Zeit gemeinsam verbringen, kleben wir auch nicht ständig aneinander. Selbst wenn wir beide im Haus sind, kommt es vor, dass wir den ganzen Tag unseren eigenen Dingen nachgehen. Dann plötzlich vermisse ich ihn, suche ihn und wir haben unsere fünf Minuten. Und dann gehe ich auch wieder – oder er. Wir suchen und finden uns immer wieder.

Dany, du sagst, ihr habt jetzt etwas mehr Zeit gemeinsam. Wenn man sich anhört, welche Projekte Roland gerade so hat (siehe auch Anhang), wird sofort klar: Wer geglaubt hat, Roland Trettl macht jetzt Pause, kennt ihn nicht. Roland, du hast derzeit so viele spannende Projekte, dass man sie kaum alle aufzählen kann…

Roland Ja, und ich bin sehr neugierig auf alles, was da noch kommt.

Dany Vielleicht muss man manchmal eben einfach den Mut haben, einen radikalen Schnitt zu machen, um neue Träume zu leben. Roland macht jetzt nur noch das, was ihm Spaß macht. Und das merkt man, das spüre ich. Er ist viel fröhlicher und gelassener geworden. Wir hatten zum Beispiel gerade einen etwas schrägen Urlaub, in dem wir alle mal krank waren und vom ersten Tag an einiges schiefgelaufen ist. Früher wäre er in solchen Situationen total ausgerastet. Jetzt geht das alles viel entspannter.

Weil der Druck weg ist?

Roland Weil es einfach spannend ist. Neben einigen Beratungs- und Medienprojekten habe ich zum Beispiel selbst Käse gemacht, als Tischler gearbeitet, als Schneider. Jetzt

gehe ich in die Toskana, um Hüte zu machen. Natürlich werde ich nie Tischler oder Schreiner oder Schneider werden, darum ging es auch nicht. Aber es ist einfach so genial, diese ganzen Handwerksberufe kennenzulernen. Jetzt habe ich ein Möbelstück hier zu Hause, mit Zinkverschlägen, das ich wirklich selbst gemacht habe – oder eine grandiose Lederjacke. Das ist einfach großartig.

Zieht es dich nicht wieder in ein Restaurant?

Roland Vielleicht bekomme ich irgendwann die Lust dazu wieder, aber momentan, nein, gar nicht. Wenn man ein bisschen Abstand hat, fängt man eben auch an zu reflektieren. Und gerade bei diesen Handwerksberufen ist mir erst wirklich etwas bewusst geworden, das für einen Koch eigentlich dramatisch ist: Einerseits sind sich alle Handwerksberufe, und dazu kann man ja das Kochen auch zählen, ähnlich. Sie sind alle auf gute Grundprodukte, Lebensmittel, Holz, Stoffe angewiesen. Aber ein Möbelstück oder meine Lederjacke, die hab' ich fürs ganze Leben. Die Speise, die ein Koch zubereitet, ist einfach weg.

Da würden sicher viele sagen: Aber man kann doch schöne Erinnerungen an einen Abend im Restaurant haben?

Roland Das kann man sicher. Aber: Damit es ein schöner Abend wird, bin ich als Koch darauf angewiesen, dass der Gast aufnahmefähig ist, dass er in dem Moment, in dem er mein Gericht isst, auch richtig gut drauf ist und tagsüber keinen Ärger hatte. Nur Menschen sind eben nicht immer gut drauf. Wenn du aber ein Möbelstück angeliefert bekommst, an einem Tag, an dem du nicht gut drauf bist, dann hast du

„Roland macht jetzt nur noch das, was ihm Spaß macht."

Dany Trettl

immer noch morgen, übermorgen oder in zwei Wochen die Chance zu kapieren, wie schön es ist. Beim Essen gibt es diese Chance nicht …

Dany Ein Grund mehr, jedes Essen, das für uns gekocht wird, wirklich zu genießen und weder hinunterzuschlingen noch in Einzelteile zu zerlegen – aus Respekt vor denen, die sich sehr viel Mühe dafür gegeben haben. Da kann ich dir nur zustimmen.

Obwohl dies so ein schöner, fast schon philosophischer Abschluss wäre, möchte ich natürlich auch bei euch meine Schlussfrage nicht auslassen. Was für ein Gericht wäre Roland denn für dich, Dany?

Dany Roland ist für mich ein Softshell Crab im Tempurateig in einer wunderbaren Maki-Roll, wie wir sie in San Francisco gegessen haben – die war sooo gut, das war Wahnsinn. (Und mit einem sehr liebevollen Blick:) Gell, das bist du!

Und Dany für dich?

Roland Hm… Ich denke, ein Linseneintopf!

Dany und ich ???

Roland Ja, weil das etwas Bodenständiges ist. Das holt dich runter. Es ist ein ganz ehrliches Gericht mit vielen Wurzeln. Genau das gibt mir meine Frau – und das ist für mich enorm wichtig.

Marillenpalatschinken

Eigentlich ist das größte Traditionsgericht von Dany und Roland ja Spaghetti bolognese, die sie ihm immer gemacht hat, wenn er von Reisen nach Hause kam. Die hatten wir aber schon im Buch, also hat sich Dany für eine süße Verführung entschieden.

Für 4 Personen
150 g Mehl
2 Eier
1 Prise Salz
evtl. 1 TL Birkenzucker
(wenn Zucker gewünscht ist)
250 ml Milch
reichlich Butter zum Anbraten
250 g Marillenmarmelade (oder natürlich auch Aprikosenkonfitüre)
50 g Mandelblättchen

Zubereitungszeit: etwa 15 Minuten plus 30 Minuten Quellzeit

Das **Mehl** in eine Schüssel sieben und mit den **Eiern,** dem **Salz** und nach Wunsch dem **Birkenzucker** zu einem dicken Teig verrühren. So viel von der **Milch** zugeben, dass ein dünnflüssiger Teig entsteht. Den Teig zugedeckt 30 Minuten quellen lassen.
Den Backofen auf 100 °C Ober-/Unterhitze vorheizen.
Nach und nach die **Butter** (darf gerne reichlich sein) in der Pfanne erhitzen und 4 Palatschinken (Pfannkuchen) von beiden Seiten knusprig braun braten. Die fertigen Palatschinken im Backofen warm stellen.
Die **Marillenmarmelade** in einem Topf erhitzen und mit wenig heißem Wasser glatt rühren. Die **Mandelblättchen** in einem Mörser vorsichtig zerkleinern (nicht zerdrücken, sie sollen der Marmelade etwas feinen Biss geben) und unter die Marillenmarmelade mischen. Die Palatschinken damit bestreichen, aufrollen und auf Portionstellern oder einer Platte anrichten.

Tipps In der Marillensaison kann man die Palatschinken auch mit geviertelten frischen Marillen (Aprikosen) anrichten. Und wie wir es im Bild für die Optik gemacht haben (das war nicht im Originalrezept von Dany) mit Schlagsahne verzieren.

Welches Gericht wäre Roland für dich, Dany?
Die Antwort kam sofort: „Ein Softshell Crab
Maki." Keine Frage also, welches Gericht
Roland für dieses Buch aufschreiben musste.

Softshell-Crab-Maki-Sushi

Für 4 Portionen

Für den Sushi-Reis

450 g Rundkornreis
1 EL Zucker
1 TL Salz
100 ml Reisessig (ohne Salz und Zucker)
4 Tropfen Sojasauce

Für die Softshell Crabs im Tempurateig

100 g Tempuramehl (aus dem Asialaden)
2 Softshell Crabs (Butterkrebse)
1 Packung Semmelbrösel (400 g)
Frittieröl

Für die Maki-Sushi

1 Avocado
½ Gurke
1 Bund Schnittlauch
4 Norialgen-Blätter
4 EL Fischeier (Masago oder Tobiko)
hochwertige Sojasauce
Wasabipaste (je nach Geschmack
verwenden, etwa 2 cm aus der
Tube pro Person)

Außerdem

1 Bambusmatte

Tipp

Da das Rollen von Sushi etwas
Übung erfordert und nicht ganz
leicht in Worten zu beschreiben ist,
empfiehlt Roland Trettl für Sushi-
Anfänger einfach auf YouTube
das Stichwort „Maki-Sushi" oder
gleich „Soft Shell Crab Maki Sushi"
einzugeben. Dort findet man viele
leicht verständliche Demon-
strationsvideos.

Zubereitungszeit: 45–60 Minuten

Den **Reis** in einem Sieb gründlich waschen, bis das Wasser klar bleibt, anschließend gut abtropfen lassen. Dann mit 600 ml Wasser in einem Topf etwa 20 Minuten quellen lassen. Den Topf mit einem gut schließenden Deckel bedecken und den Reis langsam erwärmen, dann auf starke Hitze stellen und zum Kochen bringen. Sobald der Reis kocht, wieder auf die kleinste Stufe stellen und etwa 10 Minuten ausquellen lassen. Den Topf vom Herd nehmen, ein gefaltetes Geschirrtuch unter den Deckel legen und den Reis nochmals 10 Minuten nachquellen lassen. Natürlich kann man den Reis auch im Reiskocher zubereiten.

Für die Gewürzmischung **Zucker, Salz, Essig** und **Sojasauce** in einem Topf mischen und erwärmen, bis Zucker und Salz sich ganz aufgelöst haben. Anschließend diese Mischung mit dem Reis vermengen und etwas auskühlen lassen. Dann kann er zu Sushi weiterverarbeitet werden. Wichtig für einen tollen Geschmack der Sushi ist, dass der Reis beim Essen noch lauwarm ist.

In der Zwischenzeit das **Tempuramehl** und 160 ml Wasser mit einem Schneebesen verquirlen und dabei darauf achten, dass es keine Klümpchen gibt. Die **Softshell Crabs** zuerst in das angerührte Tempuramehl tauchen, bis sie ganz damit bedeckt sind. Dann in den **Semmelbröseln** wenden und in reichlich **Öl** oder der Fritteuse knusprig frittieren (bis sie schön goldgelb sind). Herausnehmen und auf Küchenpapier abtropfen lassen.

Für die Sushi das **Avocadofleisch** aus der Schale lösen und die **Gurke** schälen. Beides in etwa 3 mm dicke und 5–7 cm lange Streifen schneiden. Den **Schnittlauch** waschen, trocken schütteln und in ebenso lange Stücke schneiden.

Die Bambusmatte auf einem Schneidbrett oder einer anderen flachen sauberen Unterlage platzieren. Jeweils ein **Norialgen-Blatt** mit der glänzenden Seite nach unten auf die Matte legen. Die Hände mit etwas Wasser befeuchten und je etwa 120 g Sushi-Reis auf einem Noriblatt verteilen (nicht mehr als ½ cm hoch, sonst wird der Reisrand zu dick). Den Reis mit je etwa 1 EL der **Fischeier** bestreichen.

Die noch warmen Tempura-Crabs mindestens einmal der Länge nach durchschneiden (breitere Crabs in 3 längere Streifen schneiden). Avocado, Gurken und Schnittlauch neben den Krabben längs auf den Reis anlegen. Dann die Matte an der dem Körper zugewandten Seite mit beiden Händen anheben und dabei mit Daumen und Zeigefinger jeweils die Ecken des Noriblatts festhalten. Die Matte mit gleichmäßigem Druck vom Körper weg rollen, sodass eine Rolle entsteht. Die Rolle – noch mit der Matte – fest zusammendrücken (ohne sie dabei flach zu drücken) und die Enden ebenfalls gut andrücken. Die fertige Rolle mit einem scharfen Messer in 6–8 gleich breite Stücke schneiden und mit der **Sojasauce** und etwas **Wasabi** servieren.

„Das Handy muss auch mal ausgeschaltet sein."

Christl und Andreas Döllerer, „Döllerer's Genusswelten", Golling (A)

Ich organisiere
und er ist der
Künstler

Es gibt nicht mehr viele Familien wie die Döllerers. Eine Großfamilie, in der jeder seine Aufgabe hat, und die wirklich funktioniert. Aber vielleicht liegt das auch daran, dass das Grundthema der Familie Döllerer der Genuss ist. Und dass jedes Familienmitglied sich seine ganz spezielle, eigene Leidenschaft zu diesem Thema ausgesucht hat. Angefangen hat alles 1909 mit einem kleinen Gasthaus mit hauseigener Metzgerei. Daraus entwickelte sich ein Hotel mit Wirtshaus, Gourmetlokal, immer noch eigener Metzgerei und Enoteca. Letztere war besonders wichtig, denn berühmt wurden die Döllerers auch durch ihren Weinhandel. Deshalb lernte Christl Andreas übrigens auch nicht am Herd, sondern auf der „Vinitaly" (der berühmten internationalen Weinmesse in Verona) kennen – als einen von den Döllerers, die für Wein stehen. Und das war auch gut so. Daher war ihr auch nicht sofort klar, dass der damals 19-jährige Andreas eigentlich Koch war – denn einen Koch wollte sie wie viele, die selbst in der Gastronomie groß geworden sind, eigentlich nie haben.

Christl, du wusstest, was mit einem Koch auf dich zukommt, und warst deshalb nicht wirklich auf der Suche nach einem als Partner?
Christl Meine Mutter hat immer gesagt: „Du kannst alles heimbringen, nur bitte keinen Skilehrer, Musiker oder Koch!"

Den Skilehrer und den Musiker kann man vom Elternstandpunkt her ja verstehen. Aber warum der Koch? Weil er so wenig Zeit hat?
Christl Nein, eigentlich eher, weil meine Eltern selbst aus der Gastronomie sind, aber nicht von der Küchenseite. Und sie haben beide wirklich negative Beispiele von cholerischen Köchen erlebt, das wollten sie für mich natürlich nicht. Aber offensichtlich konnte ich den Rat nicht so befolgen. Es ist eben einfach passiert. Obwohl Andreas damals eher schrecklich ausgeschaut hat. Er war beim Bundesheer und hatte so eine Art Stoppelglatze. Aber ich glaube, es war sein Charme, dem ich eben erlegen.

Wie haben die Eltern dann reagiert, als es doch ein Koch wurde?
Christl Ehrlich gesagt, das haben sie am Anfang gar nicht so realisiert. Er war für sie ein Döllerer – und stand damit für Wein. Und außerdem war er damals ja gerade beim Heer, hatte die Hotelfachschule gemacht. Da war es nach außen hin noch nicht so klar, wo seine Laufbahn hinging. Aber ich muss sagen, mittlerweile sind sie auch mit dem Koch sehr zufrieden.

Andreas, war es denn für dich wichtig, eine Partnerin aus der Gastronomie zu haben?
Andreas Als ich die Christl kennengelernt habe, hat das nur insofern eine Rolle gespielt, als es eben auf der „Vinitaly" war und Christl und ihre Eltern Kunden von uns waren. Aber dann ist es ja relativ schnell gegangen mit uns – und das hatte nichts mit Gastronomie zu tun. Es hat einfach von Anfang an super gepasst, das findet man sehr selten. Unabhängig

„Zu Hause ist er eh' nicht der Chef."

Christl Döllerer

davon, ob nun Gastronomie oder nicht, ich denke, es ist vor allem wichtig, dass du mit deiner Partnerin über die Themen, die dich interessieren, reden kannst. Und wenn Christl an meinem Thema nicht interessiert wäre, müsste ich über das, was mir wichtig ist, immer mit anderen reden. Das passt nicht zu einer Partnerschaft.

Ist es auch wichtig, dass sie gerne kocht?

Andreas Nein, aus dem ganz einfachen Grund, dass wir zu Hause eh' nie wirklich kochen. Und die dreimal im Jahr, die wir es dann doch machen, koch' ich.

Christl Wenn wir zusammen frei haben, geht es wirklich nicht darum, in der Küche zu stehen. Wir wohnen ja auch hier im Haus, inklusive Restaurants und Metzgerei. Dann ist es eben oft die kalte Küche oder einfach schnell mal ein paar Nudeln. Außerdem mache ich Andreas nervös, wenn ich koche. Weil ich in seinen Augen nichts richtig mache. Da greift er dann lieber selbst ein.

Andreas Muss ich zugeben. Ich versuche immer, erst dazuzukommen, wenn alles fertig ist, damit ich ihr nicht zuschauen muss. Denn dann bin ich schon ein wenig anstrengend, glaub' ich.

Kann Christl denn nicht kochen?

Andreas Sie hat spezielle Gerichte, für die sie berühmt ist. Zum Beispiel macht sie eine perfekte Bolognesesauce, nach einem eigenen Rezept, oder kalte Gerichte wie Caprese, aber das war's dann eigentlich.

Also gab es auch kein erstes Ma(h)l, das sie für dich gekocht hat?

Christl Nein, eigentlich nicht. Aber wir kannten uns erst ein paar Tage, als er seinen 20. Geburtstag hatte, und da dachte ich: „Dann gehen wir doch schön essen." Wir sind

dann zu den Brüdern Obauer (Spitzenrestaurant in Werfen bei Salzburg) gegangen. Das war eindeutig die bessere Variante, als wenn ich gekocht hätte.

Christl, du kommst aus der Gastronomie und wusstest so ungefähr, was auf dich zukommt. Heute arbeitest du selbst mit und ihr habt noch drei Kinder. Wie schaffst du das?

Christl Ich würde sagen, phasenweise sehr gut und phasenweise nicht so gut. Ich denke, es kommt natürlich immer darauf an, wie man selbst gerade unterwegs ist. Dass Andreas nicht der klassische Vater ist, der die Kinder morgens zur Schule fährt, damit habe ich eigentlich kein Problem. Was mich eher stört, ist, wenn sein Sohn ein Fußballspiel hat, bei dem er sich nur eine halbe Stunde blicken lassen sollte. Aber er verplaudert sich dann am Abend davor mit Gästen und möchte sich einfach eine Stunde niederlegen. Das geht gar nicht. Aber sonst geht es bei uns eigentlich problemlos. Ich bin ja auch nicht gerade die klassische Mutter und wir haben den großen Vorteil, dass wir im Haus wohnen und immer erreichbar sind. So wie gestern zum Beispiel. Da hieß es: „Der Papa hat versprochen, er bringt uns ins Bett!" Also ruf' ich runter und frage: „Hast du kurz Zeit?" Dann gibt es eine Gutenachtgeschichte und der Papa hat sie ins Bett gebracht. Und das, finde ich, ist viel wichtiger. Es geht nicht um die Quantität, sondern um die Qualität.

Wie viel Zeit bleibt euch denn dann noch für euch?

Christl Wir haben beide den Vorteil der Nacht. Denn wenn wir beide spät arbeiten, schlafen die Kinder schon. Und wir versuchen auch, zwischendurch immer mal wieder ein bisschen Zeit für uns zu finden.

Andreas Abschalten können wir aber am besten, wenn wir wegfahren. Denn hier im Haus kommt immer ein all you need is love... ...love is all you NEED

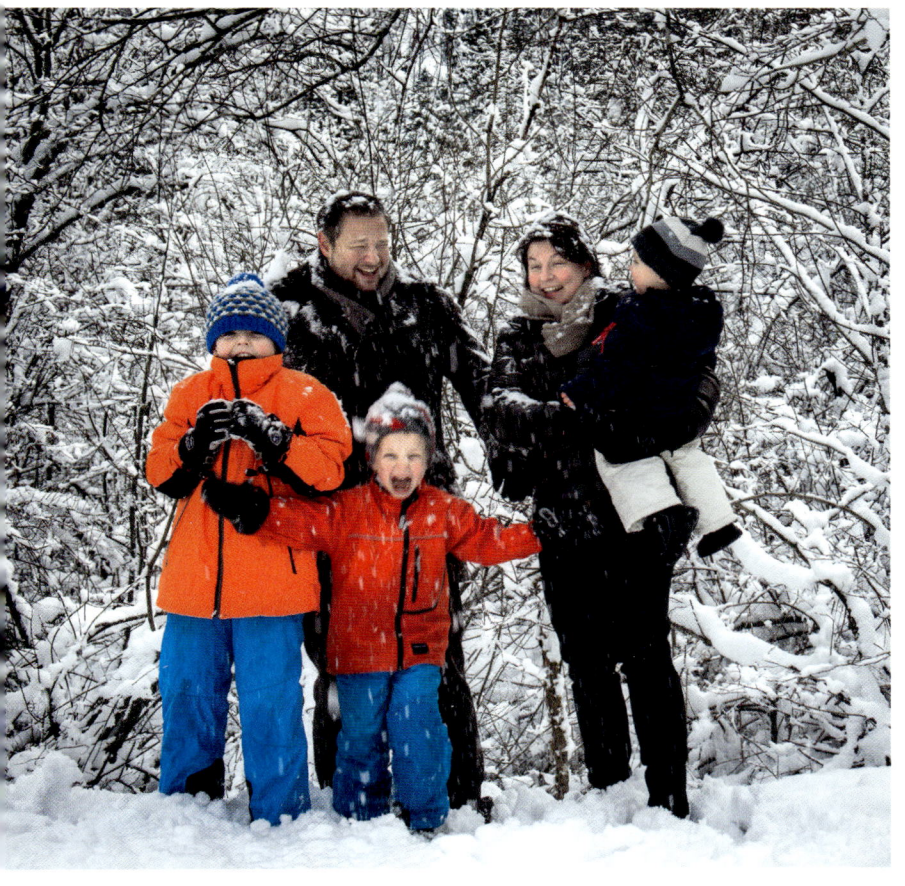

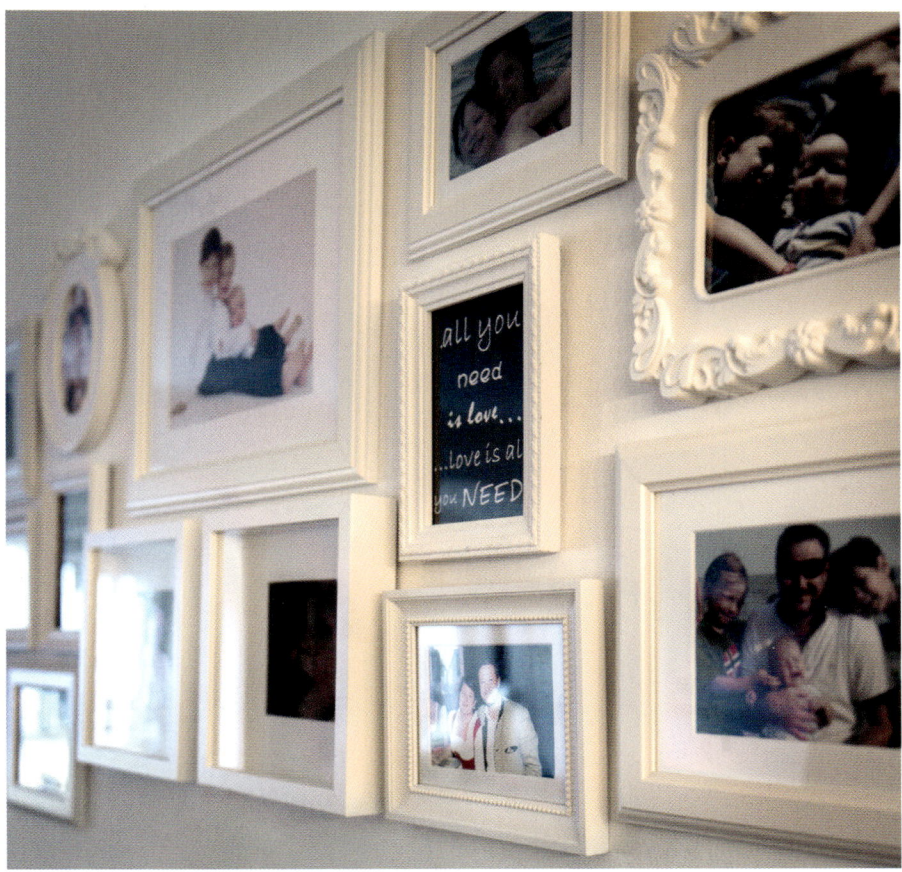

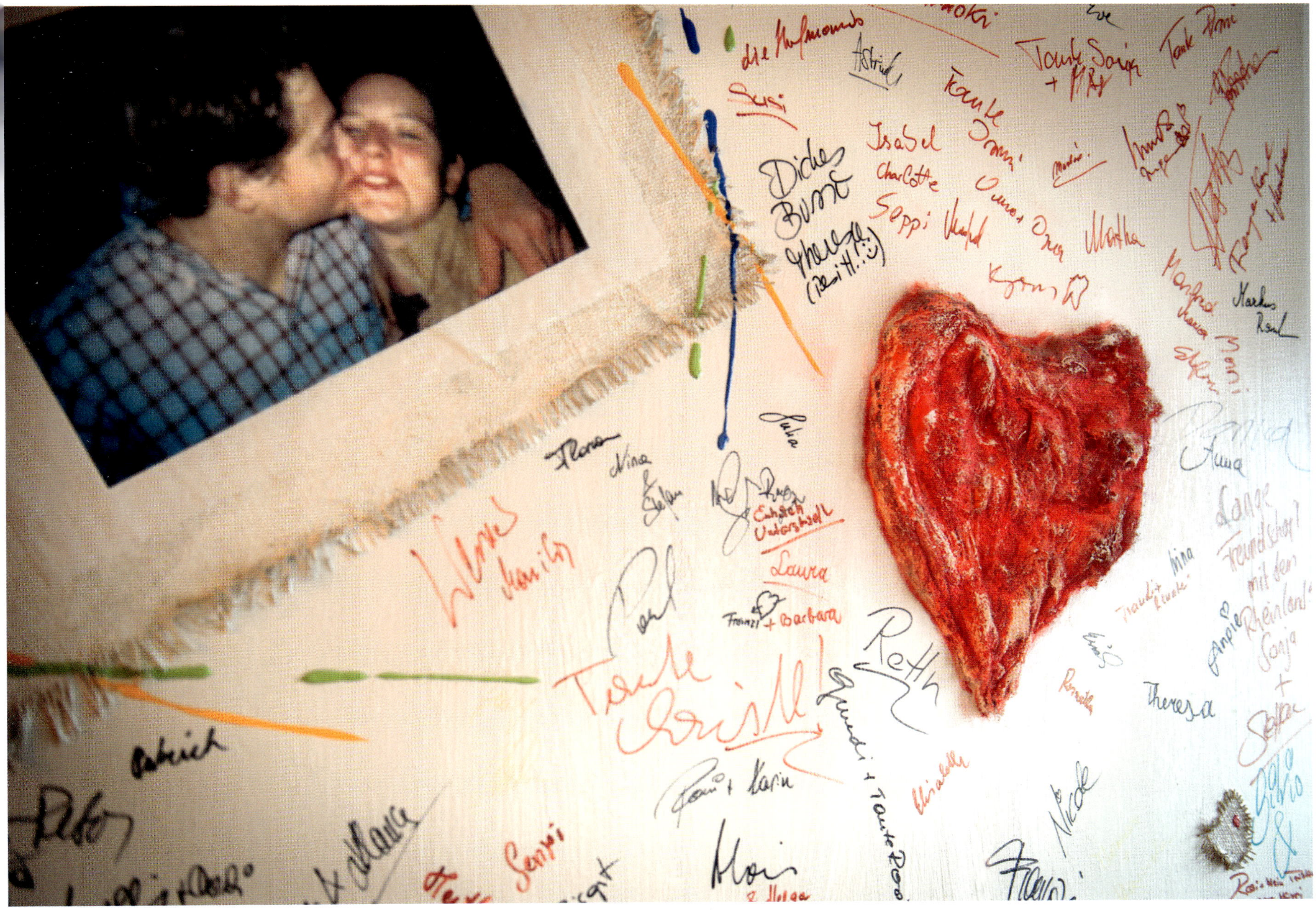
Isabel
Martha
Laura
Barbara
Tante Christl
Theresa

„Ich versuche immer, erst dazuzukommen, wenn alles fertig ist,
damit ich nicht zuschauen muss."

Andreas Döllerer

Lieferant vorbei, da ist ein Gast in der Metzgerei und sieht dich, irgendwas ist immer los. Deswegen versuchen wir, so oft wie möglich mal einen Tagesausflug zu machen. Und dann schalte ich auch mein Handy aus. Es schadet überhaupt nicht, mal einen Tag nicht erreichbar zu sein.

Ihr geht gerne zusammen essen – natürlich wie alle Gastronomiepaare meistens ganz normal. Aber ab und zu sicher auch zu anderen Kollegen der Hauben- und Sternegastronomie. Genießt ihr da oder beobachtet ihr?

Christl Früher haben wir sogar Bögen ausgefüllt mit Fragen wie „Wie viele Leute sind im Service?", „Wie war die Tischdeko?". Die Speisekarte wurde ganz genau angeschaut und so weiter – wir haben alles analysiert.

Andreas Wenn man als Restaurateur irgendwo hingeht, nimmt man natürlich alles mit, von der Einrichtung übers Besteck, die Kleidung der Servicemitarbeiter, wie die Speisen präsentiert werden. Aber letztendlich gehen wir inzwischen aus dem Lokal und fragen uns, ob wir einen wirklich schönen Abend hatten. Denn ich glaube, das genau ist es, was jedem Gast wirklich wichtig ist. Wenn er rausgeht und sagt: „Der ganze Abend war super!", ist alles gut.

Ihr arbeitet auch zusammen – Andreas in der Küche, Christl sowohl im Service als auch im Hotel. Zwei Positionen, die schon mal zur Konkurrenz werden?

Andreas Das geht bei uns super, wir sind ein eingespieltes Team. Natürlich gibt es auch mal die eine oder andere Reiberei, aber bei uns geht es eigentlich immer ruhig und besonnen zu. Im Gegenteil: Mir hilft es ja, dass ich weiß, wer da draußen steht und dass sie so denkt wie ich und das auch den Gästen transportiert. Sonst müsste ich selbst mehr draußen sein.

Christl Ich glaube auch, wir ergänzen uns ganz gut. Ich bin diejenige, die organisiert, und er ist der Künstler. Manchmal ist er ziemlich chaotisch oder kann nicht gut kommunizieren. Dann muss ich der Mittelsmann sein zwischen ihm und den Mitarbeitern oder auch mal zwischen ihm und der Familie. Aber manchmal beneide und bewundere ich ihn auch dafür, dass er so phlegmatisch sein kann, dass ihn so schnell nichts aus der Ruhe bringt.

Darf Christl dich auch kritisieren in der Küche?

Andreas Was? (lacht) Na, kritisieren darf sie schon, aber ob es gehört wird, ist die Frage … Beruflich – vor

allem, was die Küche betrifft – bin ich relativ strikt. Da bin ich mir meiner Meinung sehr sicher und denke, es ist schlecht, wenn man auf zu viele Meinungen hört, auch wenn sie von den Besten kommen. Man sollte das machen, was man für richtig hält. Deswegen ist man ja nicht blind oder eingebildet, man sollte nur immer bei sich selbst bleiben. Was also Kritik am Essen betrifft, da bin ich relativ schmerzfrei. Was aber den Ablauf unseres Gesamtbetriebs betrifft, der ja mittlerweile schon eine ziemliche Größe erreicht hat, da bin ich für jeden Ratschlag dankbar.

Kann Andreas auch den Chef mal abschalten?

Christl Zu Hause ist er eh' nicht der Chef.

Andreas Ganz sicher nicht!

Wobei du dir ja jetzt dreimal Verstärkung geholt hast – mit deinen drei Söhnen?

Christl Siehst du, da muss ich mich noch mehr durchsetzen.

Christl, Liebe geht ja (auch) durch den Magen. Gibt es etwas, mit dem Andreas dich sogar besänftigen könnte, wenn mal was schieflaufen würde?

Christl Ja, ich esse für mein Leben gern.

Andreas Mit einem Rindertatar kann man ihr immer eine Freude machen. Oder sie isst unheimlich viel Salat, wie ein Hase – aber gerne mit Lachs. Oder Steaks in allen Varianten.

Christl Oh ja! Aber es könnte auch nur ein gutes Glas Wein und ein Stückerl Käse sein – alleine, dass ihm auffallen würde, dass er was verbockt hat. Wenn ich so drüber nachdenke: Eigentlich fast schon schade, dass wir eigentlich nie streiten.

Bei aller Liebe zum Essen: Manchmal hört man ja doch auch gerne Worte. Andreas, auf der „Vinitaly" ist es ganz schnell gegangen. Jetzt, drei Kinder später: Was liebst du an Christl?

Andreas Einfach alles. Es ist schwierig zu erklären, aber es ist einfach so. Wir haben so viele gleiche Interessen. Wir kommen super miteinander aus. Aber es wäre eh' traurig, wenn man das an ein, zwei Sachen festmachen könnte. Ich liebe sie halt einfach.

Christl Des hast jetzt schee g'sagt.

Spaghetti bolognese

Andreas Döllerer: „Christl hat spezielle Gerichte, für die sie berühmt ist. Zum Beispiel macht sie eine perfekte Bolognese-sauce, nach einem speziellen Rezept." Hier ist es.

Für 4 Personen

1 Zwiebel
2 Knoblauchzehen
Olivenöl zum Braten plus 80 ml fruchtiges Olivenöl zum Servieren
800 g gemischtes Faschiertes (Hackfleisch)
1 EL Tomatenmark
200 g geschälte Tomaten aus der Dose
500 ml Gemüsefond
Salz
frisch gemahlener schwarzer Pfeffer
20 Blättchen frisches Basilikum
2 EL grob gehackter frischer Oregano
400 g Spaghetti
80 g Parmesan

Zubereitungszeit: etwa 1 ½ Stunden inkl. 1 Stunde Ziehzeit

Zwiebel und **Knoblauch** schälen und in feine Würfel schneiden. Das **Olivenöl** in einer Pfanne erhitzen und Zwiebel und Knoblauch darin anschwitzen. Das **Faschierte** dazugeben und ebenfalls anbraten, dann das **Tomatenmark** unterrühren und anbraten. Mit den **Tomaten** und dem **Gemüsefond** auffüllen. Mit **Salz** und **Pfeffer** würzen. **Basilikum** waschen, trocken schütteln und in Streifen schneiden. Zusammen mit dem **Oregano** zum Hackfleisch geben. Etwa 1 Stunde bei schwacher Hitze zugedeckt köcheln lassen.

Die **Spaghetti** in reichlich **gesalzenem** Wasser etwa 8 Minuten al dente kochen. Abseihen und heiß unter das Sugo (die Hackfleisch-mischung) mischen. 1 Minute durchziehen lassen und nochmals abschmecken. Den **Parmesan** reiben. Parmesan und **Olivenöl** dazu servieren.

Schwarzbeernocken

Für 4 Personen

400 g Schwarzbeeren (Heidelbeeren)
100 g griffiges Mehl („Wiener Grießler")
50 ml Milch
reichlich Butterschmalz zum Anbraten
Zucker zum Bestreuen
Puderzucker zum Bestäuben

Zubereitungszeit: 10–15 Minuten

Die **Schwarzbeeren** waschen, trocken tupfen und mit **Mehl** und **Milch** kräftig verrühren. Dabei ungefähr die Hälfte der Beeren zerquetschen, damit der Saft austritt. In einer Pfanne etwas **Butterschmalz** erhitzen. Von der Schwarzbeerenmasse kleine Nocken abstechen und im Butterschmalz anbraten. Nach etwa 3 Minuten mit **Zucker** bestreuen und wenden. Abermals mit **Zucker** bestreuen und weitere 3 Minuten braten. Mit **Puderzucker** bestäuben und servieren.
Dazu passt Vanilleeis, Rumeis oder einfach ein Glas kalte Milch.

Ein sehr typisch österreichisches Dessert, das nicht nur Christl Döllerer liebt! Eigentlich ganz einfach – aber sooo gut!

„Kolja, das sind ganz klare, warme Töne."

Katharina Kriebel und Kolja Kleeberg, „VAU", Berlin

Die K.-u.-k.-Monarchie zwischen

Küche und Musik

„Enerschgi barlampa" – das ist das Einzige, was Kolja Kleeberg sagen muss, damit er und seine Lebensgefährtin Katharina Kriebel anfangen, schallend zu lachen. Eigentlich sind „Enerschgi barlampa" (oder so ähnlich) einfach bulgarische Energiesparlampen und die Geschichte dahinter ist auch nicht so wichtig. Wichtig ist: Die beiden lachen einfach gerne zusammen. Auch wenn sie gemeinsam kochen, essen, schönen Wein trinken – und Musik machen. Und inzwischen arbeiten sie auch zusammen. Über die Arbeit, damals noch auf getrennten Wegen, haben sie sich auch kennengelernt. Kolja hat auf einer Veranstaltung gekocht und mit seiner Band gesungen, Katharina war die Assistentin des Veranstalters. Man unterhält sich übers Kochen, Katharina tanzt zu seiner Musik. Danach schickt sie ihm gerne mal eine SMS, wenn sie Kochfragen hat. „Manchmal habe ich ihn damit bombardiert!" Man bleibt locker in Kontakt. Und dann kommt, ein paar Jahre später, eine SMS an Kolja. Katharina braucht dringend Rat, wie sie am besten Ravioli mit Kaninchen und Salbei zubereitet. Kolja ruft zurück. Zufällig ist er ein paar Tage später für eine Veranstaltung in Frankfurt, verabredet sich mit Katharina zum Essen und – wir lassen nun einige Schritte aus – jetzt wohnt sie in Berlin mit ihm zusammen.

Gehen wir zumindest einen Kochschritt zurück: Als du das erste Ma(h)l für Kolja gekocht hast, gab es Hühnerherzen! Das ist ja irgendwie romantisch, aber auch ziemlich gewagt …

Katharina Ich habe eben einfach gekocht, worauf ich selbst Lust hatte. Und dass er keine Probleme mit Innereien hat, wusste ich ja. Also bin ich auf den Markt und habe die Herzen gekauft. Wer kauft die sonst? Alle essen Chicken und Hühnerbrüste, aber keiner interessiert sich für den Rest.

Kolja Also ich muss wirklich sagen: Als Katharina mir gesagt hat: „Es gibt Hühnerherzenragout", dachte ich nur: „Wow, eine Frau, die ganz selbstverständlich darauf kommt, Hühnerherzenragout zu machen!" Das letzte Hühnerherzenragout, das ich gegessen habe, das war lange her. Und sie sagt so ganz lässig: „Hühnerherzenragout" – und macht die Tagliatelle dazu auch noch mal schnell selbst!

Katharina Ja, das war recht amüsant, wie erstaunt Kolja da geschaut hat. Aber das geht doch ganz schnell. Ein bisschen Mehl, ein bisschen Ei, ein paar Tropfen Olivenöl, ein bisschen Wasser – und fertig ist der Nudelteig. Dann über die Nudelmaschine, erledigt.

Kolja Also, für mich war das erste Wow die Hühnerherzen, das zweite die selbst gemachten Tagliatelle und der dritte Wow-Moment kam, als sie einen anständigen Pinot Noir aufgemacht hat. Ich meinte: „Ah – wie schön, trinken wir den?" Und sie sagte ganz cool: „Nee, der ist fürs Ragout." Und – plopp, plopp, plopp – war er weg!

Katharina Na, es muss doch immer auch ein guter Wein IM Essen sein. Aber ich hatte ja auch drei Flaschen davon gekauft. Eine für das Ragout, eine zum Kochen (also zum gemeinsamen Trinken, während ich gekocht habe) und eine zum Essen.

Das war das erste Ma(h)l. Aber wer kocht denn inzwischen zu Hause?

Kolja Als wir zusammengezogen sind, habe ich, wenn ich zu Hause war, ganz selbstverständlich angefangen zu kochen. Und was meinte Katharina? „Eigentlich passt mir das jetzt nicht, da komme ich ja gar nicht mehr in die Küche!"

Katharina Stimmt, aber inzwischen haben wir das ganz gut gelöst. Wenn wir die Gelegenheit haben, gehen wir gemeinsam auf den Wochenmarkt, kaufen zusammen ein und kochen dann auch gemeinsam.

Kolja Also zumindest sind wir immer zusammen in der Küche. Wobei ich mich meistens schwer zurückhalten kann.

Katharina Ja, er muss irgendwas machen, sonst läuft er wie ein Tiger oder Löwe im Käfig immer hin und her.

So, wie du von Thinkas Kochkünsten schwärmst, scheint es dir, Kolja, schon wichtig zu sein, dass deine Partnerin kochen kann?

Kolja Oh ja, oh ja. Ich habe mal eine Frau kennengelernt, war dann bei ihr zum Essen eingeladen und sie hat ein abgepacktes Hackfleisch (was ja an sich noch nicht schlimm ist) genommen, Öl in die Pfanne, den ganzen Klops Hackfleisch rein und dann einen Pfannenspritzschutz auf die Pfanne. Einen Pfannenspritzschutz! Da war mir klar, das wird nichts mit uns.

Was bedeutet denn eigentlich kochen können?

Kolja Auf alle Fälle heißt es nicht, in einer irrwitzigen Geschwindigkeit die Schalotten in Nanowürfelchen zu schneiden. Kochen heißt doch, mit allen fünf Sinnen dabei zu sein und vor allem mit Lust zu schmecken und zu riechen. Riechen ist total wichtig. Thinka zum Beispiel hat einen für mich überraschend guten Geschmackssinn, sodass sie tatsächlich Dinge früher und genauer riecht und schmeckt als ich mit meiner ganzen Erfahrung.

Gehört zum Kochen auch der Spaß am Essen?

Katharina Ich glaube, man muss in jeder Beziehung vor allem an denselben Dingen Spaß haben – und da gehören bei uns eben Essen und guter Wein unbedingt dazu. Auch wenn wir unterwegs sind. Aber ich fürchte, viele Frauen würden das doch nicht mitmachen: Die knabbern immer nur am Salatblättchen rum, damit sie dann in Size Zero passen. Ich esse gern.

Kolja Ich kennen einen Kollegen, kein Koch, aber er arbeitet auch in der Gastronomie. Dessen Freundin verlangt von ihm, dass er sich, wenn er mal Blutwurst gegessen hat, die Zähne putzt, bevor er sie wieder küssen darf. Also das wäre mir jetzt zu Banane.

Als ihr euch nur flüchtig kanntet, hast du ihm SMS mit Kochfragen geschickt. Jetzt hast du ihn im wahrsten Sinne des Wortes greifbar. Fragst du ihn immer noch?

Katharina Ja, natürlich, ich bin doch keine gelernte Köchin! Letztens zum Beispiel hatte ich Kalbsbäckchen, da war so eine richtige Schicht Fett und Sehnen dran – und ich habe ihn gefragt, wie ich die am besten entferne.

Kolja Hm, eigentlich geht das Fragen bei Katharina so: „Schau, Schatz, ich hab' die Bäckchen angebraten und dann hab' ich Pfeffer, Piment und Salz dazugegeben und ein bisschen Rotwein. Dann den Deckel drauf. Ist doch gut so – oder?" Viel bleibt da nicht mehr offen. (grinst)

Katharina Aber das war doch danach! Am Morgen bin ich ja sogar mit den Kalbsbäckchen zu dir ans Bett gekommen und hab' dir das Problem gezeigt!

Kolja (lachend) Stimmt, das war dann das Erste, was ich morgens gesehen habe – rohe Kalbsbäckchen!

Katharina, wo hast du denn kochen gelernt?

Katharina Von meiner Mutter. Ich hatte das große Glück, dass sie immer für meinen Bruder und mich gekocht hat. Wenn wir um 14 Uhr aus der Schule kamen, stand das Essen auf dem Tisch. Und es war immer frisch, also nichts mit Ravioli aus der Büchse. Klar haben wir uns auch mal diese berühmten Nudeln mit fertiger Sauce gewünscht.

Kolja AHA!

„Ein normales Leben mit mir bedeutet, dass es keinen ‚heiligen' Familiensonntag gibt."

Kolja Kleeberg

Katharina Ja, logisch. Aber eigentlich gab es nur frisches Essen. Wir sind jeden Samstag auf den Wochenmarkt. Und zu Hause wurde meistens ich in den Garten geschickt, um Kräuter zu holen, wie Liebstöckel für die Suppe. Und ich habe meiner Mutter immer über die Schulter geschaut, so hab' ich das ganz automatisch gelernt.

Aber ihr kocht und genießt nicht nur zusammen, ihr arbeitet auch zusammen.

Katharina Als ich hierher gezogen bin, hatte ich ja meinen alten Job als Privatsekretärin eines Unternehmers aufgegeben. In diesem Job war ich viel unterwegs und musste vor allem auch oft am Wochenende arbeiten. Das hätte sich nicht mit Koljas Arbeitspensum vertragen. Zum Glück hatte ich in Berlin auch gleich ein paar gute Angebote und eigentlich schon einen Vertrag vorliegen.

Kolja Aber dann sind wir zusammen in den Urlaub gefahren und mal durchgegangen, wie unser gemeinsames Leben mit ihrem neuen, auch wieder sehr zeitintensiven Job aussehen würde. Und dann muss ich sagen: Katharina ist gelernte Bankkauffrau, war bei Japan Airlines im Gästekontakt und Privatsekretärin für einen Unternehmer, der

„Bei uns gehören Essen und guter Wein einfach dazu."

Katharina Kriebel

auch Hotellerie- und Gastronomiebetriebe besitzt. Meine langjährige Sekretärin wollte in den Ruhestand gehen. Hätte ich eine externe Bewerbung von jemandem mit Katharinas Referenzen auf den Tisch bekommen, hätte ich sofort zugeschlagen. Warum also diese Chance nicht ergreifen, bloß weil wir zusammen sind?

Hattest du keine Bedenken, Katharina? Die Stadt aufgegeben, den Job und jetzt gleich zusammenarbeiten?

Katharina Ja, natürlich hatte ich die. Mit dem Partner zusammenarbeiten – ich weiß nicht, ob das überall so gut läuft. Man trägt viele Dinge nach Hause. Und man ist auch sehr abhängig. Das ist schon ein Thema, wenn man auf eigenen Füßen stehen, selbstständig sein will. Aber dadurch, dass ich ja im Büro bin und wir uns eigentlich tagsüber tatsächlich kaum sehen, ist das in Ordnung.

War es für dich schwierig, dieses ganze Thema „Gastronomie" zu verstehen?

Katharina Ich bin ja im Hintergrund. Und Hintergrundmanagement ist im Grunde überall gleich. Für welchen Bereich man zum Beispiel buchhalterische Strukturen schafft, ist egal. Richtig tief in die Gastronomie rein, also zum Beispiel im Service oder gar in der Küche mitmischen, das würde ich nie tun und auch nie wollen.

Als Koch hast du wenig Zeit für Familie und Freunde. Glaubst du, Kolja, dass es deshalb besser ist, wenn man mit dem Partner auch zusammenarbeitet?

Kolja Das kann man so nicht sagen. Mit meiner Exfrau habe ich auch zusammengearbeitet und wir haben das „VAU" auch ein Stück weit zusammen aufgebaut.

Trotzdem war es für sie nicht immer leicht. Ein normales Leben mit mir bedeutet eben auch, dass es keinen „heiligen" Familiensonntag gibt. Mein Herz hängt an dem Laden, ich bin selbstständiger Unternehmer. Wenn ich für den Sonntag einen Auftrag, eine Veranstaltung bekomme, dann bin ich eben dort. Das bezahlt auch mein Leben.

Katharina Wenn ich jetzt ständig sagen würde: „Du musst aber Zeit mit mir verbringen!", würde ich ihm ja seine ganze Existenzgrundlage nehmen. Natürlich ist Berlin für mich auch eine völlig neue Umgebung und meine Freundschaften pflege ich zurzeit eher am Telefon. Aber trotzdem genieße ich es auch ein bisschen, dass ich abends Zeit für mich habe und sie mir selbst einteilen kann. Ich muss natürlich tatsächlich nicht Rücksicht auf eine Familie nehmen. Ich glaube, so wie es jetzt gerade läuft, ist es für uns optimal.

Zurück zum „K" wie Küche. Gibt es denn ein Lieblingsgericht von dir, Kolja, das du dir von Katharina immer wieder wünschst?

Kolja Ich habe ja noch nicht mal ganz allgemein ein einziges Lieblingsgericht. Und wir sind ja auch noch nicht zehn Jahre zusammen, in denen sich Lieblingsgerichte vielleicht ergeben.

Katharina (lacht) Höchstens vielleicht die Pizza Perversa!

Kolja Die hat auf alle Fälle einen sehr hohen Stellenwert, das stimmt.

Katharina Das ist ganz hauchdünner, selbst gemachter Pizzaboden, keine Tomatenpampe drauf, sondern nur ein bisschen Olivenöl und Salz. Dann als Belag Sardellen, Kapern, Oliven, Peperoniwurst, Paprika, ein bisschen Chili, manchmal noch Knoblauch und Zwiebeln, also alles kräftig mit Bums. Das Ganze wird dann richtig knusprig und rösch gebraten. Irgendwann kam Kolja nachts heim

„Für mich war das erste Wow die Hühnerherzen!"

Kolja Kleeberg

vom Arbeiten, ich hatte ihm vorher eine SMS geschickt, ob er noch Hunger habe, und die Antwort war „Oh ja – ich hab' den ganzen Tag noch nichts gegessen." Das ist ja auch so typisch für Köche! Die sind den ganzen Tag in der Küche und essen nichts. An dem Abend jedenfalls hab' ich ihm dann zurückgeschrieben: „Okay, dann schieb' ich dir noch 'ne Perverse in den Ofen!" Seitdem gab's die schon ein paar Mal.

Neben eurer Lust am Kochen verbindet euch aber auch die Musik. Katharina, du spielst Klavier?

Katharina Ja, und ich habe auch mal Cello gespielt und eine Zeit lang auch gesungen. Und ab und an trällern wir beide auch zu Hause ein bisschen. Ich finde das einfach herrlich, wenn Kolja Gitarre spielt. Dann haben wir uns vorher etwas Gutes gekocht, er holt die Gitarre raus und wir singen zusammen. Und manchmal ist man einfach mal verrückt und tanzt durch die Wohnung.

Hey, das wäre doch ein tolles Bild für das Buch hier? Kolja spielt Gitarre und Katharina tanzt durch die Wohnung!

Katharina Ja, ja, in Schlafanzug und in Cowboystiefeln – hör bloß auf!

Kolja (lacht sich kaputt) Das ist ein sehr, sehr schönes Bild! (Anmerkung: Leider konnten wir die beiden beim Fotoshooting doch nicht dazu bringen.)

Was bedeutet dir Musik, Kolja?

Kolja Musik ist wie mein Herzschlag. Ohne Musik kann ich mir das Leben sehr schlecht vorstellen. Ich habe immer ein Lied im Kopf und meistens auch auf den Lippen, summe so vor mich hin. Das können auch komische

Sachen sein, aber meine Seele hängt an Countrymusik und gutem Pop und Rock mit gut erzählten Geschichten. Nik Kershaw zum Beispiel finde ich klasse! (Und er fängt sofort an zu singen:) „Wouldn't it be good to be on your side, grass is always greener over there …"

Dann muss ich für dich meine Abschlussfrage eigentlich mal abwandeln. Nicht welches Gericht, sondern welcher Song wäre Katharina denn für dich?

Kolja (denkt lange nach) Das ist schwierig. Was wäre ich denn für dich, Thinka?

Katharina Kolja kann eigentlich kein einzelner Song sein, er ist eher eine bestimmte Art von Musik. Aber definitiv keine elektronische Musik, sondern instrumentale Musik. Unbedingt mit einem Leitmotiv, weil er ja auch mal ein Leithammel sein kann. Und es muss warme Musik sein, keine Komposition, die man nicht versteht, die irgendwie nur schrill ist. Das ist er nicht. Kolja, das sind für mich ganz klare, warme Töne.

Kolja Also, das ist echt schwer. Ehrlich gesagt würde ich mich in diesem Fall mit einem Gericht leichter tun: Für mich wäre Katharina eine gegrillte Chorizo mit Koriander. Keine plumpe, fette Chorizo natürlich, aber die Schärfe muss auf alle Fälle da sein, die Substanz von der Chorizo, aber auch die Frische vom Koriander und vielleicht noch ein bisschen Minze. Und dazu ein Graupengemüse, weil Thinka auch sowas absolut Verlässliches hat. Und das ist für ein Gericht, aber vor allem für mich sehr wichtig.

305

Hühnerherzenragout

mit selbst gemachten Tagliatelle

„Alle essen Chicken – aber kaum einer denkt daran, dass die auch mehr als Brust und Keule haben." Beim ersten Ma(h)l also ein engagiertes Liebesmahl – das 100 Prozent in Koljas Herz getroffen hat.

Für 2 Personen
Für die Tagliatelle
350 g Hartweizengrieß
125 g Mehl
6 Eigelb
3 Eier
Olivenöl
frisch geriebene Muskatnuss
Salz

Für das Ragout
2 Zwiebeln
600 g Hühnerherzen
2 EL Butter
etwas Mehl zum Bestäuben
Salz
frisch gemahlener schwarzer Pfeffer
1 Lorbeerblatt
1 Flasche Pinot Noir (0,75 l)
100 ml Portwein
200 ml Gemüsebrühe
Petersilie

Zubereitungszeit: etwa 40 Minuten plus 30 Minuten Ruhezeit für den Teig

Alle **Zutaten** für die Tagliatelle zu einem glatten Teig kneten und 30 Minuten ruhen lassen.

In der Zwischenzeit die **Zwiebeln** für das Ragout schälen und würfeln. Die **Hühnerherzen** putzen, unter kaltem Wasser abspülen und abtropfen lassen. Die Zwiebeln in der **Butter** anbraten, dann die Hühnerherzen zugeben und leicht mit **Mehl** bestäuben. **Salzen, pfeffern** und das **Lorbeerblatt** zugeben. Anschließend nach und nach mit **Rotwein** und **Portwein** ablöschen. Immer wieder einkochen lassen und zum Schluss etwas **Gemüsebrühe** angießen. Bei mittlerer Hitze 20 Minuten leise köcheln lassen.

Den Nudelteig mit einer Nudelmaschine ausrollen, zu Tagliatelle schneiden und in kochendem **Salzwasser** bissfest garen.

Das Ragout nochmals abschmecken, die **Petersilie** fein hacken, unterheben und das Ragout mit den Tagliatelle servieren.

Taube aus dem Ofen mit Pancetta,

weißen Bohnen und sautiertem Radicchio

Für 2 Personen
Für die Tauben

2 küchenfertige Tauben
Salz
frisch gemahlener schwarzer Pfeffer
6 Thymianzweige
100 g Pancetta
8 kleine Schalotten
Olivenöl zum Braten
300 ml Chianti
250 ml Geflügelbrühe

Für die Bohnen

100 g kleine weiße Bohnen
1 Lorbeerblatt
½ Stange Staudensellerie
½ Fenchelknolle
1 kleine Karotte
Salz
Olivenöl zum Binden
abgeriebene Schale von 1 Bioorange
abgeriebene Schale von 1 Biozitrone
1 getrocknete kleine rote Chilischote
frisch gemahlener schwarzer Pfeffer

Für den Radicchio

1 Radicchio Rosso di Treviso Tardivo
1 EL Butter
Salz
Zucker
etwas Limettensaft

Zubereitungszeit: etwa 2 Stunden plus 12 Stunden Einweichzeit für die Bohnen

Die **Bohnen** über Nacht in reichlich Wasser einweichen.
Am nächsten Tag den Ofen auf 150 °C Ober-/Unterhitze vorheizen.
Die **Tauben** innen und außen mit **Salz** und **Pfeffer** würzen und den **Thymian** in die Bauchhöhle geben. Den **Pancetta** würfeln und die **Schalotten** schälen.
Das **Olivenöl** in einem Bräter erhitzen und die Tauben auf der Brustseite anbraten. Den Pancetta und die ganzen Schalotten zugeben. Den **Chianti** nach und nach angießen, dann die **Geflügelbrühe** zugeben. Den Bräter in den Ofen stellen und die Tauben etwa 1 Stunde 30 Minuten schmoren.
In der Zwischenzeit die Bohnen abgießen und mit frischem kaltem Wasser knapp bedecken, das **Lorbeerblatt** zugeben. Etwa 1 Stunde köcheln lassen. **Sellerie** und **Fenchel** waschen und putzen, die **Karotte** schälen. Das Gemüse in Stücke schneiden und zu den Bohnen geben, **salzen** und noch 10–15 Minuten weiterköcheln lassen. Dann das Gemüse wieder herausnehmen und den Bohnensud mit **Olivenöl** unter Schwenken binden. Mit abgeriebener **Orangen-** und **Zitronenschale**, zerbröseltem **Chili, Salz** und **Pfeffer** abschmecken.
Den **Radicchio** vom Strunk befreien, waschen, trocken schütteln und halbieren. Die **Butter** in einem flachen Topf braun werden lassen, den Radicchio darin kurz sautieren, mit **Salz, Zucker** und **Limettensaft** abschmecken. Alles zusammen anrichten.

*Manchmal „darf" Kolja auch noch zu Hause
kochen. Da wird es dann auch mal gerne so ein
wunderbares Täubchen – mit Chianti!*

Hüttengaudi im Schrebergarten

Stephanie und Bobby Bräuer, „EssZimmer", München

Eigene **Welten,**
die sich liebend gerne treffen

Sich selbst zu interviewen ist zwar möglich, aber ein bisschen komisch. Deshalb habe ich das Interview mit mir und meinem Mann Bobby an die Frau abgegeben, ohne die es das Ehepaar Bräuer nicht gäbe: meine Freundin Veronique Witzigmann. Wir hatten uns kennengelernt, als wir beide Mitte der 90er-Jahre frei für den Hörfunksender Antenne Bayern gearbeitet haben, Veronique im Eventbereich und ich in der Redaktion. Unsere Freundschaft hatte also zunächst mit Kulinarik nichts zu tun. Im Sommer 2000 rief sie mich an und fragte, ob ich Lust hätte, zu ihr an den Ammersee zu kommen. Sie habe auch einen Freund und ehemaligen Mitarbeiter ihres Vaters eingeladen, der gerade ein bisschen Liebeskummer habe – und: „Dir fällt doch immer was zu reden ein." Alles klar, ich fühlte mich als Pausenclown gebucht und kam pünktlich um 11 Uhr. Er um halb eins. Zwei Jahre später war Veronique nicht nur unsere Trauzeugin, sondern hatte uns auch eine Hochzeitszeitung gemacht, in der unter anderem zwei Fragen auftauchten: „Was hat Steffie zum ersten Mal für Bobby gekocht?" Und – von einer weiteren lieben Freundin gestellt: „Was für ein Gericht wäre Steffie für dich, Bobby?" Die erste Frage beantwortete ich mit „Thaicurry" und Bobby mit „Thailändisches Curry mit Basmatireis, kleinen Thai-Auberginen, Zitronenblättern, Karotten, Chili und Pilzen". Auf die zweite Frage kommt Veronique weiter unten zurück. Für unser Interview drehte sie den Spieß aber erst einmal um.

Veronique Was hat Bobby denn zum ersten Ma(hl) für dich gemacht?

Bobby (mit Blick auf mich) Du weißt es, oder? War's die Pasta, die wir nach dem Buena-Vista-Konzert mit deinen Freunden bei mir im geschlossenen Restaurant gemacht haben?

Steffie Nö, eigentlich war es Pizza. Als wir das zweite Mal zu dir, Vero, rausgefahren sind, dann schon gemeinsam, sind wir vorher noch bei ihm im Restaurant vorbei. Dort im Kühlhaus stand eine Alubox mit Frischhaltefolie und einem Zettel „Chef – Pizzateig" drauf. Das hat mich beeindruckt.

Der Chef?

Steffie Nee, das fand' ich enorm praktisch und schon irgendwie sehr lässig – mein Liebster ist Chef und bekommt seinen Pizzateig vorbereitet. Dass das nicht die Regel ist, habe ich ja erst später herausgefunden.

Steffie hat dann für dich relativ schnell das erste Ma(h)l gekocht. Überhaupt ging bei euch alles ziemlich schnell. Nach wie vielen Tagen seid ihr nochmal zusammengezogen?

Bobby Also, die Geschichte war die: Als wir uns kennengelernt haben, hatte ich ja gerade eine Trennung hinter mir und die hatte auch Lücken in meiner Wohnung

hinterlassen. Unter anderem habe ich Steffie erzählt, dass ich keine Waschmaschine mehr habe. Da sie aber noch eine im Keller stehen hatte, hat sie mir ihre angeboten. Mein Kommentar: „Ja, die Waschmaschine würde ich gerne nehmen, aber lieber wäre es mir, wenn du gleich mit einziehen würdest." Das hat sie dann auch gemacht!

Steffie Und das war drei Wochen nach unserem Kennenlernen!

Bobby Hast du gut gemacht, Vero!

Wobei ich zugeben muss, ich habe zu Steffie damals schon gesagt: „Der hat doch gerade erst eine Trennung hinter sich, mach' mal langsam!"

Bobby Das haben eigentlich alle gesagt.

Steffie Stimmt, nur meine Mutter nicht.

Wahrscheinlich hat deine Mutter gedacht: „Der Mann kann kochen! Den nehmen wir!"

Steffie Nein, gar nicht. Viele haben mich natürlich gewarnt, mich so schnell auf einen frisch getrennten Mann einzulassen. Aber meine Mutter (normalerweise eher ein skeptischer Mensch) meinte zu meinem Vater, als der es mit einem Termin, an dem ich ihnen Bobby vorstellen wollte, nicht so eilig hatte: „Doch, das

„‚Mr. Pingel' muss manchmal unter meinem Ordnungssystem leiden."

Steffie Bräuer

müssen wir machen. Das ist Steffies große Liebe, den müssen wir jetzt kennenlernen!"

Bobby Ja, und dann sind wir in den Biergarten gekommen, in dem wir verabredet waren – und ihre Mutter hat als Erstes zu ihr gesagt: „Schau mal, der hat genauso dünne Beinchen wie der Papa!" Ja, großartig! Also, ich hab' zwar keine Fußballerwadeln, aber Fäden sind's doch auch nicht!

Steffie Na gut, aber sie hat auch gesagt: „Das ist so schön, wie er dich immer anschaut!" Und mittlerweile ist sie auch tatsächlich nicht wirklich unglücklich über den kochenden Schwiegersohn. Und mein Vater schüttelt nur den Kopf über unsere Küchengespräche – und profitiert dann genüsslich vom Ergebnis.

Zurück zum heimischen Herd. Steffies erstes Ma(h)l war das Thaicurry und ich weiß, dass es dir, Bobby, geschmeckt hat. Ob sie prinzipiell kochen kann, muss ich dich auch nicht fragen, ich kenne sie ja länger als du. Aber ich weiß auch, dass du, Steffie, einmal versucht hast, „große Küche" für Bobby zu probieren.

Steffie Oh ja, da waren wir schon in Düsseldorf und irgendwie hat mich der Ehrgeiz geritten, mal ein anspruchsvolles Menü zu kochen. Dazu habe ich unsere Kochbücher – davon hat Bobby ja so ein paar – durchforstet, und ein grandioses Menü zusammengestellt. Aber ich bin schon an der Vorspeise gescheitert. Das sah nicht aus wie im Buch und es hat auch nicht geschmeckt. Aber ich hatte doch all die tollen Zutaten eingekauft ... Also habe ich Bobby geholt, den ich ja eigentlich aus der Küche verbannt hatte, und gesagt: „Schau mal, das hier habe ich eingekauft und das wollte ich machen ..." Und dann hat er gekocht – allerdings mit seinen Ideen. Das war mein erster und letzter Versuch in gehobener Küche.

Bobby Steffie ist nicht so die strategische Köchin nach Rezept. Dafür ist sie super im Improvisieren, so nach dem Motto: „Was haben wir da – ah, da kann man was Feines machen." Und was du wirklich gut machst, sind vegetarische Gerichte, zum Beispiel mit Kürbisgemüse, oder eben deine Currys. Das schmeckt alles wirklich gut, ist aber mehr aus dem Bauch heraus gekocht.

Wer kocht denn jetzt zu Hause mehr?
Steffie In der Zeit, in der wir beide frei haben, würde ich sagen, so etwa fifty-fifty. Was ganz lustig ist: Seitdem ich mit dem Buch beschäftigt bin, koche ich mehr. Ich habe nämlich schon einige der Rezepte ausprobiert – und das klappt dann auch bei mir, der unstrategischen Köchin. Aber immer schön nur ein Gang!
Bobby Also prinzipiell kocht Steffie schon zu Hause mehr. Aber im Urlaub immer ich. Das ist für mich dann auch echtes Runterkommen. Wenn wir irgendwo im Urlaub sind und eine Wohnung oder ein Häuschen mieten, gehen wir auf den Markt einkaufen, da kann man gar nicht genug bekommen. Und dann koche ich – zum Beispiel die Spaghetti Vongole.
Steffie Das genieße ich auch. Es hat nur einen Nachteil: Wenn ich früher mit Freunden im Urlaub war, habe eigentlich immer ich gekocht – und konnte nach dem Essen die Füße auf den Tisch legen, weil die anderen den Abwasch gemacht haben … Jetzt bleibt das immer bei mir.

Aber Bobby ist doch eher sehr ordentlich? Hast du ihn nicht mal Mr. Pingel genannt?
Steffie Das ist wahr! Er ist seeehr ordentlich. Wenn mir in den Interviews Köche erzählt haben, dass sie zu Hause auch mal ein gewisses Chaos hinterlassen, weil sie finden, sie haben ja jetzt gekocht … Das ist bei Bobby definitiv nicht so. Im Gegenteil. Wenn er gekocht hat, ist die Küche hinterher fast sauberer als vorher.

Aber das ist doch toll …
Bobby Das ist für mich auch in der Arbeit eine Selbstverständlichkeit. Mach' einfach Schritt für Schritt und immer hinter dir sauber. Und außerdem macht's Spaß, wenn es sauber ist.
Steffie Och, ich weiß nicht … Ich bin ja da nicht sooo ordentlich.
Bobby Ach, nein? Ich sage nur Kleiderberge. Oder ihr Schreibtisch manchmal. So kam es auch zum Mr. Pingel …
Steffie … der unter meinem „Ordnungssystem" immer ein bisschen leiden muss. Aber ich habe mich mit dir auch schnell gebessert, oder? Und inzwischen finde ich es tatsächlich ganz angenehm und brauche nur meine kleinen Chaosoasen.

Ihr habt ja auch immer mal wieder zusammen gearbeitet. War das gut oder schlecht für eure Beziehung?
Steffie Ich glaube, das war sehr wichtig. Ich kam ja aus einem ganz anderen Umfeld, habe Redaktion und PR im Bereich Medien und Unterhaltung gemacht. Und als ich dann in Düsseldorf die PR für das „Victorian" übernommen habe (und ein bisschen Marketing, Veranstaltungen, Buchhaltung und Personal – weil das in der Gastronomie eben so ist), da habe ich erlebt, was diese Branche bedeutet: warum es so viele Stunden sind, was die Gäste fordern, welcher Druck da täglich herrscht und warum man nicht mal eben sagen kann: „Ach Schatz, heute Abend gehen wir ins Theater!"
Bobby Und ich habe viel von ihrer Arbeit gelernt. Auch das Vertrauen in Aussagen, die ich vorher bei anderen manchmal nicht akzeptiert habe. Wenn Steffie mir zum Beispiel gesagt hat: „Die Gäste nehmen das nicht an, was wir ihnen für ihre Veranstaltung vorgeschlagen haben, sprich bitte selbst mit ihnen." Dann wusste ich: Sie hatte es wirklich probiert.

„Vielen Dank für die Waschmaschine, aber zieh' doch bitte auch bei mir ein."

Bobby Bräuer

„Jeder hat seine eigene Welt, sonst fällt das Abschalten schwer."

Bobby Bräuer

Vorher dachte ich immer, da habe jemand eben nicht alles versucht. Und ich habe durch unsere Zusammenarbeit auch gelernt, dass man mit der in der Gastronomie oft als lästig empfundenen Presse-Abteilung zusammenarbeiten und Rezepte dann abgeben muss, wenn Redaktionsschluss ist. Und noch so ein paar andere Dinge – in eine laufende Kamera lächeln zum Beispiel.

Also würdet ihr gerne auch heute wieder zusammenarbeiten?

Bobby Nein, nicht wenn wir beide in einem Unternehmen angestellt sind. So wie es jetzt ist, ist es toll. Wir überschneiden uns immer wieder vom Thema, aber jeder hat seine eigene Welt. Sonst fällt das Abschalten in der freien Zeit so schwer. Ich bewundere Paare, die das jeden Tag schaffen. Von denen gibt es ja auch hier im Buch einige. Aber für uns ist es so, wie es ist, besser. Steffie kennt ja auch alle Leute bei mir, die Mitarbeiter in der Küche, im Service, in der Geschäftsführung, manche Gäste, viele Kollegen – manche nach diesem Buch besser als ich. (grinst) Aber sie hat trotzdem ihre eigenen Geschichten. Das ist wichtig.

Zu den familienfreundlichen Arbeitszeiten muss ich euch nichts fragen, das ist bei euch auch nicht anders als bei den anderen Paaren. Aber eines möchte ich jetzt doch wissen, es ist ja auch euer „Titelfoto": Ihr habt gerade einen Schrebergarten übernommen?

Bobby Ja! Und wir freuen uns schon total. Ich muss allerdings zugeben: Hätte mir das jemand noch vor zehn Jahren prophezeit, hätte ich empört gesagt: „Spinnst du, ich bin doch kein Spießer!" Aber als Steffie jetzt die Idee hatte, war ich wirklich begeistert. Wir haben direkt vor der Tür eine sehr schöne Anlage.

Steffie Aber nicht nur ich hatte die Idee. Ein Münchner Sommelier hat dir erzählt, dass er jetzt einen Garten hat, und dir davon vorgeschwärmt. Das war der erste Anstoß. Und vor allem muss man sagen: Bobby liebt es zu pflanzen, Grünzeug zu schnibbeln, Erde umzuschichten und alles, was so dazugehört. Jetzt haben wir zwar einen Balkon – aber damit ist Bobby doch nicht ausgelastet. Dann haben wir uns die Gärten mal genauer angeschaut und festgestellt: Die sind wirklich schön und gar nicht mehr so spießig, wie man sich das mal vorgestellt hat. Jetzt müssen wir nur noch unsere lieben Freunde, denen wir von der Idee erzählen, davon abbringen, uns mit Gartenzwergen zu erfreuen. Auch nicht mit lustigen, die sich den Mantel aufhalten!

Bobby, du hast ja die Interviews hier gelesen. Was ist dir denn am meisten aufgefallen?

Bobby Darüber haben wir gerade vor ein paar Tagen geredet. Dass alle Frauen meiner Kollegen definitiv wirklich tolle Frauen sind. Das ist jetzt keine Schmeichelei. Sie müssen ja auch alle einen ziemlichen Spagat leisten. Einerseits sich unseren Zeiten anpassen und sicherlich auch oft im Hintergrund stehen, wenn es, gerade bei Veranstaltungen, um uns geht. Andererseits müssen sie absolut selbstständig sein, weil vieles eben gemeinsam nicht geht. Das fängt bei privaten Einladungen an und hört bei Dingen wie der Organisation des gemeinsamen Lebens auf. Vom Umzug bis zur Freizeitorganisation. Und dann müssen sie auch noch gut zuhören können und wollen. Denn zumindest bei uns ist meine Frau der Mensch, dem ich am meisten vertraue und dem ich deshalb auch alles erzählen muss und kann, was mir im Kopf (und Herz) umgeht.

Was für ein schönes Kompliment an alle Frauen und an deine! Von deiner Idee von Steffie als Gericht, war sie aber – in eurer Hochzeitszeitung – zunächst nicht so begeistert …

Bobby (grinsend) Ich habe damals geantwortet: „Ein Soufflé." Und Steffies Gesicht ist erst mal eher zusammengefallen als wunderschön aufgegangen.

Steffie Na ja, woran denkt man denn zuerst, wenn man an ein Soufflé denkt? An viel heiße Luft, die aufgeht und sich zu einem hohen runden Berg türmt. Aber du hast es ja auch in dem Gespräch für die Hochzeitszeitung gleich noch aufgeklärt – und da war ich dann doch eher gerührt.

Bobby Du hast eben einen Koch geheiratet. Für mich ist ein Soufflé etwas ganz Leichtes, Luftiges, immer mal wieder für eine Überraschung gut. Eben etwas ganz Besonderes, das man gut behandeln muss.

Steffies Thaicurry

Zutaten für 4 Personen

240 g Reis
Salz
400 g Hähnchenbrust
Olivenöl zum Braten
5 kleine grüne Thai-Auberginen
4 große Champignons
3 Zitronengrasstängel
frischer Ingwer (3 cm)
1–2 Chilischoten (je nach Geschmack)
500 ml ungesüßte dicke (!) Kokosmilch
1–2 EL grüne Currypaste
1 EL Austernsauce
1 TL Zucker
200–400 ml Geflügelbrühe
2 EL Fischsauce
helle Sojasauce (reichlich, aber gut
abschmecken; zu viel Sojasauce
versalzt das Gericht)
8 Kaffirlimettenblätter
ein paar Korianderblättchen
(nach Geschmack)
evtl. Bambussprossen, in mundgerechte
Streifen geschnittene Paprika
oder 10 kleine Brokkoliröschen
zum Servieren

Zubereitungszeit: 45–60 Minuten

Den **Reis** so lange in einem Sieb unter fließendem kaltem Wasser waschen, bis das Wasser fast klar bleibt. In einem Topf mit **Salzwasser** oder in einem Reiskocher gar kochen und warm stellen. Das **Fleisch** in mundgerechte Stücke schneiden, in einer Pfanne in dem **Öl** von allen Seiten leicht anbraten und ebenfalls beiseitestellen. Die **Auberginen** waschen und in Stücke schneiden, die **Champignons** putzen und ebenfalls in Stücke schneiden. Beides ganz kurz anbraten und beiseitestellen.

Die äußeren Blätter des **Zitronengrases** entfernen und die Stängel in etwa 3 cm lange Stücke schneiden. Den **Ingwer** schälen und klein schneiden. Von den **Chilis** Samen und Scheidewände entfernen, Fruchtfleisch waschen und ganz klein schneiden (dann nicht mehr mit den Fingern in Augennähe kommen!).

2–3 TL **Kokosmilch** im Wok erhitzen, mit der **Currypaste** vermischen und anbraten (daher muss es die dicke Kokosmilch sein). Die **Austernsauce**, den **Zucker**, den Ingwer und die Chili einrühren. Kurz aufkochen. Wasser oder **Geflügelbrühe, Fisch-** und **Sojasauce** und das Zitronengras dazugeben. Den Rest der **Kokosmilch** in den Wok geben. Noch einmal ganz kurz aufkochen lassen. Mit **Soja-** und **Fischsauce** abschmecken.

Auberginen und Champignons sowie das Fleisch zugeben und alles 5–10 Minuten leicht köcheln lassen, bis das Gemüse gar ist. Die **Kaffirlimettenblätter** mehrfach einreißen – nicht zerteilen – und in den letzten paar Minuten unterrühren.

Mit dem **Koriander** abschmecken. Nach Belieben noch einmal mit **Fischsauce** würzen.

Vor dem Servieren die Kaffirlimettenblätter und das Zitronengras wieder entfernen.

Den warmen Reis in Schälchen verteilen und das Curry darübergeben. Nach Belieben mit **Bambussprossen,** in mundgerechte Streifen geschnittener **Paprika** oder, wer mag (mein Mann nicht), zusätzlich 10 kleinen **Brokkoliröschen** servieren.

Tipp Übrigens habe ich gelernt: Wer mit Stäbchen von einem flachen Teller isst, outet sich als Europäer.

Wirklich mein erstes Ma(h)l für ihn. Erstens war's was anderes und zweitens wusste ich: DAS kann ich richtig gut.

Spaghettini

alle vongole

*Auch wenn seine Frau es profan „mediterrane Nudelpfanne"
nennt: Sie liebt dieses Gericht, das sie sich in jedem Urlaub
mindestens einmal wünscht.*

Für 4 Personen

400 g Vongole (Venusmuscheln,
in der Schale)
1 Knoblauchzehe
Olivenöl zum Braten und Beträufeln
1 Schalotte
1 Thymianzweig
10 ml trockener Weißwein
300 g Spaghettini
Meersalz
2 Tomaten
1 kleiner Bund glatte Petersilie
zerstoßener schwarzer Pfeffer

Zubereitungszeit: 30–45 Minuten plus 1 Stunde zum Wässern

Die **Muscheln** mindestens 1 Stunde wässern, dann vorsichtig aus dem
Wasser nehmen und abtropfen lassen. Den **Knoblauch** schälen und
in feine Scheiben schneiden. **Olivenöl** in einem großen Topf erhitzen
und den Knoblauch darin warm werden lassen, bis er leicht gebräunt ist.
Die **Schalotte** schälen, in Brunoise (sehr kleine Würfel) schneiden und
zum Knoblauch geben. Die Muscheln und den **Thymianzweig** ebenfalls
zugeben und mit dem **Weißwein** ablöschen. Den Topf schließen und die
Muscheln so lange köcheln, bis sich die Schalen öffnen. Geschlossene
Muscheln wegwerfen. Den Topf vom Herd ziehen.
Die **Spaghettini** in reichlich **Salzwasser** nach Packungsanweisung
al dente kochen und abgießen. Zu den Muscheln geben.
Die **Tomaten** zu Tomatenconcassée verarbeiten. Dafür die Tomaten über
Kreuz einschneiden und kurz in kochendem Wasser blanchieren. Die
Tomaten schälen, die Kerne entfernen und das Fruchtfleisch in kleine
Würfel schneiden.
Den Topf wieder auf den Herd stellen. Die **Petersilie** waschen, trocken
schütteln, die Blättchen in feine Streifen schneiden und zusammen mit
dem Tomatenconcassée zu den Muscheln geben. Nudeln und Muscheln
gut vermengen und mit **Salz** und **Pfeffer** abschmecken. Etwas **Olivenöl**
darüberträufeln und sofort servieren.

Die Köche

**sowie eine Köchin, eine Konditorin und eine Marmeladenfee
und ihre Wirkungsstätten**

Eckart Witzigmann, der Koch des Jahrhunderts Als der französische Restaurantführer Gault&Millau 1994 Eckart Witzigmann zum „Koch des Jahrhunderts" kürte, reihte er sich in die Riege der größten lebenden Köche ein. Sein Weg dorthin: Witzigmann verbrachte insgesamt 13 Jahre im Ausland, bevor er sich 1971 daranmachte, mit dem Münchner „Tantris" die Revolution der Küche in Deutschland einzuleiten. 1978 eröffnete er sein eigenes Lokal, die legendenumwobene „Aubergine" in München, die zur Keimzelle des deutschen Küchenwunders wurde. Künstler, Könige und Gourmets aus aller Welt pilgerten nach München, um die kreative Kochkunst von Eckart Witzigmann zu erleben und zu genießen. 1979 erhielt die „Aubergine" als erstes Restaurant in Deutschland und Eckart Witzigmann weltweit als einer der ersten beiden Köche außerhalb von Frankreich die begehrten drei Michelin-Sterne. Auch heute ruht sich Eckart Witzigmann noch lange nicht auf seinen Lorbeeren aus. Er ist unter anderem Namenspatron des internationalen Eckart-Witzigmann-Preises „Eckart" (in Kooperation mit der BMW Group), der an herausragende Persönlichkeiten verliehen wird, die sich um das Kochen und die Esskultur verdient gemacht haben. Zudem arbeitet er als Berater internationaler Gastronomie-Unternehmen, ist Patron des berühmten „Ikarus - Hangar 7" am Salzburger Flughafen, eines der innovativsten Restaurantkonzepte der Welt, das er nach einer Idee von Dietrich Mateschitz, dem Chef von Red Bull, entwickelte. Sehr stolz ist Eckart Witzigmann auf eine Auszeichnung aus Schweden: Die Universität Örebro ernannte ihn 2007 zum Professor und Ehrendoktor, nicht nur um seine Verdienste der Vergangenheit zu würdigen, sondern auch um sein Wissen für kommende Generationen zu erhalten und an sie weiterzugeben. www.eckart-witzigmann.de

Frank Oehler, „Speisemeisterei", Stuttgart Er gehörte zur ersten Garde der „jungen Wilden" in Deutschland und ist heute Herr der „Speisemeisterei" im „Schloss Hohenheim", Stuttgart. Vormals „jung und wild" wird laut der Presse ersetzt durch „leidenschaftlich kreativ", „traditionell avantgardistisch", „auf ganz eigenen Wegen". Und „erfolgreich". Denn einen Michelin-Stern hat er schon viermal erkocht: den ersten im Jahr 2000 im eigenen Restaurant „d'Rescht" in Hawangen. In diesem Jahr betitelte der Gault&Millau ihn zudem als „kreativsten Koch Deutschlands". Auch im exklusiven Luxushotel „Las Dunas" in Marbella und im „Erbprinz" in Ettlingen wurde Frank Oehlers Küche jeweils mit einem Stern ausgezeichnet. Seit 2008 ist der gebürtige Allgäuer allerdings angekommen, denn in diesem Jahr übernahm er die „Speisemeisterei". Der Michelin-Stern sowie weitere Bestnoten der Restaurantführer folgten. Die Gäste erwartet ein regionales Menü mit Produkten ausnahmslos aus Baden-Württemberg und ein Speisemeisterei-Menü, das auch mal exotisch sein darf, sowie ein vegetarisches Menü. Seit Mitte 2009 ist Frank Oehler Teil des Teams der RTL-II-Sendung „Die Kochprofis – Einsatz am Herd". Frank Oehler beginnt seit Jahren jeden Tag mit einer mindestens halbstündigen Meditation: Zazen - Sitzen im Schweigen. Irgendwie überraschend typisch für ihn. www.speisemeisterei.de

Sven Elverfeld, Restaurant „Aqua" in der Wolfsburger Autostadt Er gehört offiziell zu den besten Köchen der Welt und steht seit nunmehr fünf Jahren im Ranking der San Pellegrino „World's 50 Best Restaurants". Sven Elverfelds Küche ist unter anderem ausgezeichnet mit drei Michelin-Sternen und 19 Punkten im Gault&Millau, der ihn 2004 auch zum Koch des Jahres kürte. Im Magazin „Der Feinschmecker" erhielt er diesen Titel 2007 und hält hier seit Jahren die höchste Wertung von 5 Fs. Im Hornstein-Ranking ist das „Aqua" unter den besten fünf Restaurants in Deutschland gelistet – das sind nur einige der Auszeichnungen von Sven Elverfeld. Um dahin zu kommen, wo er heute ist, hat sich der Kochkünstler die Welt und ihre Küchen angesehen. Er kochte unter anderem in ausgezeichneten Restaurants auf Kreta, in Japan und im „The Ritz-Carlton" in Dubai. Danach eröffnete er im Jahre 2000, mit 31 Jahren, das Gourmetrestaurant „Aqua" im „The Ritz-Carlton", Wolfsburg. Die einzigartige Kulisse des Restaurants mit Blick durch große Fenster auf einen japanischen Garten und die grünen Hügel der Autostadt mit dem Mittellandkanal laden zum Genießen ein. Sven Elverfelds weltoffene Küche zeichnet sich durch die Harmonie der verschiedenen Aromen mit ihren charakteristischen Eigenschaften aus. Er selbst sagt zu seinem Erfolg: „Kochen bedeutet für mich Freiheit, in der ich mit Leidenschaft meinen Gedanken einen emotionalen Ausdruck verleihen kann." www.restaurant-aqua.com

Marie und Tim Raue, unter anderem Restaurant „Tim Raue", Berlin Tim Raues Unternehmungen in ein paar Zeilen, das geht nur im Telegrammstil. 2007: erster Michelin-Stern, „Koch des Jahres" und 18 Punkte im Gault&Millau. 2008 bis 2010: Restaurant „MÂ Tim Raue", ein Michelin-Stern, 18 Gault&Millau-Punkte. Juli 2010: gemeinsam mit seiner Frau Marie-Anne Selbstständigkeit mit dem Restaurant „Tim Raue", heute unter anderem zwei Sterne, 19 Punkte im Gault&Millau. 2013 Eröffnung von zwei weiteren Restaurants in Berlin: Das Restaurant „SRA BUA by Tim Raue" im „Kempinski Hotel Adlon", ein kulinarisch auf Thailand und Japan fokussiertes Konzept, das weltweit Teil der Kempinski-Hotelgruppe ist. Ebenfalls im April 2013 Eröffnung von „La Soupe Populaire Tim Raue" mit vornehmlich deutschen und preußischen Gerichten und stetig wechselnden Kunstausstellungen aus der Sammlung von Professor Näder. Tim Raue wird im Gault&Millau als „Restaurateur des Jahres 2014" ausgezeichnet. Anfang 2015 schließlich öffnet sein viertes Restaurant, das „Studio Tim Raue" im Backsteingebäude des „Start-up-Campus" in der Rheinsberger Straße. Wieder ein neues Konzept: Das Studio ist mittags Kantine und abends Gourmetrestaurant mit wechselnden Themen von Tokio bis Sizilien. Neue Projekte sind in Planung. Eine der Websites: www.tim-raue.com

Susanne Vössing Su Vössing ging schon immer ihren eigenen Weg. Aufgewachsen (auch) auf der Tankstelle ihrer Eltern. Kochlehre in Warburg. Dann Paris und ein Abschluss als Übersetzerin an der Sorbonne. Wieder an den Herd und in hochdekorierte Häuser in Frankreich. Zurück in Deutschland erkochte sie im Bonner Restaurant „Le Marron" ihren ersten eigenen Michelin-Stern – als jüngste Köchin, die diese Auszeichnung je erhalten hat. Anschließend übernahm sie die Küchenleitung im „La Société" in Köln und leitete als Küchendirektorin drei Restaurants in Paris. Zu dieser Zeit und bis 2005 gehörte sie auch zum Köcheteam der VOX-Sendung „Kochduell". 2003 eröffnete sie in Düsseldorf ihr eigenes Restaurant, das sie allerdings aus privaten Gründen im Januar 2006 wieder schloss. Seitdem arbeitet sie selbstständig und vor allem frei – für Kochevents vom privaten Rahmen bis zu Veranstaltungen großer Firmen, als Catering-Unternehmerin oder als Beraterin. Und sie schreibt Kochbücher.

Und sie engagiert sich (auch) in ihren Büchern für das Thema „Essen und Gesundheit". Und sie hat ihre eigene Sendung auf QVC. Und sie ist regelmäßig Jurorin in der ZDF-„Küchenschlacht". Und ... Da wird noch vieles kommen. www.susanne-voessing.de

Thomas Kellermann, Restaurant „Kastell", „Relais & Châteaux"-Hotel „Burg Wernberg", Wernberg in der Oberpfalz Mit seiner bescheidenen Art, aber seiner umso größeren Kochkunst hat sich Thomas Kellermann ganz systematisch an die Spitze gekocht. 1998 der erste Platz beim deutschen „Bocuse d'Or", dem berühmtesten internationalen Kochwettbewerb und 1999 Platz sieben in der internationalen Ausscheidung. Souschef bei Hans Haas. Zweimal (2002 und 2006) Berliner Meisterkoch, 2006 sein erster Michelin-Stern für das Restaurant „Vitrum" des „Ritz-Carlton Berlin". Im Gourmetrestaurant „Kastell" des „Relais & Châteaux"-Hotels „Burg Wernberg" konnte er diesen auf Anhieb wieder erkochen und 2011 sogar mit einem zweiten Stern ergänzen. 17 Punkte im Gault&Millau und die volle Pfannenzahl von zehn im neuen Gastroführer „Gusto" festigen seinen grandiosen Ruf. Die Tester bestätigen ihm ein „untrügliches Gespür für Aromen und Harmonie". Seine ausgebuchten „Kochklassen" machen dem geborenen Oberbayer auch deswegen so viel Spaß, weil er die Nähe zu seinen Gästen liebt: „Ich koche leidenschaftlich gern für Gäste" – auch privat. In der „Mittelbayerischen Zeitung" zeigt Thomas Kellermann regelmäßig, wie man mit regionalen Lebensmitteln, die oft zu unrecht ins „Banale, Schlichte" abgeschoben werden, die wunderbarsten Kreationen zaubern kann. www.burg-wernberg.de

Elisabeth und Josef Floh, Gastwirtschaft „Floh", Langenlebarn, Österreich Josef Floh hat die Dorfwirtschaft seiner Eltern und Großeltern zu einer einzigartigen kulinarischen Adresse gemacht. Eine perfekte Mischung von Feinschmeckerrestaurant (unter anderem Mitglied der „Jeunes Restaurateur d'Europe", Wirt des Jahres 2014) mit grandiosem Weinkeller (über 15.000 Flaschen) und eben einer Gastwirtschaft – die genau darum auch so heißt. Denn Josef Floh will ganz sicher keinen üblichen Gourmettempel. Bei ihm gibt es das Donau-Gartl (im Sommer am Donauufer gegenüber), den Floh-Markt (mit eigenen Kreationen und von Floh ausgewählten Lieblingsprodukten zum Mitnehmen), die Floh-Zeitung und vor allem auch das Menü „Radius 66". In diesem Menü werden ausschließlich Produkte aus einem Umkreis von maximal 66 Kilometern verwendet. So entstehen Gerichte wie „Knollensellerie im Tontopf mit Heu und Buchenholzkohle geschmort" oder „Paradeis-Chili-Fisch in der selbst eingekochten gelben Paradeis-Lemon-Hot-Chili-Marmelade mariniert". So etwas wie Erdbeeren im Winter oder Spargel im Herbst wird es hier auf der Speisekarte nie geben. Die Produkte seiner regionalen Stammlieferanten bieten dem Floh genug Spielraum für Kreativität – für die nächsten 50 Jahre. www.derfloh.at

Martin Fauster, Gourmetrestaurant „Königshof", München Das Gourmetrestaurant „Königshof" im noblen „Hotel Königshof" der Familie Geisel ist schon seit Jahren eine der renommiertesten Gourmetadressen Münchens. Und seitdem Martin Fauster 2004 die Küchenleitung übernahm, bestätigte er diesen Ruf mit seiner ganz eigenen Note. So pilgern auch jedes Jahr etwa 15 bekannte internationale Kollegen zur Charity-Veranstaltung „Martin Fauster & Friends" nach München. 18 Punkte im

Gault&Millau und ein Michelin-Stern zeichnen die Küche des bescheidenen Steirers Martin Fauster aus, die die „Süddeutsche" Zeitung so beschreibt: „Martin Fausters Küche zwischen durchdachter, dezenter Modernität und ausgewogener, unkomplizierter Klassik ist die Quintessenz aus seinen erfahrungsreichen Lehr- und Wanderjahren in Österreich, Frankreich und Deutschland." Vielleicht am meisten geprägt hat Martin Fauster tatsächlich sein Landsmann Hans Haas im „Tantris", für den er lange Jahre als Souschef gearbeitet hat. Aber der Schüler hat es inzwischen geschafft, die von Hans Haas erlernte Tugend der Reduktion auf das Wesentliche, des konsequenten Weglassens, noch weiter zu perfektionieren und daraus einen ganz eigenen Stil zu entwickeln. www.koenigshof-hotel.de

Maggie und Karlheinz Hauser, „Süllberg", Hamburg Die Wiedereröffnung des legendären Berliner Hotels „Adlon" als Küchendirektor war sicherlich ein Höhepunkt in Karlheinz Hausers Karriere. Doch „KHH" hat das für sich noch getoppt. 2002 übernahm er gemeinsam mit seiner Frau Maggie den „Süllberg" in Hamburg. Auf Basis eines fundierten Konzepts, seiner besonderen Liebe zum Detail und seiner Leidenschaft zur Gastronomie schaffte es Karlheinz Hauser, das Stück Hamburger Stadtgeschichte wieder in neuem Glanz erstrahlen zu lassen und „zum Wallfahrtsort für Gourmets" („Berliner Morgenpost") zu entwickeln. Zum historischen „Süllberg"-Ensemble gehören unter anderem elf Zimmer und Suiten, das Terrassenrestaurant „Deck 7", die Almhütte, ein Biergarten, ein Ballsaal und Tagungsräume. Herzstück ist das Gourmetrestaurant „Seven Seas", seit 2013 mit zwei Sternen ausgezeichnet. Höchstwertungen in allen Restaurantführern sind selbstverständlich. Der begehrte „Five Star Diamond Award" für hervorragende Leistungen im Luxussegment wird ihm seit Jahren verliehen. Karlheinz Hauser gehört zum festen Team des ARD-Buffets und ist Gastjuror in der ZDF-„Küchenschlacht". www.karlheinzhauser.de

Nils Henkel Nils Henkel setzte mit seinem Konzept „Pure Nature" ganz eigene Akzente für das Gourmetrestaurant „Lerbach" im „Schlosshotel Lerbach", Bergisch Gladbach. Hier übernahm er die Küchenleitung von Dieter Müller, als dessen Souschef er zuvor schon mehrere Jahre gearbeitet hatte. Seine Küche wurde mit zwei Sternen und 19 Punkten im Gault&Millau ausgezeichnet. Nils Henkel nutzt bei seinen Kreationen besonders das breite Spektrum der Kräuter und Aromen. Purer, unverfälschter Genuss sowie die Höchstanforderungen an die Qualität der ausgewählten Zutaten und Produkte sind für ihn die absoluten Maximen seiner Kochkunstwerke. Dafür kürte ihn der Gault&Millau 2009 zum „Koch des Jahres". 2010 wurde er von den Lesern des Diners-Club-Magazins zum „Innovativsten Koch Deutschlands" gewählt. Nils Henkel ist derzeit ein gefragter Berater für innovative Gastronomiekonzepte und Gast bei internationalen Gourmetfestivals. Das liegt vor allem daran, dass er mit seiner „Pure Nature"-Küche für einen ganz eigenen Stil zu kochen steht. Er spielt souverän mit unterschiedlichen Texturen und aromatischen Überraschungen und widmet jahreszeitlichen Kräutern und Gemüsen ganz besondere Aufmerksamkeit. Dabei stehen oft alte Gemüsesorten und wilde Kräuter aus der Region als Hauptdarsteller im Mittelpunkt. Fisch und Fleisch werden bei ihm in manchen Gerichten eher sinnvolle Begleitung als Hauptattraktion. www.nils-henkel.de

Andrea Schirmaier-Huber, Konditorenweltmeisterin, TV-Jurorin und Buchautorin Die eigene Konditorei und Akademie, Aufträge für süße Kreationen vom Macaron bis zum Tortenauto, Messe-Auftritte, Jurorin bei „Das große Backen" und Mutter von zwei Töchtern – diese Aufgaben muss Andrea Schirmaier-Huber unter einen Hut bringen. Das gelingt ihr, unter anderem mithilfe ihrer Patentante, (fast) immer mit einem strahlenden Lachen. Ihre Vita: dritte Generation einer Konditorenfamilie in München. Ausbildung zur Hauswirtschafterin, dann zur Konditorin. 1999 Weltmeisterin in den Fächern Confectioner, Konditor und Pâtisserie/Confiseur bei der Berufsweltmeisterschaft in Montreal. Es folgt die Meisterschule und – ganz nach alter Handwerkstradition – eine Zeit im Ausland, in ihrem Fall Asien. Danach Abteilungsleitung der Konditorei bei „Feinkost Käfer". Doch schließlich erfüllte sie sich ihren Traum einer kombinierten Konditorei, Confiserie, Backakademie und Konfitürenmanufaktur, seit 2013 in modernen Räumen in Oberpframmern bei München. So viel Talent und Energie mit der dazugehörigen Ausstrahlung blieb auch dem Fernsehen nicht verborgen. So kam es zur SAT.1-Show „Das große Backen". Sicherlich nicht die letzte Bühne, auf der Andrea Schirmaier-Huber für Süßes in Perfektion zu sehen ist. www.konditorenweltmeisterin.com

Christine und Stefan Marquard, München „Enfant terrible, Piratenkoch und Heavy-Metal-Chef: Stefan Marquard ist ‚junger Wilder' der ersten Stunde und zeigt sich ungebrochen als Rock'n'Roller der Küchenkünste", schreibt das Fachmagazin „Rolling Pin". Aber bei allem Rock'n'Roll, Stefan Marquard ist auch ein ausgezeichneter Koch und ein guter Unternehmer. Sein erstes eigenes Restaurant, die „Drei Stuben" in Meersburg, wurde schon kurz nach der Eröffnung 1991 mit einem Michelin-Stern und 18 Punkten im Gault&Millau ausgezeichnet. Von 2001 bis 2003 übernahm er die kulinarische Leitung des „Lenbach" in München, bis er 2003 schließlich erneut die Selbstständigkeit mit seinem „Stefan Marquard Eventcatering – Catering mal ganz anders" in Angriff nahm – gemeinsam mit seiner Frau. Mit seiner „Jolly-Roger-Cooking-Gang" verköstigt und beeindruckt er mittlerweile ganz Europa mit seiner experimentellen Küche. 2014 hat er seine eigene Gastro-Akademie gegründet. Er ist als Berater rund um den Gastro-Bereich, von der Produktentwicklung bis zur perfekten Kochshow, tätig und verfasst Kochbücher für Hobbyköche. Im Fernsehen wurde er bekannt als Teil der „Kochprofis - Einsatz am Herd" auf RTL II. Heute tritt er regelmäßig als Juror in verschiedenen Kochformaten auf. www.stefanmarquard.com

Sarah und Andreas Caminada, „Schloss Schauenstein", Schweiz „Koch des Jahres 2007 und 2009" in der Schweiz, drei Michelin-Sterne und 19 Punkte im Gault&Millau – kein Wunder, dass Andreas Caminadas „Schloss Schauenstein" seit einigen Jahren zu den „World's 50 Best Restaurants", veröffentlicht von San Pellegrino, gehört. 2003, im Alter von 26 Jahren, übernahm Caminada als Pächter und Küchenchef „Schloss Schauenstein" in Fürstenau (Graubünden). Die Inspektoren vom Michelin über Andreas Caminada: „... unverminderte Leidenschaft ... Hier wird mit höchster Präzision gearbeitet, absolute Spitzenprodukte in perfekter Harmonie." Das historische Schloss Schauenstein, in einem gekonnten Mix von Tradition und Moderne, bietet neben dem Drei-Sterne-Restaurant auch sechs einzigartige und individuell eingerichtete Zimmer. Andreas Caminadas Kreativität hört nicht am Herd auf. Für die Umgestaltung und Ausstattung der historischen Räume von Schloss Schauenstein wurde er 2014 mit dem „Interior Innovation Award" ausgezeichnet. Außerdem ist er Herausgeber eines eigenen, zweimal jährlich erscheinenden und sehr hochwertig gestalteten Magazins. Hier führt er die Leser in seine ganz persönliche kulinarische Welt. Die passenden Zutaten gibt es in Caminadas Onlineshop zu kaufen. www.schauenstein.ch, www.andreascaminada.com

Simon Taxacher und Sandra Kobald, Restaurant „Simon Taxacher", Kirchberg in Tirol, Österreich Im letzten Jahr seiner österreichweiten Bewertungen, 2008, verlieh der Michelin Simon Taxacher den zweiten Stern. Der Guide wertet in Tirol nicht mehr, doch im Herbst 2014 erfolgte der nächste Ritterschlag: 19 von 20 Punkten und vier Hauben im Gault&Millau. 20 Punkte wurden übrigens auch international noch nie vergeben und auch in Österreich erreichten bisher nur die Gebrüder Obauer in Werfen sowie Heinz Reitbauer in Wien diese Punktzahl. Das österreichische Gourmetmagazin „À la carte" bewertet Simon Taxachers Küche aktuell mit grandiosen 99 von 100 Punkten – und auch damit ist er an der absoluten Spitze Österreichs. Taxachers Küche ist eine innovative Interpretation der französisch-mediterranen Küche mit ganz eigener Handschrift. Mit dem Restaurant „Simon Taxacher" gehört er auch zur elitären Vereinigung „Les Grandes Tables du Monde". Das Gourmetrestaurant ist der kulinarische Mittelpunkt seines eigenen „Relais & Châteaux"-Hotels „Rosengarten". Dort laden 26 exklusive Zimmer und Suiten mit Genussnamen wie „Beluga", „Olive" oder „Alba" in moderne Räume mit edlen Materialien und Farben. Im Restaurant „Rosengarten Light" lässt sich die Neuinterpretation der alpinen Küche in legerem Rahmen erleben. Ein Genussgesamtpaket auf höchstem Niveau. www.rosengarten-taxacher.com, www.simon-taxacher.com

Helmut Gote, Radiokoch, Buchautor Helmut Gote ist der Mann fürs Essen, Trinken und Genießen im Radio des Westdeutschen Rundfunks (WDR). Seine Markenzeichen sind die unverwechselbare Stimme und seine legere Art. Auf seiner „Visitenkarte" stehen gute Rezepte und einfache Zubereitung. On air ist er kulinarisch in Nordrhein-Westfalen nicht wegzudenken. Auf WDR 2 ist er „Einfach Gote", mit kurzweiligen Gerichten zu jeder Gelegenheit und mit genießerischer Leichtigkeit. Auf WDR 5 berät er die Hörer in kulinarischen Dingen bei „Neugier genügt". Zudem ist der bekennende Weintrinker ständiger Studiogast und leidenschaftlich kommentierender Verkoster bei Thomas Hackenberg in der Genießersendung „Gans und gar". Helmut Gote gibt es außerdem nicht nur im Radio zu hören, sondern auch auf der Bühne live zu sehen. Auf der „Einfach Gote"-Tour erzählt er Anekdoten aus der WDR-2-Küche und verrät Tricks, die zeigen, dass Genuss und Gesundheit kein Widerspruch sind. Zudem ist er Autor mehrerer Kochbücher und Restaurantführer – und in der Küche zu Hause natürlich Käpt'n Fiete, der selbst einfach gerne mit seiner Nadja genießt. Helmut Gotes WDR-2-Rezepte: www.wdr2.de/service/gote/gote100.html

Hans Jörg Bachmeier, „Blauer Bock", München „Einfach. Gut. Bachmeier" – in seiner eigenen Sendung im Bayerischen Fernsehen begeistert Hans Jörg Bachmeier mit seinem Credo: „Fantasie, Zeit – und ein gutes Produkt. Wer diese drei Zutaten zu Hause hat, der kann auch gut kochen." Zur Fernsehsendung gibt es ein Kochbuch. Viele der Rezepte dazu hat er auch wirklich am heimischen Herd ausprobiert. Zudem schreibt er seine regelmäßige Kolumne in der Münchner Tageszeitung „tz". Hans Jörg Bachmeier erlernte sein Handwerk im elterlichen Betrieb. Im Anschluss daran erhielt er unter anderem bei keinen Geringeren als Heinz Winkler, Alfons Schuhbeck und Eckart Witzigmann den nötigen Feinschliff. Sein eigener Chef am Herd ist er seit 2004 im Restaurant „Blauer Bock" im Herzen Münchens. Hier setzt er auf beste Produktqualität und vor allem gute Herkunft. Denn, so Bachmeier in seinen eigenen Worten: „Ein trauriges Schwein wird immer traurig schmecken." Seine Gäste lieben die Geschmackserlebnisse, die er ihnen bietet. Einfach. Gut. www.hansjoergbachmeier.de, www.restaurant-blauerbock.de

Gabi und Hans Stefan Steinheuer, Steinheuers Restaurant „Zur Alten Post", Bad Neuenahr-Heppingen Den zweiten Michelin-Stern hält Hans Stefan Steinheuer seit über 15 Jahren. 2000 zeichnete ihn der Gault&Millau als „Koch des Jahres" aus. 19 Punkte im Gault&Millau, 5 F im „Feinschmecker" und zahlreiche weitere Auszeichnungen folgten. Das Restaurant von Hans Stefan und Gabi Steinheuer ist heute eine Institution in der Gourmetlandschaft Deutschlands. Neben dem Gourmetrestaurant „Zur Alten Post" können die Gäste auch im rustikalen Landgasthof „Poststuben" Gerichte genießen, für die Hans Stefan Steinheuer die Rezepte seiner Mutter verfeinert hat. In „Steinheuers Hotel Landhaus" verwöhnen drei Juniorsuiten, eine Penthousesuite sowie ein Wellnessbereich Übernachtungsgäste. Als Präsident der deutschen Sektion der internationalen „Jeunes Restaurateurs d'Europe", der Vereinigung junger Spitzenköche, prägte Hans Stefan Steinheuer zwischen 1996 und 2000 ganz entscheidend das professionelle Bild junger Spitzenköche in Deutschland. Im Präsidium der Vereinigung „L'Art de Vivre" engagiert er sich für eine bessere Lobby der deutschen Küche und ihrer besten Köche. Und als Vorstandsmitglied der Deutschen Akademie für Kulinaristik fasziniert ihn die Beziehung zwischen Wissenschaft und Praxis. www.steinheuers.de

Clarissa und Michael Käfer, „Feinkost Käfer", München Michael Käfer, der Mitte der 80er-Jahre zunächst mit der Münchner Nobeldiskothek „P1" international bekannt wurde, kaufte 1995 seinem Vater und seinem Onkel den Käfer-Feinkosthandel, den Partyservice und die Gastronomie – inklusive der „Käfer Wiesn-Schänke" auf dem Oktoberfest – ab. Heute gehören zum Unternehmen unter anderem eine Vielzahl von Münchner Gastronomiebetrieben, nationale und internationale Museums-, Messe- und Flughafen-Gastronomien, ein Logistikzentrum mit Groß- und Versandhandel und einem Internetshop sowie der Vertrieb von hauseigenen Produkten. Mit dem Partyservice bewirtet das Unternehmen mittlerweile im Jahr etwa 300.000 Gäste auf 2.000 Veranstaltungen international. Die am höchsten ausgezeichnete Gastronomieadresse der Käfergruppe ist das „EssZimmer" in der BMW-Welt mit zwei Michelin-Sternen. Clarissa und Michael Käfer sind mit großem Engagement in mehreren Stiftungen (Sporthilfe, Ronald-

McDonald-Haus im Klinikum Großhadern) tätig. Gemeinsam gründeten sie zudem die private „Clarissa und Michael Käfer Stiftung" zur Förderung der Altenhilfe und Unterstützung hilfsbedürftiger oder älterer Menschen. www.feinkost-kaefer.de

Michael Kempf, „Facil", Berlin Erst Heirat, dann der zweite Stern. 2013 war für Michael Kempf ein tolles Jahr. Wirklich überraschend kam die Auszeichnung allerdings nicht. Der geborene Schwabe ist durch die Schulen und vor allem Küchen von Kochgrößen wie Lothar Eiermann, André Jaeger und Dieter Müller gegangen. Seine ganz eigene Küche im Restaurant „Facil" des Hotels „The Mandala" in Berlin begeisterte Gäste und Kritiker von Anfang an. 2003 übernahm er dort die Küchenleitung. Das moderne Restaurant ist architektonisch eine erfrischende Kombination von eleganter Leichtigkeit und puristischem Luxus, Modernität und Understatement und damit die perfekte Bühne für Kempfs Küche. Für das „Facil" erkochte Michael Kempf schon in seinem ersten Jahr als Küchenchef – und im Alter von 26 Jahren - den ersten eigenen Stern. Es folgten unter anderem: 2008 Aufsteiger des Jahres im Gault&-Millau, 2010 Berliner Meisterkoch und nach dem zweiten Stern 2013 auch noch der „Koch des Jahres" im „Feinschmecker" 2014. Seit 2011 gehört Michael Kempf zudem zum festen Kochteam vom „ARD-Buffet". So kann es weitergehen mit einer Küche, die vom „Feinschmecker" beschrieben wurde als „betörende Aromenvielfalt", zubereitet „mit fast japanischer Finesse". www.facil.de

Susanne und Thomas Dorfer, „Landhaus Bacher", Mautern, Österreich Das „Landhaus Bacher" ist unter Thomas Dorfers Schwiegermutter Lisl Wagner-Bacher nicht nur in Österreich, sondern international zu Kochruhm gekommen. Gemeinsam mit der berühmten Schwiegermama die Gourmetgipfel zu erklimmen, ist vielleicht noch schwieriger, als einem großen Namen nachzufolgen. Aber Gäste und Kritiker sind sich einig: Die Küche von Thomas Dorfer ist „unverwechselbar genial". Und so kann er stolz auf die 18 Punkte vom „Landhaus Bacher", die Spitzenposition im „Falstaff" und weitere Topwertungen blicken. Der Gault&Millau kürte ihn zum „Koch des Jahres 2009", ein Jahr später wurde auch Andreas Döllerer mit dem Titel ausgezeichnet. Mit ihm teilt er sich inzwischen auch das Präsidentenamt der „Jeunes Restaurateurs d'Europe" in Österreich, der Vereinigung junger Spitzenköche, die unter dieser Doppelspitze auch international von sich reden macht. Die grandiose Karriere des Kärntners Dorfer war schon früh abzusehen. Denn nachdem er 2004 den österreichischen „Bocus d'Or" gewonnen hatte, sorgte er 2005 als hervorragender Sechster der internationalen Ausscheidung für Aufsehen. Sein fast schon provokantes Credo: „Eine zeitgemäße, kreative Küche, mit besten Produkten perfekt zubereitet, ist modern genug." www.landhaus-bacher.at

Barbara und Shane McMahon, „Shane's Restaurant", München Wie wichtig gerade die Zufriedenheit der Gäste eines Restaurants ist, zeigt der Erfolg von „Shane's Restaurant" in München: Im Oktober 2014 gab das Reiseportal „TripAdvisor" die Ergebnisse des jährlichen „Travellers' Choice Awards" bekannt – und kürte „Shane's Restaurant" mit seiner feinen europäisch-asiatischen Fusion-Küche zum besten Restaurant Münchens und zum viertbesten in Deutschland. Der Sohn eines Iren und einer Österreicherin (beide Köche) kommt im Alter von 21 Jahren nach Deutschland. Nach verschiedenen kulinarischen Stationen fängt er im Gourmetrestaurant des Münchner „Königshofs", damals unter der Leitung von Bobby Bräuer, an – und bleibt drei Jahre. Bobby Bräuer ist begeistert vom Geschmackssinn und Talent des temperamentvollen Iren. Er empfiehlt ihn für seine nächste Station zu Hans Haas ins „Tantris". 2006 verwirklicht Shane McMahon dann mit seinem Kochatelier „Shane's Kitchen" den Traum von der Selbstständigkeit und setzt ihn Ende 2009 – zusammen mit seiner Frau Barbara – mit der Eröffnung von „Shane's Restaurant" fort. Sein Motto: „Just cook it! Einfach nur kochen. Raffiniert, ehrlich, kreativ und bodenständig." Deshalb gibt es auch keine feste Menükarte. Die Gäste lassen sich gerne darauf ein. www.shanesrestaurant.de

Roland Trettl Der Südtiroler Roland Trettl hat seine Website in drei Abschnitte aufgeteilt: Gestern, Heute und Morgen. Um dabei zu bleiben – Gestern: Ausbildung zum Koch in Südtirol, Stationen in der Münchner „Aubergine" und im „Tantris". Eckart Witzigmann holte ihn als Küchenchef ins Restaurant „Ca's Puers" auf Mallorca, danach verbrachte er einige Zeit in Tokio und schließlich folgte 2003 die Eröffnung des Restaurants „Ikarus" im Hangar 7 am Salzburger Flughafen, wo er Küchendirektor wurde. Unter der Schirmherrschaft von Eckart Witzigmann stellt Roland Trettl hier im Monatsrhythmus internationale Küchenstars vor. Er und sein Team kochen deren Menüs auf Weltniveau. Und jedes Jahr gibt es auch einen Monat lang das Trettl-Menü. Das „Ikarus" wird mit Höchstbewertungen ausgezeichnet, unter anderem mit dem Michelin-Stern. Roland Trettl wird zum gefragten Medienstar. Im Oktober 2013 gibt er bekannt, dass er das „Ikarus" zum Jahresende verlässt. Er brauche Zeit für sich und neue Träume. Heute: unter anderem Foodstylist, Coach und Berater für internationale gastronomische Betriebe, wie schon seit fünf Jahren eine Kolumne in „Lust auf Genuss", ein spannendes neues Onlineprojekt auf nzz.at, neue Food-Kooperationen, neue Kochbücher. Er schnuppert in Handwerksberufe, die ihn interessieren, und verarbeitet viele Eindrücke in seinen Büchern und anderen Projekten. Morgen: kein Ende abzusehen. www.roland-trettl.com

Christl und Andreas Döllerer, „Döllerer's Genießerrestaurant", Golling Österreichs renommierte Gourmetzeitschrift „Falstaff" schreibt Ende 2014 über Andreas Döllerer „Im Kocholymp angekommen" und kürt „Döllerer's Genießerrestaurant" zur absoluten Spitze der österreichischen Restaurants (zusammen mit dem „Landhaus Bacher" und dem „Steirereck") und zum besten des Bundeslandes Salzburg. Im Kocholymp wohnt Andreas Döllerer mit seiner grandiosen „Cuisine Alpine" aber eigentlich schon seit der Auszeichnung zum „Koch des Jahres 2011" im Gault&Millau – da war er 30 Jahre alt. In Österreich bewertet Michelin nur noch Restaurants in Salzburg-Stadt und Wien – sonst würde sich „Döllerer's Genießerrestaurant" sicherlich auch dort unter den besten des Landes befinden. „Döllerer's Genießerrestaurant" ist Teil der „Döllerer's Genusswelten", hinter denen kein Werbeslogan, sondern ein echter Großfamilienbetrieb steht. Dazu gehören „Döllerer's Wirtshaus", „Döllerer's Enoteca & Bacaro" und der berühmte Weinhandel der Familie sowie das „Döllerer's Genießerhotel". Wer dort übernachtet, holt sich den Frühstücksaufschnitt übrigens direkt an der Theke der hauseigenen

Metzgerei. Gemeinsam mit Thomas Dorfer ist Andreas Döllerer Präsident der österreichischen „Jeunes Restaurateurs d'Europe". www.doellerer.at

Kolja Kleeberg, Restaurant „VAU", Berlin Er mag keine Etiketten und deswegen auch die Bezeichnung „Sternekoch" oder „TV-Koch" selbst nicht besonders. Aber er hat nun mal seit 1997 im Restaurant „VAU", das ihm seit 2002 auch selbst gehört, einen Michelin-Stern, damals als einer der wenigen in Berlin. Und fast genauso lange ist Kolja Kleeberg auch im Fernsehen zu sehen. Es beginnt mit seiner eigenen Sendung „K3 – Kolja Kleeberg kocht" im SAT.1-Frühstücksfernsehen. Neben Gastauftritten in verschiedenen Kochshows war er Mitglied der Stammcrew von „Lanz kocht" und ist es bis heute in der „Küchenschlacht" im ZDF sowie in der Sendung „Kocharena" auf VOX. Kolja Kleeberg, der Sohn einer Lehrerin und eines Juristen, wollte eigentlich Schauspieler oder Musiker werden. Es kam anders: Heute ist nicht nur die Küche, sondern vor allem auch das Restaurant selbst seine Bühne. Denn auf der einen – der Küche – lebt er seine ganz Kreativität, gegründet auf perfektem Handwerk, aus. Auf der anderen – im Restaurant – ist er Gastgeber. Beides mit Leib und Seele, denn für ihn bedeutet Essen, sich nahe zu sein und gemeinsam zu genießen. Dafür fühlt er sich als Gastgeber eben nicht nur durch seine Menüs verantwortlich, sondern auch durch die Nähe zu seinen Gästen, für die er sich gerne Zeit nimmt. Diesen Respekt vor dem Gast und die Liebe zur Kommunikation merkt man auch in seinen Büchern, in denen er nicht nur köstliche Rezepte, sondern viel Wissen aus den Küchenkulissen verrät. www.vau-berlin.de

Bobby Bräuer, „EssZimmer" in der BMW-Welt, München München, Düsseldorf, Berlin und Kitzbühel: Wo immer Bobby Bräuer am Herd stand und steht, begeistert seine Küche Gäste und Kritiker. „So modern kann Klassik sein", schreibt die „Süddeutsche Zeitung". Und diese Begeisterung schlägt sich auch in den Auszeichnungen seiner Küche nieder: Einen Stern erkochte er für das Restaurant „Königshof" in München, das Restaurant „Victorian" in Düsseldorf und die „Quadriga" im „Brandenburger Hof" in Berlin, wo er auch 2008 zum Berliner Meisterkoch gekürt wurde. In Kitzbühel wurde er vom Gault&Millau Österreich im „Petit Tirolia" im Hotel „Grand Tirolia" zum „Koch des Jahres 2012" gewählt. Doch im darauffolgenden Jahr kehrte er für „Feinkost Käfer" wieder in seine Heimat München zurück, wo das „EssZimmer" in der BMW-Welt unter seiner Leitung zunächst mit dem ersten und 2014 mit dem zweiten Stern und 18 Punkten im Gault&Millau ausgezeichnet wurde. Als Küchendirektor der BMW-Kulinarik ist er neben der Hauptaufgabe „EssZimmer" auch verantwortlich für die kulinarische Ausrichtung der „Brasserie Bavarie", die mit aktuell 15 Gault&Millau-Punkten ausgezeichnet ist, sowie das „Bikers" (Tagescafé), das „Coopers" (Kiosk-Bistro) und das Eventcatering. Und er ist Ehemann seiner sehr stolzen Frau mit sehr eigenem Kopf. Danke für die Freiheit und danke für die Unterstützung! www.esszimmer-muenchen.de

Veronique Witzigmann (hat unser Interview geführt) Die Leidenschaft, hochwertige Produkte zu verarbeiten, hat sie von ihrem Vater Eckart Witzigmann in die Wiege gelegt bekommen. Auf die Idee, Früchte einzukochen, kam sie aber erst, als ihre Tochter Marietta drei Jahre alt war und kaum

Obst und nicht einmal Marmelade mit Fruchtstücken aß. Veronique entwickelte einen Fruchtaufstrich, der auch bei Marietta Gnade fand – und begründet damit ihre berufliche Zukunft. Dabei wollte sie eigentlich gar nicht in die kulinarische Richtung und damit auch nur annähernd in die Fußstapfen ihres Vaters treten. Sie lernte Visagistin, arbeitete als Eventmanagerin und Geschäftsführungsassistentin bei einem Fernsehsender. Doch dann kamen Marietta – und die Marmeladen und Chutneys. Heute kennt jeder Veronique Witzigmann als charmante „Marmeladenfee". Außerdem hat sie bereits zahlreiche Bücher zu Themen wie (natürlich) Marmelade und Backen, aber auch zwei Kinderbücher und einen Familienratgeber („Rettet die Tafelrunde") geschrieben. Zudem arbeitet sie live auf der Bühne auf bekannten Food-Messen, aber auch für Firmen-Incentives. Ich danke ihr besonders dafür, dass sie mir meinen Mann vorgestellt hat – denn ohne den wäre dieses Buch ja auch nicht entstanden.

www.veronique-witzigmann.de

Rezeptregister

Impressum

Die Autorin, der Fotograf und der Verlag danken allen Beteiligten, die durch ihre Mithilfe und Unterstützung zum Gelingen dieses Buches beigetragen haben.
Für die unermüdlichen Bemühungen um die außerordentliche Qualität dieses Buches danken wir als Verlag unseren Mitarbeitern Johanna Hänichen, Anne Krause, Ellen Schlüter, Justyna Krzyżanowska, Melanie C. Müller-Illigen, Philine Anastasopoulos, Katharina Staal, Christine Zimmer, Valerie Mayer und Katerina Stegemann.

Originalausgabe Becker Joest Volk Verlag GmbH & Co. KG
Bahnhofsallee 5, 40721 Hilden, Deutschland
© 2015 – alle Rechte vorbehalten
1. Auflage September 2015
ISBN 978-3-95453-084-7

Idee, Konzept, Text Stephanie Bräuer
Fotografie Michael Schinharl
Foodstyling Bobby Bräuer
Projektleitung Johanna Hänichen
Typografische Konzeption und Layout Dipl.-Des. Anne Krause
Satz Regula Wolf, www.zugast.tv
Bildbearbeitung und Lithografie
Ellen Schlüter und Makro Chroma Joest & Volk OHG, Werbeagentur
Lektorat Viola Faroß, Bettina Snowdon, Doreen Köstler
Projektmanagement Regula Wolf
Druck Firmengruppe Appl, aprinta druck GmbH

Praktisch Die Einkaufslisten zu den Rezepten aus diesem Buch können Sie unter www.bjvvlinks.de/1012 für die gewünschte Personenzahl berechnen und für Ihren Einkauf ausdrucken.

**BECKER
JOEST
VOLK
VERLAG**

www.bjvv.de